LE GESTIONNAIRE ET LES ÉTATS FINANCIERS

8e ÉDITION

ERPI SCIENCES ADMINISTRATIVES

LE GESTIONNAIRE ET LES ÉTATS FINANCIERS

8e ÉDITION

D.-Claude Laroche
Sophie Marmousez
Zoffirath Dissou

PEARSON

Montréal Toronto Boston Columbus Indianapolis New York San Francisco Upper Saddle River
Amsterdam Le Cap Dubaï Londres Madrid Milan Munich Paris
Delhi México São Paulo Sydney Hong-Kong Séoul Singapour Taipei Tōkyō

D.-Claude Laroche (MBA, CPA auditeur, CA)
Professeur honoraire, HEC Montréal
Associé universitaire, Mazars Harel Drouin

Sophie Marmousez (Ph. D. Sc.)
Professeure agrégée, HEC Montréal

Zoffirath Dissou (M. Sc., CPA, CMA)
Maître d'enseignement, HEC Montréal

Développement de produits
Julie Fortin

Supervision éditoriale
Liette Beaulieu, Jacqueline Leroux

Révision linguistique
Mariane Landriau

Correction d'épreuves
Jacqueline Leroux

Indexation
Monique Dumont

Direction artistique
Hélène Cousineau

Supervision de la production
Estelle Cuillerier

Conception graphique et couverture
Martin Tremblay

Édition électronique
Bruno Paradis

Membre du groupe Pearson Education depuis 1989

1611, boulevard Crémazie Est, 10e étage
Montréal (Québec) H2M 2P2
Canada
Téléphone : 514 334-2690
Télécopieur : 514 334-4720
information@pearsonerpi.com
pearsonerpi.com

Dépôt légal – Bibliothèque et Archives nationales du Québec, 2016
Dépôt légal – Bibliothèque et Archives Canada, 2016

Imprimé au Canada
ISBN 978-2-7613-7350-0

123456789 MI 19 18 17 16
20752 ABCD ENV94

RECYCLÉ
Papier fait à partir de matériaux recyclés
FSC® C103567

AVANT-PROPOS

Simplifier n'est pas toujours aisé. Pourtant, pour rendre accessibles les états financiers à tout gestionnaire ou futur gestionnaire, il est indispensable de simplifier. Voilà donc l'objectif qui domine depuis la création de cet ouvrage.

Au cours du processus de prise de décision, le gestionnaire utilise notamment son expérience, sa compétence, sa formation, pour analyser de nombreuses données provenant de l'intérieur et de l'extérieur de l'entreprise. Parmi ces données essentielles, on trouve les états financiers et l'information provenant du système comptable.

Les états financiers sont composés, en particulier, de tableaux de chiffres synthétiques qui obéissent à certaines règles fondamentales. L'un des buts de ces règles est d'en uniformiser la présentation, pour autant qu'il soit possible de le faire, afin de faciliter la comparaison et l'analyse. Le lecteur non initié devra bien sûr se familiariser avec un vocabulaire très spécialisé.

Ce volume tient compte des dernières nouveautés en matière de normes comptables, qu'il s'agisse des normes IFRS (*International Financial Reporting Standards*), appliquées par les sociétés ouvertes canadiennes, ou des normes comptables pour les entreprises à capital fermé. Il intègre également de nombreuses illustrations extraites d'états financiers de sociétés existantes.

L'ouvrage s'organise en dix chapitres, que nous décrivons brièvement ici. Dans le premier chapitre, nous présentons la comptabilité dans son contexte économique et social. Dans le deuxième chapitre, nous donnons un aperçu du fonctionnement des divers éléments qui composent un jeu d'états financiers. Dans le troisième chapitre, nous exposons le contexte du développement des normes comptables ainsi que le cadre conceptuel permettant d'en saisir le sens.

Dans les chapitres 4 à 7, nous examinons plus en détail les états financiers de base que sont l'état de la situation financière, l'état du résultat net et des autres éléments du résultat global, et l'état des variations des capitaux propres. Nous en présentons les principales composantes ainsi que l'interprétation à donner à chacun des éléments.

Le huitième chapitre est consacré au tableau des flux de trésorerie, dont l'interprétation comporte parfois certaines difficultés. Nous soulignons les liens très étroits entre ce tableau et les autres états financiers, ainsi que l'importance qu'il revêt.

Nous abordons, dans le neuvième chapitre, l'analyse des états financiers, avec pour objectifs principaux de permettre au gestionnaire de comprendre les différents enjeux liés à l'analyse des états financiers et de lui fournir quelques techniques d'analyse.

Le dernier chapitre est consacré à l'étude des états financiers des sociétés à capital fermé, puisqu'il existe au Canada un ensemble de normes comptables visant à répondre aux besoins particuliers des utilisateurs d'états financiers de ce type de sociétés.

En ligne

Au manuel s'ajoute un outil donnant des informations complémentaires, le site Internet pearsonerpi.com/laroche. On y trouve notamment le didacticiel DÉFI (Didacticiel d'apprentissage des États Financiers avec exercices Interactifs), un chiffrier servant au calcul des ratios financiers, des exercices, mais aussi un document présentant dans le détail la notion de l'identité fondamentale, qui se manifeste dans le jeu des débits et des crédits.

REMERCIEMENTS

Notre vif désir de répondre aux besoins des personnes qui n'ont pas de formation poussée en comptabilité – en particulier les gestionnaires qui utilisent l'information financière dans l'exercice de leurs fonctions – nous a amenés notamment à organiser des séminaires ou à faire des présentations à des associations et à d'autres groupes. La publication du présent manuel se situe dans la continuité de ces efforts pour aplanir les difficultés qu'éprouvent les gestionnaires face aux états financiers.

Avec les années, cet ouvrage a évolué, et ce, grâce à de nombreux collaborateurs. Nous désirons notamment remercier : Diane Paul (pour la première édition), François Richer (pour la deuxième édition), Sylvie Héroux (pour la troisième édition), Marie-France Forgues et Pascale Chevrefils (pour le développement du cas du chapitre 9). Nous remercions aussi Suzanne Drouin, qui a collaboré à trois éditions.

Nous tenons à remercier vivement notre collègue Johanne Turbide, coauteure des quatrième, cinquième et sixième éditions. Un remerciement tout particulier revient aux initiateurs du projet : Jean-Guy Rousseau (coauteur des cinq premières éditions) et Louise Martel (coauteure des sept premières éditions).

Par ailleurs, nous souhaitons la bienvenue à Zoffirath Dissou, qui se joint à l'équipe de rédaction.

Nos remerciements vont également à HEC Montréal pour son soutien, qu'il soit financier, intellectuel ou technique.

Finalement, un merci tout spécial aux membres de l'équipe d'ERPI : leur patience, leur expérience et leur compétence méritent nos éloges.

TABLE DES MATIÈRES

chapitre 2

LES ÉTATS FINANCIERS - UN APERÇU

chapitre 3

LE PROCESSUS DE NORMALISATION INTERNATIONALE ET LE CADRE CONCEPTUEL

chapitre 4

LES COMPOSANTES DE L'ÉTAT DE LA SITUATION FINANCIÈRE : LES ACTIFS

chapitre 5

LES COMPOSANTES DE L'ÉTAT DE LA SITUATION FINANCIÈRE : LES PASSIFS

chapitre 6

LES COMPOSANTES DES CAPITAUX PROPRES, DE L'ÉTAT DU RÉSULTAT NET ET DES AUTRES ÉLÉMENTS DU RÉSULTAT GLOBAL ET LES NOTES AUX ÉTATS FINANCIERS

chapitre 7

CERTAINS POSTES PARTICULIERS : COMPTABILISATION ET INTERPRÉTATION

LISTE DES TABLEAUX ET DES FIGURES

chapitre 1

chapitre 2

chapitre 3

chapitre 4

chapitre 7

chapitre 8

chapitre 9

chapitre 10

CHAPITRE 1

LA COMPTABILITÉ ET L'ENTREPRISE

SOMMAIRE

La comptabilité constitue le système d'information financière de l'entreprise, c'est-à-dire qu'elle vise à fournir de l'information sur les opérations financières qu'effectue cette entité économique.

L'objectif de ce chapitre introductif est de présenter à grands traits ce système d'information. Plus précisément, nous proposons :

- d'étudier la manière dont la comptabilité permet de traduire les opérations économiques de l'entreprise sous forme d'information financière ;
- de situer le rôle que joue l'information financière dans l'entreprise et dans l'économie en général en présentant succinctement le processus de reddition de comptes et les principes de gouvernance de l'entreprise[1] ;
- de décrire, dans les grandes lignes, les principales caractéristiques des formes – juridiques et économiques – d'entreprises les plus courantes.

Ce volume couvre les principales entités commerciales présentes dans l'économie canadienne, mais s'attarde particulièrement à la réalité économique et comptable des sociétés par actions ayant l'obligation publique de rendre des comptes, c'est-à-dire les sociétés qui échangent leurs actions sur les marchés boursiers. Depuis 2011, celles-ci ont l'obligation de présenter leurs états financiers, une composante essentielle de l'information financière qui est amplement décrite dans ce chapitre, selon les normes IFRS (*International Financial Reporting Standards*, ou normes internationales d'information financière)[2].

1.1 LA COMPTABILITÉ : UN SYSTÈME D'INFORMATION FINANCIÈRE

L'entreprise effectue de nombreuses opérations économiques de natures variées : elle achète et vend des biens ou des services, elle contracte des emprunts, elle verse des salaires, elle paie des impôts, etc. Pour mener à bien toutes ces opérations, elle entretient des relations avec divers intervenants, notamment les clients, les fournisseurs, les institutions financières, les employés et les gouvernements. Dans ce cadre, la comptabilité constitue un système d'information qui sert à traduire toutes ces opérations en un langage codifié et compréhensible, permettant à des utilisateurs avertis d'obtenir de l'information sur les

1. De manière très large et synthétique, la gouvernance d'entreprise peut être définie comme l'organisation du contrôle et de la gestion de l'entreprise, qui repose notamment sur un ensemble de structures et de règles internes.
2. Le référentiel IFRS s'applique également aux entités du secteur public à vocation commerciale et ayant une obligation d'information du public. Quant aux entreprises à capital fermé, le chapitre 10 traite spécifiquement des normes comptables applicables.

activités de l'entreprise. Dans ce système d'information, les renseignements à communiquer sont clairement déterminés, recueillis et minutieusement préparés.

En somme, la comptabilité est essentiellement un processus de transformation des opérations économiques en information financière. Ce processus vise à saisir, à regrouper, à enregistrer, à mesurer, à classer et à présenter les opérations économiques de l'entreprise afin d'obtenir de l'information utile à la prise de décision et de répondre ainsi aux besoins de différents intervenants avec lesquels celle-ci fait affaire.

Tout processus de transformation comporte au moins trois éléments : un intrant (une donnée d'entrée), le traitement (les procédés et les règles à suivre pour transformer cette donnée) et un extrant (une donnée à la sortie). La **figure 1.1** répertorie les éléments du processus comptable.

FIGURE 1.1 Le processus comptable

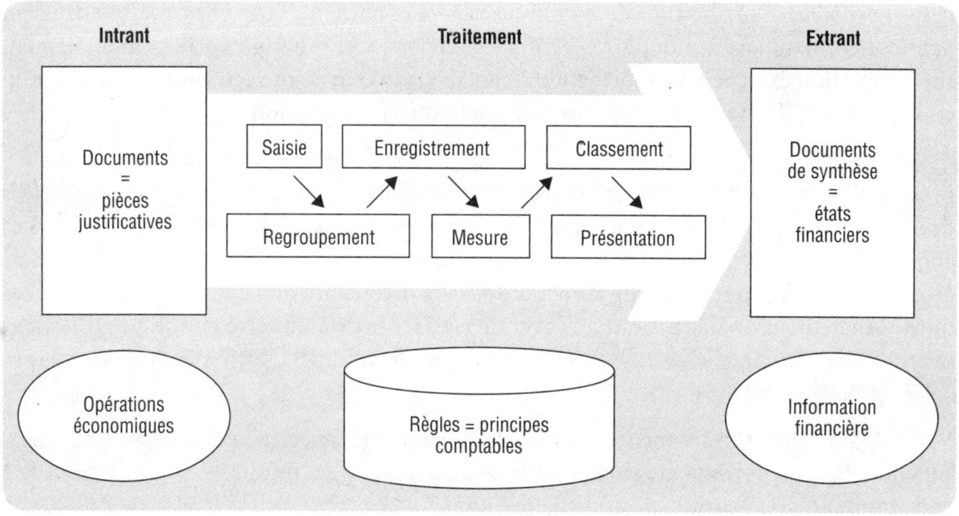

1.1.1 L'utilisation de l'information financière

La direction et les autres parties prenantes de l'entreprise utilisent de l'information sur sa situation financière et sur les résultats de son exploitation. Cependant, tous les utilisateurs n'ont pas accès à la même information et n'ont pas les mêmes besoins.

Situés au cœur de l'entreprise, les dirigeants disposent souvent de renseignements plus nombreux et plus détaillés que ne peuvent en avoir les autres utilisateurs des états financiers. L'utilisation interne de la comptabilité renvoie ainsi à l'utilisation de l'information financière par les dirigeants d'une entreprise dans le but de prendre les meilleures décisions possibles en matière de gestion. Les sous-systèmes qui produisent des données financières pour une utilisation interne sont fréquemment appelés « systèmes de comptabilité de management » ou « systèmes de comptabilité de gestion ». Les budgets et l'analyse du coût de fabrication d'un produit sont des exemples de données financières générées par ces systèmes.

Les membres du conseil d'administration[3] s'appuient sur l'information financière pour estimer, par exemple, la position concurrentielle de l'entreprise ou prendre des décisions concernant l'achat de biens ou de services, la réalisation d'investissements, l'approbation de demandes de crédit, l'embauche de personnel ou la diversification des activités.

Quant à l'utilisation externe, elle se définit comme l'utilisation de l'information financière par les parties prenantes de l'entreprise qui désirent évaluer notamment la rentabilité, la solvabilité ou la croissance de l'entreprise. Les états financiers annuels sont un exemple de données financières produites par le système de comptabilité visant une utilisation externe, aussi appelé « système de comptabilité financière ». Ces états financiers peuvent répondre aux besoins de nombreuses parties prenantes externes, mais s'adressent particulièrement aux actionnaires et aux créanciers. Cet ouvrage porte principalement sur l'utilisation externe de l'information financière, plus particulièrement sur l'information contenue dans les états financiers annuels de la société par actions.

De nombreux utilisateurs externes s'intéressent de près aux états financiers. En premier lieu, mentionnons les actionnaires, c'est-à-dire les personnes physiques ou morales qui ont confié des fonds à l'entreprise pour qu'elle puisse réaliser ses opérations. Les actionnaires actuels et potentiels analysent l'information contenue dans les états financiers afin de porter un jugement sur la façon dont les dirigeants de l'entreprise utilisent ces fonds. Autrement dit, les actionnaires ou investisseurs désirent être en mesure d'évaluer la rentabilité de leur placement et de décider s'ils doivent acheter des actions ou vendre celles qu'ils détiennent.

Les créanciers, en second lieu, sont particulièrement concernés par les états financiers. En effet, ils veulent pouvoir déterminer si l'entreprise est en mesure de payer les intérêts et de rembourser les sommes qu'elle leur a empruntées.

Les employés, de même que les syndicats, s'appuient sur les états financiers pour négocier les salaires et les conditions de travail. Les gouvernements s'en servent, quant à eux, pour percevoir les impôts et verser des subventions. Les fournisseurs les analysent pour fixer les conditions de crédit et évaluer la sécurité de leurs créances, tandis que les clients souhaitent en général s'assurer d'un approvisionnement constant et du respect des garanties.

---

3. Selon Louis Ménard, le conseil d'administration désigne l'« ensemble des personnes élues par les associés, les actionnaires ou les membres d'une entreprise [...] pour en gérer les affaires ». Institut canadien des comptables agréés, *Dictionnaire de la comptabilité et de la gestion financière*, 2e édition, Montréal, ERPI, 2004.

La **figure 1.2** résume les relations d'affaires que l'entreprise entretient avec ses partenaires.

FIGURE 1.2 L'entité économique

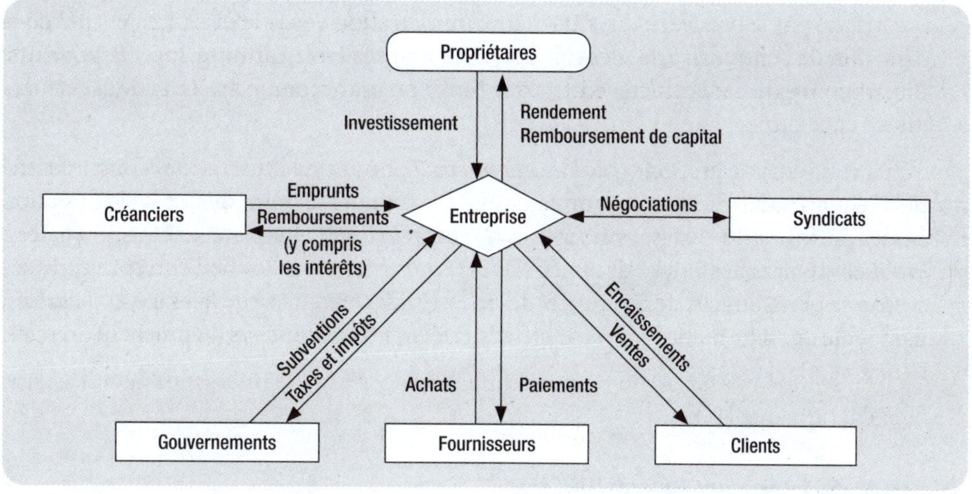

1.1.2 Les formes de l'information financière

Les états financiers sont évidemment utiles, peut-être même indispensables, pour prendre des décisions, mais il ne faut pas perdre de vue que ces documents s'inscrivent dans un processus de reddition de comptes ou d'information continue beaucoup plus complet, ce qui implique que l'information financière peut prendre différentes formes. Pour les sociétés cotées, ce processus comprend le rapport annuel, les états financiers intermédiaires et les communiqués de presse ou de résultats.

A Le rapport annuel

Le rapport annuel est un document d'information publié par les administrateurs et les dirigeants d'une entreprise dans le but d'informer les personnes intéressées, principalement les investisseurs actuels et potentiels. Il contient généralement une description de la société, un message aux actionnaires, une analyse de la direction, également intitulée « rapport de gestion », ainsi qu'une section financière comprenant principalement le rapport de la direction relativement aux états financiers, le rapport de l'auditeur (vérificateur) et les états financiers proprement dits. Il arrive aussi, de plus en plus souvent, que le rapport annuel contienne une section portant sur le conseil d'administration et la gouvernance.

La description de l'entreprise (voir l'annexe 1, p. 18, pour une illustration[4]) permet aux lecteurs de connaître le secteur dans lequel œuvre l'entreprise, les produits ou les services qu'elle offre, son marché, sa main-d'œuvre, ses projets ou toute autre information que la direction juge utile de communiquer.

Signé par le président du conseil d'administration et par le président et chef de la direction de l'entreprise, le message aux actionnaires (voir l'annexe 2, p. 19, pour une illustration) expose succinctement ce que l'entreprise a accompli au cours de la dernière année et ce qu'elle entend faire à l'avenir.

Le rapport de gestion (voir l'annexe 3, p. 20, pour une illustration) constitue une partie importante du rapport annuel. Il sert à expliquer le point de vue de la direction sur les performances passées et futures de l'entreprise. Il complète les états financiers, car il contient une analyse détaillée des activités économiques de l'entreprise, de ses secteurs opérationnels, des risques et des incertitudes auxquels elle fait face, etc. Parfois, il présente des informations sur les enjeux stratégiques et financiers du prochain exercice.

La section financière du rapport annuel est décrite de manière plus détaillée dans la partie suivante (1.2).

B Les états financiers intermédiaires

Pour être pertinente, l'information financière doit être communiquée au moment opportun. Ainsi, la plupart des entreprises publient des états financiers sur une base trimestrielle afin d'informer régulièrement les utilisateurs de leur évolution.

C Les communiqués

L'entreprise informe souvent le grand public par voie de communiqués. Ces bulletins résument l'information financière relative aux résultats de la période (année ou trimestre) récemment terminée. Les communiqués de presse servent également à informer le public de toute nouvelle susceptible d'intéresser les utilisateurs désireux de prendre certaines décisions (par exemple, un avertissement sur les résultats).

1.1.3 La lecture des états financiers

La comptabilité est un langage en soi dont les règles sont souvent complexes. On ne peut donc écarter la possibilité que des gens les mécomprennent ou qu'ils cherchent à les interpréter à leur avantage, que ce soit au détriment de tierces personnes ou non.

---

4. Dans cet ouvrage, un certain nombre de nos propos sont illustrés à l'aide d'extraits de rapports annuels de sociétés canadiennes cotées. Plusieurs sociétés sont utilisées afin de rendre les illustrations les plus pertinentes possibles.

On constate l'importance de se familiariser avec la comptabilité, pas forcément pour devenir spécialiste en la matière, mais pour mieux comprendre le langage des experts et être en mesure de poser des questions pertinentes. D'ailleurs, comment peut-on sérieusement interpréter l'information comptable si l'on ne connaît pas les principales règles sur lesquelles elle repose? Comment analyser des états financiers si l'on ignore la façon dont ils ont été préparés?

Pour se convaincre de l'importance de la comptabilité, il suffit de songer aux conséquences d'une comptabilité inadéquate: pertes économiques et sociales, non-respect de clauses contractuelles, erreurs dans le calcul de loyers en fonction du chiffre d'affaires ou dans l'octroi de subventions, interruption imprévue des activités d'une entreprise, etc. Cette idée d'importance de l'information comptable nous mène d'ailleurs tout droit à l'examen des états financiers et de leur utilité.

1.2 LES ÉTATS FINANCIERS, LEUR UTILITÉ ET LE PROCESSUS INHÉRENT À LEUR PUBLICATION

ESF
ERN
EVCP
TFT

1.2.1 La présentation des états financiers

L'information provenant du système comptable prend notamment la forme de documents appelés «états financiers». Les états financiers sont constitués de quatre tableaux (voir l'annexe 4, p. 24 pour une illustration) communément appelés[5] «état de la situation financière», «état du résultat net et des autres éléments du résultat global», «état des variations des capitaux propres» et «tableau des flux de trésorerie», et aussi de notes. Chacun des tableaux est examiné en détail plus loin dans cet ouvrage.

Les notes complémentaires accompagnent les états financiers afin de renseigner le lecteur sur un certain nombre de points. Elles indiquent, par exemple, les principales conventions comptables suivies par l'entreprise (méthode de comptabilisation des divers types de revenus, modes d'amortissement des immobilisations, etc.). Elles apportent des précisions sur la plupart des postes (stocks, immobilisations, créances, etc.), ce qui permet d'alléger la présentation des tableaux, qui ont pour vocation d'être synthétiques. Elles fournissent également au lecteur les informations requises par les règles ou normes comptables, mais qui ne peuvent apparaître dans les tableaux (par exemple, certains passifs ou événements postérieurs à la date de clôture).

---

5. Dans la pratique, les noms utilisés pour désigner les états financiers, en particulier l'état de la situation financière et l'état du résultat net et des autres éléments du résultat global, peuvent varier. L'état de la situation financière est parfois encore appelé «bilan». L'état du résultat net et des autres éléments du résultat global est aussi connu sous le nom d'«état du bénéfice net et du résultat global»; s'il est présenté en deux tableaux, il peut porter les titres suivants: «état du résultat» (ou «compte de résultat») et «état du résultat global».

Tout en demeurant sensiblement les mêmes, le contenu et la présentation générale des états financiers varient en fonction du contexte d'affaires de l'entreprise et des attentes de ses utilisateurs. Pour les entreprises à but lucratif, cela est d'autant plus vrai que, depuis peu, deux référentiels comptables[6] peuvent être utilisés, selon que l'entité a l'obligation publique de rendre des comptes – sociétés ouvertes qui utilisent le référentiel IFRS – ou non – sociétés fermées qui utilisent, en général, le référentiel NCECF (normes comptables pour les entreprises à capital fermé).

A Les sociétés ouvertes

Lorsqu'on parle d'une société qui a l'obligation publique de rendre des comptes, on évoque généralement une société qui négocie ses actions sur les marchés boursiers. Ces sociétés, encore appelées « sociétés ouvertes », ont connu un essor important au cours des dernières années, notamment grâce à la mondialisation des marchés des capitaux. Les multinationales s'installent sur tous les continents, et il n'est pas rare qu'un investisseur canadien négocie en temps réel avec, par exemple, des entités en Chine, en Inde ou en Australie. Cette nouvelle façon de faire des affaires a engendré chez les investisseurs et les créanciers de ces grandes sociétés un besoin accru d'informations financières comparables, c'est-à-dire basées sur un même référentiel comptable.

Pour succéder à l'International Accounting Standards Committee (IASC), l'International Accounting Standards Board (IASB) a été créé en 2001. Son objectif est de définir les normes comptables internationales utilisées aujourd'hui par les sociétés de plus d'une centaine de pays, dont les membres de l'Union européenne et le Canada. En effet, pour les exercices financiers ouverts à partir du 1er janvier 2011, l'application des IFRS est exigée pour toute société canadienne ayant l'obligation publique de rendre des comptes.

B Les sociétés fermées

Le contexte d'affaires et les besoins des utilisateurs étant fort différents pour les sociétés qui appartiennent à des intérêts privés, l'Institut canadien des comptables agréés (ICCA) – devenu CPA Canada en 2012 – a élaboré des règles comptables canadiennes pour les sociétés à capital fermé, soit les entreprises dont les actions ne sont pas négociées en bourse. Ce référentiel, étudié au chapitre 10, a été publié au début de l'année 2010 et est entré en vigueur pour les exercices débutant le 1er janvier 2011.

6. Un référentiel comptable peut être défini, de manière générale, comme l'ensemble des principes, des normes, des règles et des méthodes utilisés dans la préparation des états financiers.

1.2.2 Le processus de publication et ses intervenants

Les entreprises exercent leurs activités grâce à des capitaux fournis par des actionnaires ou par des tierces parties. Ces bailleurs de fonds n'étant pas directement impliqués dans la gestion des capitaux qu'ils ont apportés, ils ont besoin de données pertinentes et fiables pour évaluer l'utilisation de leur argent. C'est notamment par la publication des états financiers que la direction d'une entreprise rend compte de ses décisions et de ses actes. Les états financiers sont même fréquemment considérés comme l'élément le plus important de la reddition de comptes. La transparence et la responsabilité à l'égard de l'information financière sont ainsi primordiales.

La préparation des états financiers et leur publication sont le fruit d'un processus qui requiert plusieurs intervenants[7]. Celui-ci s'amorce au cœur de l'entreprise, où sont préparés les états financiers. La direction en supervise la préparation et en assume la responsabilité. Le conseil d'administration, qui représente les actionnaires ou les membres (selon la forme juridique de l'entreprise), prend ensuite le relais. En se reposant notamment sur les travaux de son comité d'audit, le conseil d'administration approuve les états financiers avant leur publication. Les auditeurs externes, mandatés par les actionnaires, jouent un rôle particulier dans ce processus : compte tenu de leur indépendance par rapport à la direction de l'entreprise, ils ont la charge de la vérification des états financiers.

La **figure 1.3** résume la relation qui unit les différents intervenants dans le processus de publication des états financiers.

FIGURE 1.3 Le processus de publication des états financiers

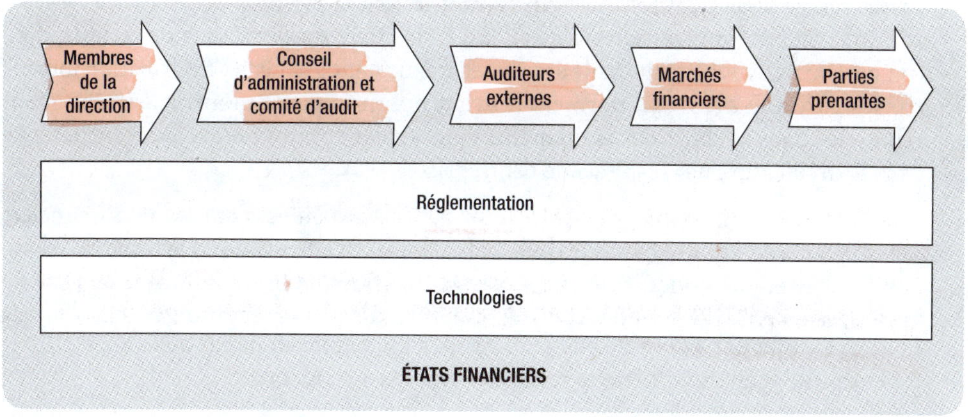

Source : Inspirée d'Andrée Lafortune et Louise Martel, « Rétablir la confiance : les enjeux auxquels font face les acteurs de l'information financière », *La Revue du financier*, janvier 2003, p. 91-98.

7. Le processus décrit ici correspond principalement à celui des sociétés ouvertes. Il est souvent plus simple pour les sociétés fermées (par exemple, absence de comité d'audit ou de vérification par un auditeur externe).

A La direction et sa responsabilité à l'égard des états financiers

La responsabilité des états financiers revient à la direction de l'entreprise. La direction (souvent appelée le « management ») est formée de l'ensemble des personnes qui disposent du pouvoir et de la responsabilité de gérer une entreprise ou un organisme. Toutefois, lorsqu'il s'agit d'information financière, le terme « direction » fait généralement référence au président et chef de la direction (directeur général) et au responsable des finances (directeur financier).

Au sein des sociétés ouvertes, le président et chef de la direction ainsi que le responsable des finances sont soumis à d'importantes obligations. Ces dernières résultent notamment de dispositions législatives, relativement récentes, instituées dans de nombreux pays à la suite du scandale Enron. Au Canada, ces dispositions – similaires à celles de l'article 302 de la loi Sarbanes-Oxley adoptée aux États-Unis sous le nom de *Corporate Responsibility for Financial Reports* – ont été publiées en janvier 2004 par les Autorités canadiennes en valeurs mobilières. Elles ont entraîné la présence, dans le rapport annuel, d'un document dans lequel la direction endosse publiquement la responsabilité des états financiers (voir l'annexe 5, p. 28 pour une illustration) et, sur le site SEDAR[8], de documents dans lesquels le président et chef de la direction ainsi que le responsable des finances attestent qu'ils ont examiné les états financiers, et que ces derniers ne contiennent pas d'information fausse ou trompeuse et donnent une image fidèle de la situation financière et des résultats d'exploitation de la société qu'ils dirigent (voir l'annexe 6, p. 32 pour une illustration).

Le rôle du gestionnaire s'en est trouvé élargi, puisqu'il comprend maintenant tout ce qui relève de la qualité de l'information utile à la prise de décision. Certes, les administrateurs sont responsables vis-à-vis des tiers du processus de reddition de comptes, mais on reconnaît qu'ils doivent en même temps se fier à l'information fournie par les gestionnaires. Ces derniers doivent notamment se montrer extrêmement rigoureux dans le choix des traitements comptables et faire preuve de transparence dans la divulgation des résultats de l'entreprise.

La direction doit s'assurer que les informations présentées dans les états financiers sont de bonne qualité (pour qu'elles puissent notamment être utiles à la prise de décision). Pour ce faire, elle conçoit des procédures de contrôle et de communication de l'information en instaurant des contrôles internes adéquats et en respectant les normes comptables en vigueur.

---

8. www.sedar.com. Acronyme de « Système électronique de données, d'analyse et de recherche », SEDAR permet d'accéder à la plupart des documents publics et des renseignements déposés par les sociétés ouvertes.

B Le conseil d'administration

La responsabilité de la qualité de l'information financière n'incombe pas seulement au chef de la direction et au responsable des finances. En effet, le conseil d'administration[9], qui représente officiellement les actionnaires, et le comité d'audit ont aussi un rôle à jouer quant à la fiabilité des états financiers et à l'efficacité des contrôles internes relatifs à l'information financière. Les membres de ces instances doivent s'assurer que les sommes investies par les actionnaires sont utilisées de manière efficiente et rentable. Étant donné que le conseil d'administration est le principal acteur de la gouvernance de l'entreprise, ses responsabilités englobent la supervision du processus de reddition de comptes et de l'efficacité des contrôles internes, l'évaluation et la gestion des risques propres aux états financiers, la surveillance de la conformité des états financiers aux principes éthiques et juridiques, ainsi que la surveillance de la compétence et de l'indépendance des auditeurs.

C Le comité d'audit

C'est souvent au comité d'audit, qui est un comité du conseil d'administration au même titre que le comité de rémunération ou le comité de nomination, qu'est déléguée la responsabilité de s'assurer que les états financiers représentent fidèlement la situation financière de l'entreprise. En effet, dans le cadre de son rôle de surveillance du processus d'audit de l'information financière, ce comité s'intéresse plus particulièrement à l'intégrité des systèmes et aux risques qu'ils comportent. Il doit, en outre, approuver le rapport de gestion préparé par la direction.

D L'auditeur externe

L'auditeur externe est un professionnel indépendant, expert de la comptabilité, qui est en mesure de donner aux utilisateurs son opinion sur la qualité des états financiers produits par la direction. En effet, pour plusieurs raisons, il peut être difficile pour les actionnaires d'avoir une idée claire sur la qualité des renseignements transmis par la direction dans les états financiers. Tout d'abord, ils n'ont pas forcément les compétences nécessaires. Ensuite, ne participant pas aux activités quotidiennes de l'entreprise, ils n'ont pas accès à toute l'information. Enfin, ils sont conscients du fait que la direction, qui exerce un rôle de contrôle, peut avoir des incitations à manipuler l'information qu'elle a la responsabilité de préparer.

Le rôle de l'auditeur est d'ajouter de la crédibilité aux états financiers. Au terme de son travail, qu'il effectue conformément à des normes professionnelles (par exemple, au Canada, aux Normes canadiennes d'audit [NCA]), cet expert présente aux actionnaires

9. Selon Louis Ménard, le conseil d'administration désigne l'« ensemble des personnes élues par les associés, les actionnaires ou les membres d'une entreprise [...] pour en gérer les affaires ». *Dictionnaire de la comptabilité et de la gestion financière*, Institut canadien des comptables agréés, 2e édition, Montréal, ERPI, 2004.

un rapport[10] (voir l'annexe 7, p. 33 pour une illustration) dans lequel il exprime son opinion sur le fait que les états financiers donnent, à tous les égards importants, une image fidèle de la situation financière de l'entreprise ainsi que des résultats de son exploitation, conformément au référentiel comptable utilisé par l'entreprise.

E Les marchés financiers et les parties prenantes

La présence des marchés financiers facilite l'échange de ressources limitées entre les entreprises et les investisseurs. Ceux-ci s'en remettent en bonne partie aux données financières pour éclairer leurs décisions en matière de placement. C'est en publiant de l'information sur leur situation financière que les entreprises peuvent obtenir le financement nécessaire à leur exploitation. Dans ce contexte, on ne peut nier l'utilité de l'information financière pour les deux parties.

1.2.3 La technologie comme support de publication

La technologie est de plus en plus utilisée pour faciliter le processus de diffusion de l'information. Elle permet de transmettre rapidement un maximum d'informations au plus grand nombre de personnes intéressées. Elle favorise ce qu'il convient d'appeler l'« information continue ».

L'émergence de nouveaux langages informatiques laisse entrevoir des occasions de normalisation des états financiers en ligne, dotés de gabarits d'analyse financière et de calculs de ratios qui facilitent la comparaison des renseignements fournis par les entreprises. Ainsi, le langage XBRL[11] permet d'échanger des données de façon plus efficace et à moindre coût.

1.2.4 Ce que les états financiers ne sont pas

Précisons que les états financiers n'ont pas pour objectif de mesurer la valeur de l'entreprise, sauf dans des cas particuliers, comme une liquidation éventuelle. Si les états financiers avaient pour fonction de mesurer la valeur d'une entreprise, ils seraient coûteux, subjectifs et incomplets (en raison des éléments impossibles à mesurer), et risqueraient de perdre en partie de leur utilité, surtout si l'on tient compte des nombreuses méthodes d'évaluation possibles pour un même actif (un bien immobilier, par exemple) ou du fait que certains éléments clés d'une entreprise, comme le capital humain, ne peuvent pas être comptabilisés.

---

10. Sur le plan de la crédibilité, le rapport d'audit donne une assurance élevée. Certaines entreprises à capital fermé peuvent opter pour un rapport de « mission d'examen », qui offre un degré d'assurance moindre, mais qui peut satisfaire les besoins des diverses parties prenantes de ce type d'entreprises.

11. XBRL (*Extensible Business Reporting Language*) est un langage informatique utilisé à l'international pour la description et la transmission de l'information financière par Internet.

L'interprétation des états financiers ne saurait être prise à la légère. Elle exige de l'utilisateur des états financiers un certain niveau de connaissance de la comptabilité, que les prochains chapitres visent à transmettre.

1.3 LES TYPES ET LES FORMES D'ENTREPRISES

L'objectif de cette section est de présenter plusieurs typologies possibles pour les entreprises. Comme nous l'avons vu plus haut, le référentiel comptable varie selon le statut de l'entité. Les normes internationales, ou IFRS, s'appliquent aux sociétés par actions ouvertes. Quant aux sociétés fermées, elles ont le choix entre les IFRS et les NCECF. On peut aussi catégoriser les formes d'entreprises selon les produits qu'elles offrent, ce qui renvoie à la forme économique de l'entité : entreprise industrielle (produits fabriqués et vendus), entreprise commerciale (produits vendus) ou entreprise de services (services rendus). Les informations présentées dans les états financiers dépendent du secteur d'activité de l'entreprise et du type de biens qu'elle vend, selon ce qui s'avère le plus utile à la prise de décision par les utilisateurs. Enfin, une entité possède l'un ou l'autre des divers statuts juridiques.

1.3.1 Les types d'entreprises

Dans cette section, nous présentons brièvement les principales caractéristiques des différentes formes d'entreprises.

A Les organismes à but non lucratif

Les organismes à but non lucratif (OBNL), également appelés « organismes sans but lucratif » (OSBL), sont constitués à des fins sociales, éducatives, religieuses, professionnelles ou philanthropiques ainsi qu'à des fins de santé. Ces organismes n'émettent pas de titres de propriété transférables et ne procurent aucun rendement financier direct aux pourvoyeurs de fonds. La plupart du temps, ils sont financés par des dons et des subventions. Ils doivent, par ailleurs, pour rendre des comptes, produire des états financiers selon les normes comptables des organismes à but non lucratif.

B Les entités publiques

Les entités publiques sont constituées par les gouvernements ou en relèvent. Ces entités, par exemple les ministères, les organismes gouvernementaux, les sociétés d'État et les entreprises de services publics de l'État, produisent des états financiers selon des règles différentes de celles qui s'appliquent aux autres entreprises. Ces règles sont issues des recommandations comptables destinées au secteur public.

C Les entreprises à but lucratif

Au Canada, d'un point de vue juridique, une entreprise à but lucratif peut prendre l'une des quatre formes principales suivantes :

- l'entreprise personnelle (à propriétaire unique) ;
- la société de personnes ;
- la société par actions ;
- la coopérative.

La principale mission de ces quatre formes juridiques est de réaliser un bénéfice qui peut ensuite être distribué aux propriétaires (ou aux membres, dans le cas de la coopérative) ou « réinvesti » pour assurer la croissance de l'entreprise. Comme l'illustre le **tableau 1.1**, ces différentes formes juridiques se caractérisent principalement par le degré de responsabilité juridique dévolu à leurs propriétaires[12].

TABLEAU 1.1 Les caractéristiques des quatre principales formes juridiques

Forme	**L'entreprise personnelle**	**La société de personnes**				**La société par actions**		**La coopérative**
Propriété	Propriétaire unique	Au moins deux propriétaires appelés *associés*				Un ou plusieurs propriétaires appelés *actionnaires*		Au moins trois propriétaires appelés *membres* ou *coopérateurs*
Catégorie		Société en nom collectif	Société en commandite		Société en participation	Société ouverte	Société fermée	
			Associés commanditaires	Associés commandités				
Responsabilité légale des propriétaires	Illimitée	Illimitée, conjointe et solidaire	Limitée à leur mise de fonds	Illimitée, conjointe et solidaire	Illimitée, conjointe et solidaire	Limitée au montant payé pour acquérir leurs actions	Limitée au montant payé pour acquérir leurs actions	Limitée au paiement du prix de leurs parts sociales

12. Nous ne présentons ici que des éléments très partiels concernant les formes juridiques. Pour une présentation plus complète, consulter le document suivant : http ://www.gestiondesarts.com/media/wysiwyg/documents/Turbide_Forme_juridique.pdf.

1.3.2 Les formes économiques de l'entreprise à but lucratif

A Les secteurs d'activité

L'activité économique se répartit en trois grands secteurs : le secteur primaire, le secteur secondaire et le secteur tertiaire. Le secteur primaire regroupe les activités productrices de matières non transformées, comme l'agriculture, la pêche et la sylviculture, d'une part, et les industries extractives, comme l'exploitation minière et l'extraction de pétrole ou de gaz naturel, d'autre part. Le secteur secondaire comprend les activités productrices de matières transformées en biens de production ou de consommation. On y trouve notamment les industries métallurgiques et manufacturières ainsi que les raffineries de pétrole. Enfin, le commerce de produits et la prestation de services, comme l'administration, la vente et les transports, constituent les activités du secteur tertiaire.

Notons qu'une industrie peut fort bien couvrir ces trois secteurs d'activité. L'industrie pétrolière en est un bon exemple : l'extraction du pétrole brut relève du secteur primaire ; le raffinage et la transformation du brut en combustible, en lubrifiants, en carburants ou en matières premières font partie du secteur secondaire ; le transport, la distribution et la vente des produits appartiennent au secteur tertiaire. Ces activités peuvent être assurées par une seule et même entreprise, soit directement, soit par l'intermédiaire de sociétés affiliées.

Dans une perspective comptable, il est également possible de distinguer trois grandes catégories d'entreprises : les entreprises industrielles, les entreprises commerciales et les entreprises de services. Le **tableau 1.2** illustre le lien comptable qui unit la forme économique des entreprises et le secteur d'activité auquel elles se rattachent. Comme on peut le constater, les principaux éléments déterminants de la forme économique d'une entreprise sont la nature de ses activités, la prédominance de son capital physique ou de sa main-d'œuvre, le degré de contrôle qu'elle requiert et la complexité de son système d'information financière.

TABLEAU 1.2 Les caractéristiques des trois secteurs d'activité

Secteurs d'activité économique	Primaire	Secondaire	Tertiaire	
	Production de matières premières	Transformation de matières premières	Commerce de produits	Prestation de services
Formes économiques	Entreprise industrielle		Entreprise commerciale	Entreprise de services
Nature des activités	• Extraction de ressources naturelles • Transformation de matières premières • Fabrication (en usine)		Vente de produits	Prestation de services
Prédominance du capital physique ou de la main-d'œuvre	• Inventaire de biens à différents stades de transformation • Installations de production (industrie capitalistique)		Inventaire de produits	Ressources humaines (industrie travaillistique)
Éléments critiques sur le plan du contrôle	• Actifs immobilisés et activités de production • Recherche et développement		Mouvements de produits en stock	Ressources humaines
Contrôle à mettre en place dans le système d'information financière	• Contrôle des coûts de production, de recherche et développement, d'exploration et de mise en valeur • Évaluation des ressources humaines • Évaluation des stocks : matières premières, produits semi-finis, produits finis, sous-produits		• Contrôle des coûts d'approvisionnement, d'entreposage, de manutention, d'expédition • Évaluation des stocks	Contrôle de la masse salariale

B La nature des activités

L'entreprise industrielle concentre ses activités dans l'extraction (mines, pétrole, pêcheries, etc.), l'exploitation (agriculture, forêts, etc.), la transformation (cuir, métaux, bois, pétrole, etc.) et la fabrication (textiles, automobiles, produits chimiques, construction, etc.).

L'entreprise commerciale se livre au commerce de produits. Elle est en quelque sorte un intermédiaire entre le fabricant et le consommateur. Que ce soit en qualité de grossiste ou de détaillant, sa fonction est de distribuer des produits.

Comme son nom l'indique, l'entreprise de services offre des services au public. Ces services peuvent être d'ordre professionnel (services juridiques ou comptables, conseils en gestion, courtage immobilier, etc.), d'ordre technique (traitement de données, entretien mécanique, installation électronique, etc.), d'ordre matériel (télécommunications, transport, etc.) ou d'ordre financier (services de placement, courtage de valeurs, etc.).

C La prédominance du capital physique ou de la main-d'œuvre

Selon son activité économique, une entreprise peut reposer principalement sur du capital physique (stocks de produits, matériel et installations de production) ou sur de la main-d'œuvre.

L'entreprise industrielle investit notamment des capitaux permanents dans ses installations de production, dans la recherche et le développement de nouveaux produits et procédés, ainsi que dans l'exploration et la mise en valeur des ressources naturelles. En raison de la prédominance du capital, ce type d'industrie est dit « capitalistique ». En outre, les stocks de l'entreprise industrielle comprennent des biens parvenus à différents stades de transformation. La comptabilisation de ces éléments au coût de fabrication et de transformation de même que l'évaluation des stocks requièrent un système d'information financière sophistiqué et des méthodes de contrôle pointues.

Pour sa part, l'entreprise commerciale doit maintenir un stock de biens suffisant pour répondre à la demande. Le commerce de produits nécessite l'investissement de ressources et la mise en place de contrôles visant d'abord l'approvisionnement en biens ainsi que l'entreposage, la manutention et l'expédition de ceux-ci ; ces mesures s'ajoutent à celles qui sont liées aux ressources humaines et aux coûts. La direction doit pouvoir connaître les coûts inhérents à chaque activité ; ce besoin complexifie le système comptable de l'entreprise. Enfin, l'entreprise commerciale calcule et indique la valeur des produits en stock dans ses états financiers.

Quoique cruciales pour toutes les formes économiques d'entreprises, les ressources humaines occupent une place prépondérante dans l'entreprise de services et constituent généralement sa principale source de coûts. Dès lors, on dit de cette entreprise qu'elle est « travaillistique ».

... CONCLUSION

Ces dernières années, tant au Canada qu'ailleurs dans le monde, la profession comptable a manifesté fermement sa volonté de regagner la confiance du public et de prendre les dispositions nécessaires pour protéger les intérêts de celui-ci. En outre, sous l'impulsion de la mondialisation, l'abolition graduelle des barrières commerciales entre les pays tend à stimuler l'uniformisation des normes comptables internationales. Le Canada a choisi cette voie, et nous assistons à l'adoption des IFRS pour les sociétés ayant l'obligation publique de rendre des comptes. Nous souhaitons familiariser les utilisateurs des états financiers des sociétés ouvertes à ce référentiel comptable encore relativement nouveau. Le référentiel pour les sociétés fermées fait, quant à lui, l'objet d'une étude détaillée au chapitre 10. Mais, au-delà de la familiarisation aux différents référentiels, cet ouvrage se veut avant tout un outil de vulgarisation de la comptabilité financière, souvent perçue comme obscure, afin de permettre au plus grand nombre de comprendre ce langage des affaires.

Annexe 1 Description de la société

PROFIL CORPORATIF

Chef de file au Canada, Le Château est un détaillant spécialisé offrant des vêtements, des chaussures et des accessoires modernes aux femmes et aux hommes soucieux de la mode. Le succès de notre marque repose sur notre capacité d'identifier rapidement les tendances de la mode et d'y réagir immédiatement grâce à nos forces en conception et en développement de produits, ainsi qu'à notre approche verticale.

Les vêtements de marque Le Château sont vendus exclusivement par l'entremise de 222 magasins de détail, dont 221 sont situées au Canada. De plus, la Société dispose de 5 magasins sous licence au Proche-Orient. Le marketing en ligne de Le Château prend de l'expansion en rejoignant la clientèle de la Société parmi les acheteurs sur Internet au Canada et aux États-Unis.

Le Château, qui accorde une grande importance à la recherche, à la conception et au développement de produits, fabrique environ 30 % de ses vêtements dans ses installations de production au Canada.

RAPPORT ANNUEL 2014 | 1

Message aux actionnaires **Annexe 2**

Le Groupe
Jean Coutu
(PJC) inc.

MESSAGE AUX ACTIONNAIRES
Résultats de l'exercice financier 2015

À nos actionnaires,

Le Groupe Jean Coutu a le plaisir de vous communiquer ses résultats financiers de l'exercice financier terminé le 28 février 2015.

Les produits s'élevaient à 2,814 milliards de dollars au cours de l'exercice financier 2015 comparativement à 2,733 milliards de dollars au cours de l'exercice financier précédent. Cette augmentation est attribuable à la croissance générale du marché et à l'expansion du réseau des établissements franchisés PJC malgré l'impact déflationniste sur les produits de l'augmentation du volume des ordonnances de médicaments génériques par rapport aux médicaments d'origine ainsi que des réductions du prix des médicaments génériques. Le résultat opérationnel avant amortissements (« ROAA ») affichait une baisse de 2,6 millions de dollars et atteignait 331,9 millions de dollars au cours de l'exercice financier terminé le 28 février 2015 alors qu'il s'élevait à 334,5 millions de dollars au cours de l'exercice financier 2014. Cette diminution est principalement attribuable à la négociation d'un crédit rétroactif pour des exercices antérieurs de 4,5 millions de dollars pour des dépenses publicitaires enregistrées en réduction des frais généraux et opérationnels au cours de l'exercice financier 2014. La contribution de Pro Doc au ROAA consolidé, net des éliminations inter-secteurs, atteignait 90,2 millions de dollars pour l'exercice financier terminé le 28 février 2015 comparativement à 80,4 millions de dollars pour l'exercice financier 2014.

Le résultat net de l'exercice financier 2015 s'élevait à 218,9 millions de dollars (1,17 $ par action) comparativement à 437,0 millions de dollars (2,12 $ par action) au cours de l'exercice financier 2014. La baisse du résultat net est principalement attribuable à la constatation des gains de 212,7 millions de dollars liés au placement dans Rite Aid au cours de l'exercice financier 2014.

Au 28 février 2015, le réseau de pharmacies franchisées PJC Jean Coutu comprenait 416 établissements. Au cours l'exercice financier 2015, les ventes au détail totales réalisées par le réseau de pharmacies franchisées PJC augmentaient de 2,8 % et celles réalisées sur une base d'établissements comparables augmentaient de 2,3 % comparativement à l'exercice financier 2014.

Le conseil d'administration du Groupe Jean Coutu a déclaré un dividende trimestriel de 0,11 $ par action, soit une augmentation de 10,0 % par action par rapport au trimestre précédent. Ce dividende sera versé le 29 mai 2015 à tous les porteurs d'actions à droits de vote subalterne catégorie « A » ainsi qu'aux porteurs d'actions catégorie « B » inscrits aux registres de la Société au 15 mai 2015.

« Les résultats du quatrième trimestre et de l'exercice financier 2015 témoignent de notre bonne performance opérationnelle et de l'efficacité de la mise en œuvre de notre plan d'affaires. Les ventes totales ont connu une solide croissance et ce, dans un marché qui demeure toujours très compétitif. » a souligné le président et chef de la direction, monsieur François J. Coutu. « Au cours de la prochaine année, nous prévoyons poursuivre l'expansion de notre réseau et l'implantation de stratégies dynamiques, de concert avec les pharmaciens propriétaires affiliés au réseau Jean Coutu, afin de poursuivre notre croissance »

Sincères salutations,

/s/ François J. Coutu

François J. Coutu

Président et chef de la direction

Annexe 3 Extrait d'un rapport de gestion

NEWLOOK
lunetterie eyewear

Rapport de gestion

Pour les exercices terminés le 27 décembre 2014 et le 28 décembre 2013
Les montants dans les tableaux sont en milliers de dollars canadiens, à l'exception des actions et des montants par action

FAITS SAILLANTS

Les faits saillants des quatrièmes trimestres de 2014 et 2013 et de l'exercice terminé le 27 décembre 2014 comparés à ceux des exercices 2013 et 2012 sont les suivants :

	Quatrième trimestre		Exercice		
	2014	2013 révisé [a]	2014	2013 révisé [a]	2012
Chiffre d'affaires[b]	**40 809 $**	**25 596 $**	**140 245 $**	**90 971 $**	**82 296 $**
Écart	*59,4%*		*54,2%*	*10,5 %*	
Écart attribuable aux magasins comparables	*4,4%*	*4,0%*	*1,7%*	*3,7 %*	*(1,3)%*
BAIIA ajusté[c]	**7 501 $**	**4 428 $**	**27 030 $**	**15 780 $**	**15 362 $**
Écart	*69,4%*		*71,3%*	*2,7 %*	
% du chiffre d'affaires	*18,4%*	*17,3%*	*19,3%*	*17,3 %*	*18,7 %*
Par action (dilué)	0,55 $	0,39 $	2,05 $	1,47 $	1,49
Bénéfice net attribuable aux actionnaires[c]	**2 023 $**	**1 112 $**	**7 774 $**	**6 240 $**	**6,478 $**
Écart	*81,9%*		*24,6%*	*(0,4)%*	
Bénéfice net par action					
De base	0,16 $	0,12 $	0,61 $	0,59 $	0,64 $
Dilué	0,15 $	0,11 $	0,59 $	0,58 $	0,63 $
Bénéfice net ajusté attribuable aux actionnaires[c]	**2 722 $**	**1 778 $**	**9 433 $**	**7 022 $**	**6 492 $**
Écart	*53,1%*		*34,3%*	*8,2 %*	
Par action (dilué)	0,21 $	0,17 $	0,72 $	0,67 $	0,63 $
Flux de trésorerie liés aux activités d'exploitation avant variation des éléments hors trésorerie du fonds de roulement	**6 476 $**	**3 506 $**	**24 258 $**	**14 518 $**	**14,769 $**
Par action (dilué)	0,47 $	0,29 $	1,83 $	1,34 $	1,43 $
Dépenses en immobilisations [d]	21 814 $	77,682 $	25 201 $	89 352 $	9,856 $
Augmentation de la dette nette pour la période [e]	10 693 $	50 330 $	2 920 $	54 274 $	1,797 $
Dividende par action en espèces[f]	0,15 $	0,15 $	0,60 $	0,60 $	0,60 $
Total des dividendes [e]	2,258 $	1 896 $	7,704 $	6 586 $	6,148 $
En fin d'exercice					
Actif total [g]			161 312 $	134 581 $	47,571 $
Passifs non courants [h]			68 624 $	59 343 $	11,503 $
Dette nette [e]			65 543 $	62 623 $	8,282 $
Nombre de magasins [i]			192	140	70

a) Certains chiffres de 2013 et 2012 ont été ajustés pour refléter la présentation adoptée en 2014. De plus, certains chiffres ont été révisés suivant la révision de la répartition du prix d'achat des actifs nets de Vogue Optical Inc., acquis en 2013. Se reporter à la note 7.3 des états financiers consolidés pour plus de détails.

b) Le chiffre d'affaires comprend le chiffre d'affaires de la bannière Greiche & Scaff (« Greiche & Scaff ») depuis la date d'acquisition, soit le 14 octobre 2014, jusqu'à la fin de l'exercice 2014.

c) Le BAIIA, le BAIIA ajusté et le bénéfice net ajusté ne sont pas des mesures normalisées selon les IFRS et il est peu probable que l'on puisse les comparer à des mesures similaires utilisées par d'autres entreprises. Se reporter aux rubriques *BAIIA et BAIIA ajusté* et *Bénéfice net et bénéfice net ajusté* ci-dessous pour les définitions et les rapprochements au bénéfice net.

d) Les dépenses en immobilisations incluent des montants financés par prise en charge de dettes, des soldes de prix d'achat ainsi que l'émission d'actions et participations ne donnant pas le contrôle. Se référer à la rubrique *Situation de la trésorerie* pour un rapprochements des investissements dans les actifs à long terme et de leur financement.

Rapport de gestion

NEWLOOK
lunetterie eyewear

Pour les exercices terminés le 27 décembre 2014 et le 28 décembre 2013
Les montants dans les tableaux sont en milliers de dollars canadiens, à l'exception des actions et des montants par action

e) La dette nette correspond au total de la dette à long terme, y compris la portion à court terme, à l'emprunt bancaire à court terme et aux dividendes à payer, en sus de la trésorerie. L'augmentation de la dette nette en 2014 est principalement attribuable à l'acquisition des actifs et de l'entreprise de Greiche & Scaff au quatrième trimestre et à trois plus petites acquisitions faites aussi au cours du dernier trimestre de l'exercice.

f) Les montants de dividendes mentionnés dans le tableau ci-dessus se rapportent aux montants déclarés durant les périodes.

g) L'augmentation du total des actifs en 2014 comparativement à 2013 est principalement attribuable à l'acquisition des actifs de Greiche & Scaff, à l'acquisition de trois cabinets indépendants ainsi qu'à l'ouverture d'un nouveau magasin. L'agrandissement du laboratoire et du centre de distribution ont aussi contribué à l'augmentation du total des actifs.

h) Les passifs non courants sont composés de la portion à long terme de la dette à long terme, des avantages incitatifs, des crédits d'impôts à l'investissement et des loyers différés, ainsi que des passifs d'impôt différé indiqués au bilan.

i) L'augmentation du nombre de magasins en 2014 s'explique comme suit :

• Acquisition des magasins de Greiche & Scaff	49
• Acquisition de cliniques indépendantes	3
• Ouverture	1
• Fermeture	(1)

CONTEXTE

Le rapport de gestion porte sur la situation financière, les résultats d'exploitation ainsi que les flux de trésorerie de Lunetterie New Look inc. (« New Look »), de ses filiales et des entités sur lesquelles New Look a le pouvoir de diriger les politiques financières et opérationnelles de façon à influer sur son rendement sans détenir d'actions de ces entités (New Look, ses filiales et ces entités sont ensemble identifiées comme la « société »). La principale filiale de New Look est Vogue Optical inc.

Le présent rapport de gestion contient, au besoin, des énoncés prospectifs, des commentaires et analyses fournis dans le but d'aider le lecteur à voir l'entreprise du point de vue de la direction. Ce rapport a pour but d'aider à mieux comprendre nos activités et il devrait être lu à la lumière des états financiers consolidés audités pour l'exercice terminé le 27 décembre 2014.

À moins d'indication contraire, toute l'information contenue dans ce rapport est exprimée en milliers de dollars canadiens et est établie selon les normes internationales d'information financière (IFRS). Des renseignements additionnels sur New Look sont disponibles sur le site Web www.newlook.ca. Les documents d'information continue de New Look, y compris les rapports de gestion annuels et trimestriels, les états financiers annuels et trimestriels, les notices annuelles, les formulaires de procuration, les circulaires d'information et les divers communiqués de presse émis par New Look sont également disponibles par le truchement du système SEDAR sur le site Web www.sedar.com.

VUE D'ENSEMBLE DE 2014

La société s'est mieux positionnée pour être un leader dans le marché de l'optique dans l'est du Canada par la croissance des revenus et du BAIIA pour les années à venir. La principale mesure prise à cet effet fut l'acquisition, en décembre 2013, de Vogue Optical inc., un détaillant majeur dans l'est du Canada. À l'automne 2014, la société a poursuivi sa stratégie en faisant l'acquisition des actifs et des activités de Greiche & Scaff, un important détaillant d'optique du Québec. Cette acquisition stratégique a permis d'ajouter 49 magasins au réseau de la société, portant celui-ci à 192 magasins. Les autres faits saillants de l'année sont résumés comme suit :

- Le chiffre d'affaires de 2014 a augmenté de 54,2 % pour atteindre un niveau record de plus de 140 millions $
- Les commandes des magasins comparables sont solides, en hausse de 1,7 % par rapport à l'année dernière.
- Le BAIIA ajusté était de 27,0 millions $ en 2014 comparativement à 15,8 millions $ l'année précédente, soit une augmentation de 71,3 %.
- La société a fait des investissements de 25,2 millions $, dont 16,5 millions $ pour l'acquisition des actifs et des activités de Greiche & Scaff.
- La société a complété l'intégration des ressources et équipements du laboratoire de Greiche & Scaff à l'intérieur du laboratoire de New Look à Ville Saint-Laurent. Les frais de restructuration liés à cette intégration ont été comptabilisés au quatrième trimestre de 2014.
- D'autres investissements incluent l'acquisition de trois cliniques d'optique indépendantes, l'ouverture d'un magasin, l'agrandissement du laboratoire de fabrication de lentilles et du centre de distribution situés à Ville St-Laurent, Québec, et la poursuite de l'implantation d'un nouveau logiciel de points de vente afin d'améliorer l'efficacité opérationnelle et de la gestion.
- Les flux de trésorerie liés aux activités d'exploitation avant variation des éléments du fonds de roulement étaient de 24,3 millions $, soit une augmentation de 9,7 millions $ comparativement à l'année dernière. Ils représentent 1,83 $ par action (sur une base diluée) par rapport à 1,34 $ l'année dernière.
- En 2014, le bénéfice net ajusté attribuable aux actionnaires était de 9,4 millions $ comparativement à 7,0 millions $ l'année précédente. Le bénéfice net ajusté par action était de 0,72 $ par rapport à 0,67 $ l'année dernière.
- La solide performance de la société en 2014 lui a permis de maintenir aisément ses versements de dividendes trimestriels aux actionnaires de 0,15 $ par action.
- La société poursuit ses efforts pour rechercher des occasions d'expansion au Québec, dans les provinces maritimes, dans l'est de l'Ontario et le reste du Canada.

DESCRIPTION DES ACTIVITÉS

New Look est un chef de file dans l'est du Canada dans les produits et services d'optique. Au 27 décembre 2014, la société exerçait ses activités sous trois principales bannières : New Look, Vogue Optical et Greiche & Scaff. L'ensemble du réseau de la société est composé de 192 magasins spécialisés en soins de la vue et appartenant à la société. Ceux-ci sont principalement situés au Québec et dans les provinces de l'Atlantique : Québec (119), Nouveau-Brunswick (21), Nouvelle-Écosse (21), Terre-Neuve-et-Labrador (14), Île-du-Prince-Édouard (6), Ontario (8), Saskatchewan (2) et Colombie-Britannique (1). La société exploite un laboratoire de fabrication de lentilles ophtalmiques et un centre de distribution

Annexe 3 (suite)

Rapport de gestion

NEWLOOK
lunetterie eyewear

Pour les exercices terminés le 27 décembre 2014 et le 28 décembre 2013
Les montants dans les tableaux sont en milliers de dollars canadiens, à l'exception des actions et des montants par action

à Ville St-Laurent, au Québec, et un laboratoire de fabrication de lentilles ophtalmiques à Charlottetown, à l'Île-du-Prince-Édouard.

APPROBATION DES ÉTATS FINANCIERS

Avant leur publication, les états financiers consolidés de la société pour l'exercice terminé le 27 décembre 2014 ont été approuvés par le conseil d'administration sur la recommandation du comité d'audit.

MÉTHODES COMPTABLES

Fin d'exercice

Le dernier samedi de décembre marque la fin d'exercice de la société. Les exercices financiers de 2014 et de 2013 comptaient chacun 52 semaines.

Nouvelles normes adoptées ou mises à jour en 2014

La direction considère que la marque de commerce Greiche & Scaff acquise en 2014 a une durée de vie indéterminée. Ce traitement est conforme à celui accordé aux marques de commerce Lunetterie New Look et Vogue Optical. Par conséquent, ces trois marques de commerce ne sont pas amorties mais sont soumises à un test de dépréciation annuel.

Auparavant, le matériel optique était amorti sur 15 ans. La période d'amortissement varie maintenant de 10 à 15 ans.

Principales estimations comptables

Pour dresser des états financiers consolidés conformément aux IFRS, la direction doit faire des estimations, lesquelles sont fondées sur l'expérience des exercices précédents et sur le meilleur jugement de la direction. La direction revoit continuellement ces estimations. Les résultats réels peuvent être différents de ces estimations. Les principales estimations utilisées pour dresser les états financiers consolidés de la société sont présentées dans les paragraphes ci-après.

Provision pour désuétude

Bien que la société cherche continuellement à augmenter la rotation des stocks pour diminuer le risque de désuétude et augmenter les liquidités, la direction estime une provision pour désuétude à l'égard des stocks à rotation lente. De telles estimations sont basées sur l'expérience historique des stocks liquidés, donnés à des organismes de charité ou détruits.

Durée d'utilité des immobilisations corporelles et des actifs incorporels

En vue de calculer l'amortissement des immobilisations corporelles et des actifs incorporels, il faut faire une estimation de leur durée d'utilité. Des facteurs comme le risque de désuétude engendré par les nouvelles technologies, l'objectif de la société d'utiliser de l'équipement à la fine pointe de la technologie, ainsi que la présentation de magasins modernes sont considérés.

Répartition du prix d'achat d'une entreprise

Lors de l'acquisition d'une entreprise, la direction répartit le prix d'achat sur les actifs et passifs sous-jacents conformément aux IFRS. Ainsi, la direction détermine les actifs incorporels comme les relations clients, les ententes contractuelles et les baux comportant des loyers inférieurs ou supérieurs à ceux du marché. Ces actifs et passifs sont évalués en faisant des hypothèses relativement aux revenus, frais d'exploitation et taux d'actualisation prévus. Les actifs incorporels autres que les noms commerciaux New Look, Vogue Optical et Greiche & Scaff sont amortis sur la période estimative des bénéfices attendus de leur utilisation.

Instruments financiers

La valeur comptable des soldes ne portant pas intérêt du prix d'achat d'une entreprise et de l'emprunt ne portant pas intérêt a été déterminée en actualisant la valeur nominale selon des taux de 5 à 8 %.

La société utilise deux types de dérivés : le contrat de change à terme et le swap de taux. Les deux types sont évalués à la juste valeur dans le bilan et la variation de la juste valeur est reflétée dans les résultats. La société n'utilise pas la comptabilité de couverture.

Provisions

La société a comptabilisé des provisions à titre de passifs afin de couvrir les paiements futurs prévus relativement aux garanties des produits, aux obligations de remise en état à la cessation des baux, aux contrats déficitaires et à la restructuration. Les deux derniers éléments se rapportent à l'acquisition de Greiche & Scaff. Les montants sont fondés sur les données historiques, sur l'expérience passée ainsi que sur les meilleures connaissances de la direction concernant les événements actuels et les mesures que la société pourrait prendre à l'avenir.

Juste valeur de la rémunération à base d'actions

La rémunération à base d'actions, comme les options sur actions accordées aux employés, est comptabilisée à titre de charge même si aucun décaissement n'est requis. Les options sur actions attribuées sont évaluées à la juste valeur à la date d'attribution selon la méthode connue sous le nom de modèle d'évaluation des options Black et Scholes. Ce modèle tient compte des facteurs tels la durée prévue des options, la volatilité prévue du titre sous-jacent et les dividendes prévus. La détermination de ces facteurs est basée sur l'expérience historique, la performance financière de la société ainsi que les plans d'expansion de la société et l'environnement économique.

Test de dépréciation d'actifs

Les normes comptables exigent des tests de dépréciation pour les actifs à long terme tels que les immobilisations corporelles, les actifs incorporels et le goodwill. Les tests impliquent la formulation d'hypothèses relativement à la valeur actualisée des flux de trésorerie futurs provenant de ces actifs. Les données historiques ainsi que les plans d'expansion sont les principales sources d'information utilisées dans ces circonstances. À la suite de ces tests, aucune dépréciation n'a été nécessaire en 2014 et en 2013.

Impôts et crédits d'impôts

Le calcul de la charge d'impôts et des crédits d'impôts pour recherche et développement, pour formation ou pour investissements requiert du jugement afin de déterminer les activités ou dépenses admissibles à une déduction ou un crédit. Un jugement similaire est nécessaire pour évaluer le droit d'utiliser des pertes fiscales ou crédits d'impôts reportés provenant

Rapport de gestion

NEWLOOK
lunetterie eyewear

Pour les exercices terminés le 27 décembre 2014 et le 28 décembre 2013
Les montants dans les tableaux sont en milliers de dollars canadiens, à l'exception des actions et des montants par action

de réorganisations antérieures. L'incidence de cotisations d'impôts différentes des calculs de la société pourrait être importante.

IFRS publiées mais non encore entrées en vigueur

L'*International Accounting Standards Board* a publié des normes, amendements ou interprétations révisés qui n'étaient pas encore en vigueur au 27 décembre 2014. Ceux susceptibles d'affecter les états fianciers de la société sont les suivants:

- *Passation en charge des droits ou taxes.* Une nouvelle interprétation (IFRIC 7) précise quand les droits ou taxes, ce qui comprend les taxes municipales, devraient être passés en charge. La direction est d'avis que l'impact de la nouvelle interprétation sur les états financiers annuels et intermédiaires de la société ne sera pas significatif.
- *Classification des actifs financiers (IFRS 9).* La norme révisée s'appliquera aux exercices financiers ouverts à compter du 1er janvier 2018. L'impact reste à être déterminé.
- *Produits des activités ordinaires tirés de contrats avec des clients(IFRS 15).* La norme révisée s'appliquera aux exercices financiers ouverts à compter du 1er janvier 2017. L'impact reste à être déterminé.

Exposé-sondage sur les baux

En mai 2013, l'*International Accounting Standards Board* (IASB) a publié un exposé-sondage révisé sur les baux. Le but principal de cet exposé-sondage est de présenter les baux au bilan : les locataires comptabiliseraient ainsi un droit d'utilisation en tant qu'actif ainsi qu'un passif de location. La direction suit de près le développement de cet exposé-sondage car son application éventuelle aura une incidence considérable sur les états financiers de la société. L'IASB n'a pas encore proposé de date d'entrée en vigueur.

AJUSTEMENT RÉTROSPECTIF DES CHIFFRES DE 2013

La répartition du prix d'achat des actifs nets de Vogue Optical inc., acquis en décembre 2013, décrite dans les états financiers consolidés de 2013, était sujette à changement advenant que des nouvelles informations soient rendues disponibles. L'application de clauses comprises dans la convention d'achat, notamment une clause d'ajustement de prix, a engendré une nouvelle répartition du prix d'achat au premier trimestre de 2014. L'information financière de 2013 a été révisée, puisque les normes comptables (IFRS 3) requièrent l'application rétrospective d'un prix d'achat révisé survenant au cours d'une période d'évaluation, c'est-à-dire dans l'année suivant la date d'acquisition. En conséquence, le bénéfice net de 2013 a diminué de 209 000 $ et le bénéfice net par action de 0,02 $ (de base et dilué). De plus amples renseignements sont disponibles à la note 7 des états financiers intermédiaires du troisième trimestre de 2014.

RÉSULTATS D'EXPLOITATION

Chiffre d'affaires

En 2013, des ressources supplémentaires ont été consacrées à la croissance du chiffre d'affaires par le biais d'acquisitions et de nouvelles initiatives commerciales dans des marchés inexploités par New Look jusque-là. L'acquisition des actifs et des activités de Vogue Optical inc. à la fin de 2013 a donné un élan important aux résultats de 2014. L'acquisition de Greiche & Scaff, à la fin de 2014, aura une incidence sur les résultats de 2015 et des années à venir.

Pour le quatrième trimestre de 2014, le chiffre d'affaires a atteint 40,8 millions $, soit une augmentation de 59,4 % par rapport au quatrième trimestre de l'année dernière. La hausse est attribuable à l'augmentation du chiffre d'affaires des magasins existants, l'ajout de 65 magasins en décembre 2013 lors de l'acquisition des actifs et des activités de Vogue Optical inc., à l'ouverture d'un magasin, à l'acquisition de trois cliniques d'optique ainsi qu'à l'acquisition de 49 magasins Greiche & Scaff au dernier trimestre de 2014.

La période cumulative de 52 semaines terminée le 27 décembre 2014 a bénéficié d'un ajout total de 122 magasins depuis le début de 2013, ce qui a entraîné un chiffre d'affaires de 140,2 millions $, soit une augmentation de 54,2 % par rapport à la période correspondante de 2013.

Les produits composant le chiffre d'affaires sont comptabilisés lorsque les biens sont livrés aux clients. Par contre, la direction mesure la performance des magasins comparables sur la base des bons de commande. En conséquence, à compter du premier trimestre de 2014, la direction présente la variation de la performance des magasins comparables en se basant sur les bons de commande. Ces derniers ont augmenté de 4,4 % au quatrième trimestre et de 1,7 % dans l'exercice terminé le 27 décembre 2014 par rapport à l'année dernière. Les magasins comparables sont ceux ouverts avant 2013, incluant ceux de Vogue Optical et de Greiche & Scaff.

Annexe 4 États financiers

Le Château Inc. Société constituée en vertu de la *Loi canadienne sur les sociétés par actions*

ÉTATS DE LA SITUATION FINANCIÈRE CONSOLIDÉS

Aux 31 janvier 2015 et 25 janvier 2014
[en milliers de dollars canadiens]

	2015 $	2014 $
ACTIF		
Actif courant		
Trésorerie *[note 6]*	1 195	1 446
Créances clients	2 025	1 476
Impôt remboursable	619	6 663
Instruments financiers dérivés	—	418
Stocks *[notes 6 et 7]*	115 357	124 878
Charges payées d'avance	1 079	2 292
Total de l'actif courant	120 275	137 173
Immobilisations corporelles *[notes 8 et 12]*	58 091	69 870
Immobilisations incorporelles *[note 9]*	2 961	3 815
	181 327	210 858
PASSIF ET CAPITAUX PROPRES		
Passif courant		
Tranche courante de la facilité de crédit *[note 6]*	14 737	30 767
Dettes fournisseurs et autres créditeurs *[note 10]*	16 133	19 553
Produits différés	3 452	3 712
Tranche courante des provisions *[note 11]*	678	265
Tranche courante de la dette à long terme *[note 12]*	2 007	7 987
Total du passif courant	37 007	62 284
Facilité de crédit *[note 6]*	33 674	—
Dette à long terme *[note 12]*	5 836	7 843
Provisions *[note 11]*	1 473	391
Impôt différé *[note 14]*	—	1 829
Crédits différés au titre des contrats de location	11 354	13 412
Total du passif	89 344	85 759
Capitaux propres		
Capital social *[note 13]*	47 967	42 960
Surplus d'apport	4 439	3 581
Résultats non distribués	39 577	78 253
Cumul des autres éléments du résultat global	—	305
Total des capitaux propres	91 983	125 099
	181 327	210 858

Éventualités, engagements et garanties *[notes 11, 18 et 24]*
Événement postérieur à la date de clôture *[note 25]*

Voir les notes des états financiers consolidés.

Au nom du Conseil,

[Signé]
Jane Silverstone Segal, B.A.LLL
Administratrice

[Signé]
Emilia Di Raddo, CPA,CA
Administratrice

RAPPORT ANNUEL 2014 | 27

2

COMPTES DE RÉSULTAT CONSOLIDÉS

Exercices clos les 31 janvier 2015 et 25 janvier 2014
[en milliers de dollars canadiens, sauf les données par action]

	2015 $	2014 $
Chiffre d'affaires *[note 20]*	250 210	274 840
Coût des ventes et charges		
Coût des ventes *[note 7]*	98 665	101 770
Charges de vente *[note 8]*	153 853	155 859
Charges d'administration *[notes 8 et 9]*	35 202	36 218
	287 720	293 847
Résultat des activités d'exploitation	(37 510)	(19 007)
Frais financiers	2 900	2 714
Produits financiers	(18)	(13)
Perte avant impôt sur le résultat	(40 392)	(21 708)
Recouvrement d'impôt sur le résultat *[note 14]*	(1 716)	(5 722)
Perte nette	(38 676)	(15 986)
Perte nette par action *[note 17]*		
De base	(1,34)	(0,59)
Diluée	(1,34)	(0,59)
Nombre moyen pondéré d'actions en circulation	28 967 650	27 288 766

Voir les notes des états financiers consolidés.

ÉTATS DU RÉSULTAT GLOBAL CONSOLIDÉS

Exercices clos les 31 janvier 2015 et 25 janvier 2014
[en milliers de dollars canadiens]

	2015 $	2014 $
Perte nette	(38 676)	(15 986)
Autres éléments du résultat global à reclasser dans le résultat net d'exercices ultérieurs		
Variation de la juste valeur des contrats de change à terme	(267)	497
Charge d'impôt sur le résultat	—	(134)
	(267)	363
Contrats de change à terme réalisés et reclassés dans la perte nette	(151)	(294)
Recouvrement d'impôt sur le résultat	113	81
	(38)	(213)
Total des autres éléments du résultat global	(305)	150
Perte globale	(38 981)	(15 836)

Voir les notes des états financiers consolidés.

28 | LE CHÂTEAU

Annexe 4 (suite)

3

ÉTATS DES VARIATIONS DES CAPITAUX PROPRES CONSOLIDÉS

Exercices clos les 31 janvier 2015 et 25 janvier 2014
[en milliers de dollars canadiens]

	2015 $	2014 $
CAPITAL SOCIAL		
Solde au début de l'exercice	42 960	42 740
Émission d'actions avec droit de vote subalterne à la conversion de la dette à long terme *[note 19]*	5 000	—
Émission d'actions avec droit de vote subalterne à l'exercice des options	5	159
Reclassement hors du surplus d'apport en raison de l'exercice d'options sur actions	2	61
Solde à la fin de l'exercice	47 967	42 960
SURPLUS D'APPORT		
Solde au début de l'exercice	3 581	2 664
Charge de rémunération fondée sur des actions	860	978
Exercice d'options sur actions	(2)	(61)
Solde à la fin de l'exercice	4 439	3 581
RÉSULTATS NON DISTRIBUÉS		
Solde au début de l'exercice	78 253	94 239
Perte nette	(38 676)	(15 986)
Solde à la fin de l'exercice	39 577	78 253
CUMUL DES AUTRES ÉLÉMENTS DU RÉSULTAT GLOBAL		
Solde au début de l'exercice	305	155
Autres éléments du résultat global pour l'exercice	(305)	150
Solde à la fin de l'exercice	—	305
Total des capitaux propres	91 983	125 099

Voir les notes des états financiers consolidés.

RAPPORT ANNUEL 2014 | 29

A

TABLEAUX DES FLUX DE TRÉSORERIE CONSOLIDÉS

Exercices clos les 31 janvier 2015 et 25 janvier 2014
[en milliers de dollars canadiens]

	2015 $	2014 $
ACTIVITÉS D'EXPLOITATION		
Perte nette	(38 676)	(15 986)
Ajustements pour déterminer les flux de trésorerie nets des activités d'exploitation		
Amortissement *[notes 8 et 9]*	17 707	18 723
Sortie du bilan et dépréciation nette d'immobilisations corporelles et d'immobilisations incorporelles *[notes 8 et 9]*	3 263	1 897
Profit à la sortie d'immobilisations corporelles *[note 8]*	(590)	—
Amortissement des crédits différés au titre des contrats de location	(2 227)	(2 539)
Crédits différés au titre des contrats de location	169	39
Rémunération fondée sur des actions	860	978
Provisions	1 495	(102)
Frais financiers	2 900	2 714
Intérêts payés	(2 612)	(2 436)
Recouvrement d'impôt sur le résultat	(1 716)	(5 722)
	(19 427)	(2 434)
Variation nette des éléments sans effet de trésorerie du fonds de roulement liée aux activités d'exploitation *[note 21]*	6 155	(3 030)
Impôt remboursé	6 448	2 108
Flux de trésorerie des activités d'exploitation	(6 824)	(3 356)
ACTIVITÉS DE FINANCEMENT		
Augmentation de la facilité de crédit	17 712	17 482
Coût de financement	(410)	—
Produit de la dette à long terme	5 000	—
Remboursement de la dette à long terme	(7 987)	(8 304)
Émission d'actions à l'exercice d'options	5	159
Flux de trésorerie des activités de financement	14 320	9 337
ACTIVITÉS D'INVESTISSEMENT		
Acquisitions d'immobilisations corporelles et d'immobilisations incorporelles *[notes 8 et 9]*	(8 527)	(6 318)
Produit de la sortie d'immobilisations corporelles *[note 8]*	780	—
Flux de trésorerie des activités d'investissement	(7 747)	(6 318)
Diminution de la trésorerie	(251)	(337)
Trésorerie au début de l'exercice	1 446	1 783
Trésorerie à la fin de l'exercice	1 195	1 446

Voir les notes des états financiers consolidés.

Annexe 5 Attestation de responsabilité

ANNEXE 52-109A1
ATTESTATION DES DOCUMENTS ANNUELS
ATTESTATION COMPLÈTE

Je soussigné **ERIC R. LA FLÈCHE,** président et chef de la direction de **METRO INC.,** atteste ce qui suit :

1. ***Examen :*** J'ai examiné la notice annuelle, le cas échéant, les états financiers annuels et le rapport de gestion annuel, y compris les documents et l'information intégrés par renvoi dans la notice annuelle, (collectivement, les «documents annuels») de **METRO INC.** (l'«émetteur») pour **l'exercice terminé le 27 septembre 2014**.

2. ***Aucune information fausse ou trompeuse :*** À ma connaissance, et avec la diligence raisonnable dont j'ai fait preuve, les documents annuels ne contiennent pas d'information fausse ou trompeuse concernant un fait important ni n'omettent de fait important devant être déclaré ou nécessaire à une déclaration non trompeuse compte tenu des circonstances dans lesquelles elle a été faite, pour la période visée par les documents annuels.

3. ***Image fidèle :*** À ma connaissance, et avec la diligence raisonnable dont j'ai fait preuve, les états financiers annuels et les autres éléments d'information financière présentés dans les documents annuels donnent, à tous les égards importants, une image fidèle de la situation financière de l'émetteur aux dates de clôture des exercices présentés dans ses documents annuels, ainsi que de sa performance financière et de ses flux de trésorerie pour ces exercices.

4. ***Responsabilité :*** Le ou les autres dirigeants signataires de l'émetteur et moi-même avons la responsabilité d'établir et de maintenir pour l'émetteur les contrôles et procédures de communication de l'information (CPCI) et le contrôle interne à l'égard de l'information financière (CIIF), au sens du Règlement 52-109 sur l'attestation de l'information présentée dans les documents annuels et intermédiaires des émetteurs (c. V-1.1. r. 27).

5. ***Conception :*** Sous réserve des limitations indiquées, le cas échéant, aux paragraphes 5.2 et 5.3, le ou les autres dirigeants signataires de l'émetteur et moi-même, à la clôture de l'exercice, avons fait ce qui suit :

   a) conçu ou fait concevoir sous notre supervision des CPCI pour fournir l'assurance raisonnable que :

      i) l'information importante relative à l'émetteur nous est communiquée par d'autres personnes, en particulier pendant la période où les documents annuels sont établis;

      ii) l'information qui doit être présentée par l'émetteur dans ses documents annuels, ses documents intermédiaires ou d'autres rapports qu'il dépose ou transmet en vertu de la législation en valeurs mobilières est enregistrée, traitée, condensée et présentée dans les délais prescrits par cette législation;

   b) conçu ou fait concevoir sous notre supervision le CIIF pour fournir l'assurance raisonnable que l'information financière est fiable et que les états financiers ont été établis, aux fins de publication de l'information financière, conformément aux PCGR de l'émetteur.

- 2 -

5.1. ***Cadre de contrôle :*** Le cadre de contrôle utilisé par le ou les autres dirigeants signataires de l'émetteur et moi-même pour concevoir le CIIF est COSO (version 1992).

5.2. **s.o.**

5.3. **s.o.**

6. ***Évaluation :*** Le ou les autres dirigeants signataires de l'émetteur et moi-même avons fait ce qui suit :

   a) évalué ou fait évaluer sous notre supervision l'efficacité des CPCI de l'émetteur à la clôture de l'exercice et l'émetteur a présenté dans son rapport de gestion annuel nos conclusions en fonction de cette évaluation;

   b) évalué ou fait évaluer sous notre supervision l'efficacité du CIIF de l'émetteur à la clôture de l'exercice et l'émetteur a présenté dans son rapport de gestion annuel l'information suivante :

      i) nos conclusions au sujet de l'efficacité du CIIF à la clôture de l'exercice en fonction de cette évaluation;

      ii) s.o.

7. ***Communication des modifications du CIIF :*** L'émetteur a présenté dans son rapport de gestion annuel toute modification apportée au CIIF au cours de la période comptable commençant le 6 juillet 2014 et se terminant le 27 septembre 2014 qui a eu, ou est raisonnablement susceptible d'avoir, une incidence importante sur le CIIF.

8. ***Communication aux auditeurs et au conseil d'administration ou au comité d'audit de l'émetteur :*** Le ou les autres dirigeants signataires de l'émetteur et moi-même avons informé, en fonction de notre dernière évaluation du CIIF, les auditeurs de l'émetteur ainsi que le conseil d'administration de l'émetteur ou son comité d'audit de toute fraude impliquant la direction ou d'autres salariés jouant un rôle important dans le CIIF.

Date : Le 19 décembre 2014

(s) Eric R. La Flèche

Eric R. La Flèche
Président et chef de la direction

Annexe 5 (suite)

ANNEXE 52-109A1
ATTESTATION DES DOCUMENTS ANNUELS
ATTESTATION COMPLÈTE

Je soussigné **FRANÇOIS THIBAULT,** vice-président principal, chef de la direction financière et trésorier de **METRO INC.,** atteste ce qui suit :

1. ***Examen :*** J'ai examiné la notice annuelle, le cas échéant, les états financiers annuels et le rapport de gestion annuel, y compris les documents et l'information intégrés par renvoi dans la notice annuelle, (collectivement, les «documents annuels») de **METRO INC.** (l'«émetteur») pour **l'exercice terminé le 27 septembre 2014**.

2. ***Aucune information fausse ou trompeuse :*** À ma connaissance, et avec la diligence raisonnable dont j'ai fait preuve, les documents annuels ne contiennent pas d'information fausse ou trompeuse concernant un fait important ni n'omettent de fait important devant être déclaré ou nécessaire à une déclaration non trompeuse compte tenu des circonstances dans lesquelles elle a été faite, pour la période visée par les documents annuels.

3. ***Image fidèle :*** À ma connaissance, et avec la diligence raisonnable dont j'ai fait preuve, les états financiers annuels et les autres éléments d'information financière présentés dans les documents annuels donnent, à tous les égards importants, une image fidèle de la situation financière de l'émetteur aux dates de clôture des exercices présentés dans ses documents annuels, ainsi que de sa performance financière et de ses flux de trésorerie pour ces exercices.

4. ***Responsabilité :*** Le ou les autres dirigeants signataires de l'émetteur et moi-même avons la responsabilité d'établir et de maintenir pour l'émetteur les contrôles et procédures de communication de l'information (CPCI) et le contrôle interne à l'égard de l'information financière (CIIF), au sens du Règlement 52-109 sur l'attestation de l'information présentée dans les documents annuels et intermédiaires des émetteurs (c. V-1.1, r. 27).

5. ***Conception :*** Sous réserve des limitations indiquées, le cas échéant, aux paragraphes 5.2 et 5.3, le ou les autres dirigeants signataires de l'émetteur et moi-même, à la clôture de l'exercice, avons fait ce qui suit :

   a) conçu ou fait concevoir sous notre supervision des CPCI pour fournir l'assurance raisonnable que :

      i) l'information importante relative à l'émetteur nous est communiquée par d'autres personnes, en particulier pendant la période où les documents annuels sont établis;

      ii) l'information qui doit être présentée par l'émetteur dans ses documents annuels, ses documents intermédiaires ou d'autres rapports qu'il dépose ou transmet en vertu de la législation en valeurs mobilières est enregistrée, traitée, condensée et présentée dans les délais prescrits par cette législation;

   b) conçu ou fait concevoir sous notre supervision le CIIF pour fournir l'assurance raisonnable que l'information financière est fiable et que les états financiers ont été établis, aux fins de publication de l'information financière, conformément aux PCGR de l'émetteur.

5.1. ***Cadre de contrôle :*** Le cadre de contrôle utilisé par le ou les autres dirigeants signataires de l'émetteur et moi-même pour concevoir le CIIF est COSO (version 1992).

5.2. **s.o.**

5.3. **s.o.**

6. ***Évaluation :*** Le ou les autres dirigeants signataires de l'émetteur et moi-même avons fait ce qui suit :

a) évalué ou fait évaluer sous notre supervision l'efficacité des CPCI de l'émetteur à la clôture de l'exercice et l'émetteur a présenté dans son rapport de gestion annuel nos conclusions en fonction de cette évaluation;

b) évalué ou fait évaluer sous notre supervision l'efficacité du CIIF de l'émetteur à la clôture de l'exercice et l'émetteur a présenté dans son rapport de gestion annuel l'information suivante :

i) nos conclusions au sujet de l'efficacité du CIIF à la clôture de l'exercice en fonction de cette évaluation;

ii) s.o.

7. ***Communication des modifications du CIIF :*** L'émetteur a présenté dans son rapport de gestion annuel toute modification apportée au CIIF au cours de la période comptable commençant le 6 juillet 2014 et se terminant le 27 septembre 2014 qui a eu, ou est raisonnablement susceptible d'avoir, une incidence importante sur le CIIF.

8. ***Communication aux auditeurs et au conseil d'administration ou au comité d'audit de l'émetteur :*** Le ou les autres dirigeants signataires de l'émetteur et moi-même avons informé, en fonction de notre dernière évaluation du CIIF, les auditeurs de l'émetteur ainsi que le conseil d'administration de l'émetteur ou son comité d'audit de toute fraude impliquant la direction ou d'autres salariés jouant un rôle important dans le CIIF.

Date : Le 19 décembre 2014

(s) François Thibault

François Thibault
Vice-président principal,
chef de la direction financière et trésorier

Annexe 6 Responsabilité de la direction

metro

RESPONSABILITÉ DE LA DIRECTION RELATIVEMENT À L'INFORMATION FINANCIÈRE

La préparation et la présentation des états financiers consolidés de METRO INC. ainsi que les autres informations financières contenues dans le rapport annuel sont la responsabilité de la direction. Cette responsabilité comprend le choix judicieux de principes et méthodes comptables appropriés dont l'application nécessite de faire des estimations et de formuler des jugements éclairés. De plus, il lui incombe de s'assurer que l'information financière incluse dans le rapport annuel concorde avec celle des états financiers consolidés. Les états financiers consolidés ont été préparés conformément aux Normes internationales d'information financière et ont été approuvés par le conseil d'administration.

METRO INC. maintient des systèmes de comptabilité et des contrôles internes à l'égard du processus de présentation de l'information financière qui, de l'avis de la direction, offrent une assurance raisonnable quant à l'exactitude, la pertinence et la fiabilité de l'information financière, de même qu'à la conduite ordonnée et efficace des affaires de la Société.

Le conseil d'administration s'assure que la direction s'acquitte de ses responsabilités quant à la présentation de l'information financière et à l'examen des états financiers consolidés et du rapport annuel principalement par l'intermédiaire de son comité d'audit. Ce comité est formé uniquement d'administrateurs indépendants de la Société et est responsable de recommander la nomination des auditeurs externes. De plus, ce comité tient périodiquement des réunions avec les membres de la direction ainsi que les auditeurs internes et externes pour discuter des questions touchant le contrôle interne, l'audit et la communication de l'information financière. Les auditeurs internes et externes ont accès au comité sans la direction. Le comité d'audit a examiné les états financiers consolidés de METRO INC. et le rapport annuel et a recommandé leur approbation au conseil d'administration.

Les états financiers consolidés ci-joints ont été audités par le cabinet Ernst & Young s.r.l./S.E.N.C.R.L. et le rapport qu'ils ont préparé indique l'étendue de leur audit et leur opinion sur les états financiers consolidés.

Eric R. La Flèche
Président et chef de la direction

Le 12 décembre 2014

François Thibault
Vice-président principal,
chef de la direction financière et trésorier

Rapport des auditeurs indépendants **Annexe 7**

RAPPORT DES AUDITEURS INDÉPENDANTS

Aux actionnaires de
Le Château Inc.

Nous avons effectué l'audit des états financiers consolidés ci-joints de **Le Château Inc.**, qui comprennent les états de la situation financière consolidés aux 31 janvier 2015 et 25 janvier 2014, et les comptes de résultat consolidés, les états du résultat global consolidés, les états des variations des capitaux propres consolidés et les tableaux des flux de trésorerie consolidés pour les exercices clos les 31 janvier 2015 et 25 janvier 2014, ainsi qu'un résumé des principales méthodes comptables et d'autres informations explicatives.

Responsabilité de la direction pour les états financiers consolidés

La direction est responsable de la préparation et de la présentation fidèle de ces états financiers consolidés conformément aux Normes internationales d'information financière, ainsi que du contrôle interne qu'elle considère comme nécessaire pour permettre la préparation d'états financiers consolidés exempts d'anomalies significatives, que celles-ci résultent de fraudes ou d'erreurs.

Responsabilité des auditeurs

Notre responsabilité consiste à exprimer une opinion sur les états financiers consolidés sur la base de nos audits. Nous avons effectué nos audits selon les normes d'audit généralement reconnues du Canada. Ces normes requièrent que nous nous conformions aux règles de déontologie et que nous planifiions et réalisions l'audit de façon à obtenir l'assurance raisonnable que les états financiers consolidés ne comportent pas d'anomalies significatives.

Un audit implique la mise en œuvre de procédures en vue de recueillir des éléments probants concernant les montants et les informations fournis dans les états financiers consolidés. Le choix des procédures relève du jugement des auditeurs, et notamment de leur évaluation des risques que les états financiers consolidés comportent des anomalies significatives, que celles-ci résultent de fraudes ou d'erreurs. Dans l'évaluation de ces risques, les auditeurs prennent en considération le contrôle interne de l'entité portant sur la préparation et la présentation fidèle des états financiers consolidés afin de concevoir des procédures d'audit appropriées aux circonstances, et non dans le but d'exprimer une opinion sur l'efficacité du contrôle interne de l'entité. Un audit comporte également l'appréciation du caractère approprié des méthodes comptables retenues et du caractère raisonnable des estimations comptables faites par la direction, de même que l'appréciation de la présentation d'ensemble des états financiers consolidés.

Nous estimons que les éléments probants que nous avons obtenus dans le cadre de nos audits sont suffisants et appropriés pour fonder notre opinion d'audit.

Opinion

À notre avis, les états financiers consolidés donnent, dans tous leurs aspects significatifs, une image fidèle de la situation financière de **Le Château Inc.** aux 31 janvier 2015 et 25 janvier 2014, ainsi que de sa performance financière et de ses flux de trésorerie pour les exercices clos les 31 janvier 2015 et 25 janvier 2014 conformément aux Normes internationales d'information financière.

Ernst & Young s.r.l./S.E.N.C.R.L.[1]

Montréal, Canada
1er mai 2015

Ernst & Young s.r.l./S.E.N.C.R.L.

[1] 1CPA auditeur, CA permis de comptabilité publique nº A120254

CHAPITRE 2

LES ÉTATS FINANCIERS
UN APERÇU

SOMMAIRE

Ce chapitre propose un aperçu des états financiers. Il permet de les situer dans la structure de l'ouvrage. Nous y introduisons principalement l'état de la situation financière, l'état du résultat net et d'autres éléments du résultat global, l'état des variations des capitaux propres, ainsi que l'identité fondamentale à la base de ces états financiers.

2.1 LES ÉTATS FINANCIERS : PRÉSENTATION GÉNÉRALE

Comme nous l'avons mentionné dans le chapitre 1, les états financiers servent à transmettre aux utilisateurs des informations sur la situation et la performance financières d'une entreprise. Publiés périodiquement, ils les aident à prendre des décisions éclairées. Les utilisateurs souhaitent notamment être renseignés sur le patrimoine et la rentabilité de l'entreprise. En d'autres mots, ils veulent connaître les biens et les avoirs qu'elle possède, savoir si elle a contracté des dettes pour les acquérir et si elle a accumulé des bénéfices au cours de l'exercice faisant l'objet du rapport. De plus, ils veulent analyser les mouvements de trésorerie de l'entreprise pour mieux comprendre comment elle a géré ses liquidités. Le **tableau 2.1** montre ce que chaque état financier est censé révéler.

TABLEAU 2.1 Les différents états financiers et ce qu'ils révèlent

État financier	Utilité pour l'utilisateur
État de la situation financière	Évaluation de ce que l'entreprise possède et de ce qu'elle doit
État du résultat net et des autres éléments du résultat global	Évaluation de la performance financière
État des variations des capitaux propres	Suivi de ce que l'entreprise doit à ses propriétaires
Tableau des flux de trésorerie	Suivi de l'utilisation des liquidités

Les états financiers peuvent être préparés mensuellement, trimestriellement, annuellement ou à tout moment marquant la fin d'un cycle financier d'une entreprise. La date de fin d'exercice (habituellement, un exercice couvre une période de 12 mois) est laissée à la libre appréciation de chaque société. Afin de prendre une telle décision, les dirigeants tiennent compte de facteurs tels que la fiscalité, les périodes de pointe ou de ralentissement des activités de la société, la date de fin d'exercice des sociétés du secteur d'activité, etc. La **figure 2.1** situe chaque état financier dans le cycle comptable d'une entreprise.

Pour bien saisir le fonctionnement des états financiers, nous avons recours au processus comptable appelé « identité fondamentale ». Celui-ci permet de traduire les opérations financières de l'entreprise dans les états financiers et de comprendre les liens qui existent entre eux. Plus loin dans ce chapitre, nous présentons brièvement l'état de la situation financière, l'état du résultat net et des autres éléments du résultat global et l'état des variations des capitaux propres. Le tableau des flux de trésorerie, compte tenu de sa particularité, est abordé séparément au chapitre 8. Commençons par l'état de la situation financière et l'identité fondamentale.

FIGURE 2.1 Les états financiers et le cycle comptable

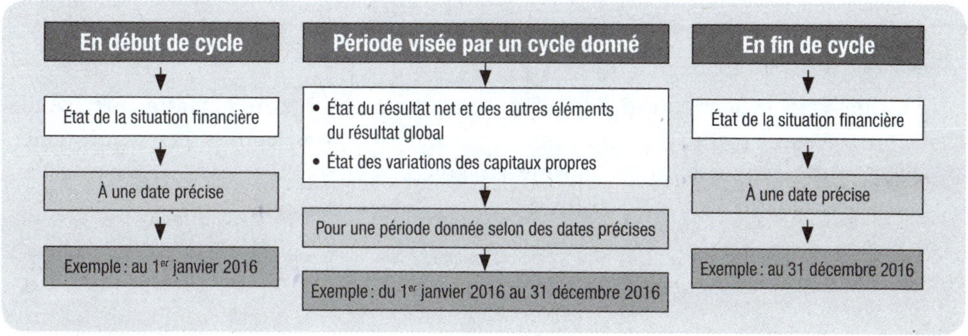

2.2 LA SITUATION FINANCIÈRE ET L'IDENTITÉ FONDAMENTALE

L'état de la situation financière exprime la position financière de l'entreprise à une date donnée, habituellement la date à laquelle l'exercice financier se termine. La situation financière peut être caractérisée par deux éléments, toujours égaux :

- d'un côté, ce que l'entreprise possède, c'est-à-dire les biens et les avoirs qu'elle utilise pour tenter d'atteindre ses objectifs commerciaux ;
- de l'autre, ce que l'entreprise doit, c'est-à-dire les sources de financement obtenues pour acquérir ces biens et avoirs.

Les ressources que l'entreprise a investies sous forme de biens corporels ou incorporels constituent le premier aspect de sa situation financière. Ces biens peuvent comprendre les espèces déposées en banque, les stocks, les immeubles ou le matériel. C'est ce qui constitue les avoirs de l'entreprise, c'est-à-dire ce qu'elle doit recevoir à plus ou moins long terme, comme les sommes dues par les clients auxquels elle a accordé un délai de paiement (crédit). Ces éléments sont présentés dans la partie de l'état de la situation financière appelée « actif ».

À moins que les propriétaires de l'entreprise ne fournissent la totalité des fonds nécessaires à l'exploitation, l'entreprise a recours à d'autres sources de financement. Par exemple, elle peut contracter un emprunt auprès d'une institution financière ou obtenir du crédit de ses fournisseurs. L'entreprise fait donc appel à des sources de financement internes (propriétaires) ou externes (tiers). Celles-ci constituent l'autre partie de l'état de la situation financière, qui se subdivise en deux sections. La section des « capitaux propres », qui regroupe les sources internes, notamment la mise de fonds des propriétaires, et la section « passif », qui représente les moyens de financement provenant de tiers.

L'état de la situation financière peut être présenté sous la forme d'un tableau à deux colonnes, où l'on inscrit l'actif dans la colonne de gauche et les capitaux propres et le passif dans la colonne de droite, ou en une seule colonne, l'actif apparaissant d'abord, suivi des capitaux propres et du passif.

Dans l'état de la situation financière, on trouve une égalité parfaite entre ce que l'entreprise possède (actif) et ce que l'entreprise doit à ses propriétaires ou à ses créanciers (capitaux propres et passif) sous la forme suivante :

Actif = Capitaux propres + Passif

Illustrons cette égalité à l'aide des **exemples 1 à 9**.

Exemple 1

Création d'une entreprise

Vous décidez de fonder une entreprise de consultation en gestion et choisissez à cette fin de constituer une société par actions. Pour démarrer votre activité, il vous suffit de louer un local et d'acheter du mobilier de bureau dont le montant s'élève à 10 000 $. Vous investissez une somme de 3 000 $ dans votre société. Sur ces 3 000 $, vous en conservez 1 000 sous forme de liquidités pour payer les charges d'exploitation. Puis, vous empruntez 8 000 $ à la banque pour financer l'achat du mobilier (10 000 $ – 2 000 $).

À la date de création de votre entreprise, soit le 1er janvier 2016, l'état de la situation financière se présente comme suit :

ACTIF		CAPITAUX PROPRES	
Mobilier	10 000 $	Capital-actions	3 000 $
Trésorerie	1 000 $		
		PASSIF	
		Emprunt bancaire	8 000 $
	11 000 $		11 000 $

Le capital-actions représente les montants encaissés par l'entreprise lors de l'émission des actions, soit l'investissement de l'actionnaire en contrepartie duquel la société émet des titres de propriété.

Les données financières de l'exemple 1 permettent de dresser l'état de la situation financière d'ouverture. Nous constatons que le total de l'actif (11 000 $) est égal au total des capitaux propres (3 000 $) et du passif (8 000 $). Il en est toujours ainsi, car les biens et les avoirs d'une entreprise proviennent de l'utilisation des sources de financement dont elle dispose. Cet équilibre entre ce que l'entreprise possède (les biens et les avoirs) et ce que l'entreprise doit (le financement interne et externe) constitue le fondement du processus comptable appelé « identité fondamentale ». C'est l'équation de base en comptabilité.

Actif	**=**	**Capitaux propres**	**+**	**Passif**
11 000 $	=	3 000 $	+	8 000 $

Au cours de son existence, l'entreprise effectue des opérations qui viennent modifier son profil. L'état de la situation financière est en quelque sorte l'outil qui permet d'en suivre l'évolution au fil du temps.

Les exemples qui suivent illustrent de quelle manière le processus comptable traduit la substance économique des opérations dans l'état de la situation financière. Voyons d'abord les opérations qui ont pour effet de modifier uniquement l'actif et le passif de l'entreprise (voir les exemples 2, 3, 4 et 7), puis celles qui se répercutent sur ses capitaux propres (voir les exemples 5, 6, 8 et 9).

Exemple 2

Emprunt bancaire additionnel

Vous avez un urgent besoin de liquidités pour exploiter votre entreprise. Vous obtenez de la banque un prêt additionnel de 20 000 $. Après cette opération, l'état de la situation financière de votre entreprise est le suivant :

ACTIF		CAPITAUX PROPRES	
Mobilier	10 000 $	Capital-actions	3 000 $
Trésorerie	21 000 $		
		PASSIF	
		Emprunt bancaire	28 000 $
	31 000 $		31 000 $

L'équilibre entre ce que l'entreprise possède et ce que l'entreprise doit est préservé, puisque l'actif et le passif ont augmenté simultanément de 20 000 $.

Actif	=	Capitaux propres	+	Passif
11 000 $	=	3 000 $	+	8 000 $
20 000 $			+	**20 000 $**
31 000 $	=	3 000 $	+	28 000 $

Exemple 3

Achat de matériel informatique

Vous achetez pour l'entreprise, au comptant, un ordinateur dont le coût est de 7 000 $. Voici l'état de la situation financière de votre entreprise après cette acquisition :

ACTIF		CAPITAUX PROPRES	
Mobilier	10 000 $	Capital-actions	3 000 $
Matériel informatique	7 000 $		
Trésorerie	14 000 $		
		PASSIF	
		Emprunt bancaire	28 000 $
	31 000 $		31 000 $

Cette opération n'a pas modifié le total de l'actif ni le total des capitaux propres et du passif, puisqu'un actif (l'argent déposé en banque) a servi à l'acquisition d'un autre actif (le matériel informatique).

Actif	=	Capitaux propres	+	Passif
31 000 $	=	3 000 $	+	28 000 $
(7 000 $)				
7 000 $				
31 000 $	=	3 000 $	+	28 000 $

Exemple 4

Remboursement de l'emprunt bancaire

L'entreprise disposant d'un excédent de trésorerie, vous remboursez une partie de l'emprunt, soit 5 000 $. L'état de la situation financière se présente alors comme suit :

ACTIF		CAPITAUX PROPRES	
Mobilier	10 000 $	Capital-actions	3 000 $
Matériel informatique	7 000 $		
Trésorerie	9 000 $		
		PASSIF	
		Emprunt bancaire	23 000 $
	26 000 $		26 000 $

Cette opération a pour effet de réduire l'actif de 5 000 $ et le passif d'un montant équivalent.

Actif	=	Capitaux propres	+	Passif
31 000 $	=	3 000 $	+	28 000 $
(5 000 $)				(5 000 $)
26 000 $	=	3 000 $	+	23 000 $

Les opérations des exemples 2, 3 et 4 ont seulement touché deux éléments de l'identité fondamentale, soit l'actif et le passif. Nous pouvons, à ce stade, faire une observation importante : les capitaux propres représentent la différence entre l'actif et le passif, c'est-à-dire ce qui reviendrait aux actionnaires si l'on vendait les biens de l'entreprise (à leur valeur indiquée dans les états financiers) et réglait toutes les dettes. C'est pour cette raison que les capitaux propres sont souvent désignés par l'expression « actif net ». Cette constatation implique que toute variation qui ne s'équilibre pas à l'intérieur des blocs actif ou passif (ou les deux à la fois) modifie le total des capitaux propres. Illustrons ce principe.

Exemple 5

Encaissement d'honoraires

L'entreprise encaisse 30 000 $ d'honoraires pour des services de consultation. Cette opération donne évidemment lieu à une augmentation de l'actif, sous forme de trésorerie, mais n'entraîne simultanément ni augmentation du passif ni diminution de l'actif. On peut dire en fait que l'entreprise s'est enrichie de 30 000 $. Cet enrichissement revient ultimement à l'actionnaire : en contrepartie de son investissement, l'actionnaire est celui à qui revient ce que l'entreprise gagne. Les 30 000 $ apparaissent donc dans ce que l'entreprise doit à son propriétaire, c'est-à-dire les capitaux propres.

ACTIF		CAPITAUX PROPRES	
Mobilier	10 000 $	Capital-actions	3 000 $
Matériel informatique	7 000 $	Résultats non distribués	30 000 $
Trésorerie	39 000 $		
		PASSIF	
		Emprunt bancaire	23 000 $
	56 000 $		56 000 $

L'augmentation des capitaux propres correspond alors à l'augmentation de l'actif.

Actif	=	Capitaux propres	+	Passif
26 000 $	=	3 000 $	+	23 000 $
30 000 $		30 000 $		
56 000 $	=	33 000 $	+	23 000 $

Notons que cette augmentation est inscrite à un poste distinct des capitaux propres, nommé « résultats non distribués ». Les résultats non distribués représentent le cumul des résultats que l'entreprise a générés depuis sa création et qui n'ont pas été distribués aux actionnaires sous forme de dividendes.

Nous pouvons donc subdiviser l'identité fondamentale de la manière suivante :

Actif = Capitaux propres + Passif

Actif = Capital-actions + Résultats non distribués + Passif

L'exemple 5 montre que l'entreprise s'est enrichie de 30 000 $, somme ajoutée aux résultats non distribués et à la trésorerie. Cependant, l'entreprise a dû engager des frais pour percevoir ces honoraires, de sorte que son bénéfice réel, c'est-à-dire ce qu'elle a gagné en réalité, est inférieur à 30 000 $. L'exemple 6 traite de ce point.

Exemple 6

Paiements divers en espèces

Supposons que vous effectuez les paiements suivants, qui constituent des charges pour l'entreprise :

Fournitures diverses	800 $
Intérêts bancaires	1 500 $
Salaire de votre adjointe	1 000 $
Votre salaire	3 800 $
	7 100 $

Ces paiements font diminuer la trésorerie, mais également le bénéfice réalisé sur les services de consultation précédemment rendus.

L'état de la situation financière se présente alors comme suit :

ACTIF		CAPITAUX PROPRES	
Mobilier	10 000 $	Capital-actions	3 000 $
Matériel informatique	7 000 $	Résultats non distribués	22 900 $
Trésorerie	31 900 $		25 900 $
		PASSIF	
		Emprunt bancaire	23 000 $
	48 900 $		48 900 $

Nous observons que les capitaux propres ont diminué de 7 100 $, une diminution équivalente à celle de l'actif.

Actif	=	Capitaux propres	+	Passif
56 000 $	=	33 000 $	+	23 000 $
(7 100 $)		(7 100 $)		
48 900 $	=	25 900 $	+	23 000 $

Lorsqu'on emploie les termes recommandés de « produits » pour désigner les ventes ou les revenus et de « charges » pour désigner les frais engagés afin de réaliser les revenus, il faut préciser que, dans les faits, les produits découlant de la prestation de services (les honoraires de l'exemple 5) et les charges (les salaires et les autres frais de l'exemple 6) ne sont pas directement inscrits dans le poste « résultats non distribués ». C'est dans l'état du résultat net et des autres éléments du résultat global qu'on retrouve les ventes de services et les charges. C'est le solde net obtenu en soustrayant les charges des ventes, correspondant au résultat net, qui apparaît dans le poste « résultats non distribués ».

Nous pouvons, une fois de plus, subdiviser l'identité fondamentale de la manière suivante :

Actif	**=**	**Capitaux propres**	**+**	**Passif**
Actif	=	Capital-actions + Résultats non distribués	+	Passif
Actif	=	Capital-actions + Résultat net	+	Passif
		(Produits – Charges)		

Dans les exemples 5 et 6 précédents, l'identité fondamentale se présente alors comme suit :

		Actif			**=**	**Capitaux propres**			**+**	**Passif**
Mobilier	+	Matériel	+	Trésorerie	=	Capital-actions	+	(Produits – Charges)	+	Emprunt bancaire
10 000 $	+	7 000 $	+	31 900 $	=	3 000 $	+	(30 000 $ – 7 100 $)	+	23 000 $
		48 900 $			=	25 900 $			+	23 000 $

Les capitaux propres varient avec l'enregistrement des produits et des charges directement liés à l'activité de l'entreprise, mais ils peuvent évoluer également sous l'effet d'autres transactions, comme le montrent les exemples 7, 8 et 9.

Exemple 7

Acquisition d'un placement

Vous constatez que votre entreprise n'aura pas besoin de toutes les liquidités dont elle dispose actuellement durant au moins quelques années. Vous décidez donc d'acheter des actions dans une société prometteuse pour un montant de 5 000 $.

L'état de la situation financière est alors le suivant :

ACTIF		CAPITAUX PROPRES	
Mobilier	10 000 $	Capital-actions	3 000 $
Matériel informatique	7 000 $	Résultats non distribués	22 900 $
Placement	5 000 $		
Trésorerie	26 900 $		25 900 $
		PASSIF	
		Emprunt bancaire	23 000 $
	48 900 $		48 900 $

Cette opération ne modifie pas le total de l'actif ni le total des capitaux propres et du passif puisqu'un actif, la trésorerie, a servi à l'acquisition d'un autre actif, un placement.

Actif	=	Capitaux propres	+	Passif
48 900 $				
(5 000 $)				
5 000 $				
48 900 $	=	25 900 $	+	23 000 $

L'exemple 8 montre l'effet du changement de valeur de ce placement sur la situation financière de l'entreprise.

Exemple 8

Changement de valeur du placement

Le placement détenu par la société vaut maintenant 4 000 $ sur le marché boursier.

Plus loin dans le volume, nous revenons en détail sur le fait que les règles comptables exigent que la perte de valeur du placement soit reflétée dans la situation financière de l'entreprise, même si cette perte n'est pas encore matérialisée. Dans notre exemple, nous considérons que la perte est prise en compte dans le résultat net.

L'état de la situation financière se présente alors comme suit :

ACTIF		CAPITAUX PROPRES	
Mobilier	10 000 $	Capital-actions	3 000 $
Matériel informatique	7 000 $	Résultats non distribués	21 900 $
Placement	4 000 $		24 900 $
Trésorerie	26 900 $		
		PASSIF	
		Emprunt bancaire	23 000 $
	47 900 $		47 900 $

Dans l'identité fondamentale, la diminution de l'actif de 1 000 $ correspond à une diminution des capitaux propres (parce que le résultat net et donc les résultats non distribués diminuent) de 1 000 $.

Actif	=	Capitaux propres	+	Passif
48 900 $	=	25 900 $	+	23 000 $
(1 000 $)		(1 000 $)		
47 900 $	=	24 900 $	+	23 000 $

Nous pouvons encore décomposer l'identité fondamentale en chacun des postes figurant dans les états financiers, de manière à refléter la substance particulière de cette dernière transaction.

Après les exemples 7 et 8, l'identité fondamentale se présente alors comme suit :

Actif	=	Capitaux propres			+	Passif
Mobilier + Matériel + Placement + Trésorerie	=	Capital-actions	+	(Produits – Charges)	+	Emprunt bancaire
10 000 $ + 7 000 $ + 4 000 $ + 26 900 $	=	3 000 $	+	(30 000 $ – 8 100 $)	+	23 000 $
47 900 $	=	24 900 $			+	23 000 $

Exemple 9

Distribution des résultats

En tant qu'actionnaire, vous décidez de distribuer un dividende de 15 000 $.

Il convient ici de faire une distinction entre cette opération et les précédentes. La déclaration et le versement d'un dividende de 15 000 $ constituent une distribution partielle du résultat dégagé à la suite des opérations précédentes. Les dividendes apparaissent comme une des composantes d'un état financier appelé « état des variations des capitaux propres ». Après avoir été déclarés, ils peuvent être versés en espèces, en biens, en services ou en actions.

L'état de la situation financière se présente alors comme suit :

ACTIF		CAPITAUX PROPRES	
Mobilier	10 000 $	Capital-actions	3 000 $
Matériel informatique	7 000 $	Résultats non distribués	6 900 $
Placement	4 000 $		
Trésorerie	11 900 $		9 900 $
		PASSIF	
		Emprunt bancaire	23 000 $
	32 900 $		32 900 $

La diminution de l'actif, qui correspond à la sortie de trésorerie pour verser le dividende, est ici accompagnée d'une diminution des capitaux propres, s'expliquant par la diminution des résultats non distribués.

Actif	=	Capitaux propres	+	Passif
47 900 $	=	24 900 $	+	23 000 $
(15 000 $)		(15 000 $)		
32 900 $	=	9 900 $	+	23 000 $

En appliquant l'identité fondamentale à cette dernière situation, nous obtenons les montants suivants :

Actif	=	Capitaux propres					+	Passif
Actif	=	Capital-actions	+	(Produits – Charges)	–	Dividendes	+	Passif
32 900 $	=	3 000 $	+	(30 000 $ – 8 100 $)	–	15 000 $	+	23 000 $

2.3 LA PERFORMANCE FINANCIÈRE

Certaines des opérations que nous venons de voir (celles qui relèvent de l'exploitation de l'entreprise) peuvent être présentées dans un état qui regroupe les éléments permettant de mesurer la performance financière de l'entreprise, communément appelé « état du résultat net et des autres éléments du résultat global ». Celui-ci expose le résultat net et le résultat global.

A Le résultat net

Le résultat net est principalement constitué du résultat de l'exploitation de l'entreprise au cours d'une période donnée. On l'obtient en calculant la différence entre :

- les **produits** (appelés « ventes », « revenus » ou « chiffre d'affaires »), qui représentent ce que gagne l'entreprise en contrepartie de l'activité qu'elle exerce dans le cadre de son exploitation normale ;
- les **charges** (parfois nommées « dépenses »), qui représentent les coûts relatifs à la consommation des biens ou des services nécessaires à cette exploitation.

Si les produits sont supérieurs aux charges, l'entreprise a réalisé un « bénéfice net ». Dans le cas inverse, elle a subi une « perte nette ».

B Le résultat global

Le résultat global est constitué du résultat net décrit ci-dessus et des autres éléments du résultat global. Ces « autres éléments » présentent l'effet de certaines transactions, souvent complexes, non matérialisées au cours de la période, mais qui ont tout de même un effet sur le résultat global de l'entreprise (par exemple, la variation de la juste valeur de certains placements).

Les exemples 5, 6 et 8 (p. 42, 43 et 46) constituent des opérations ayant donné lieu à des produits ou à des charges permettant de dégager le résultat net. Des exemples d'opérations comportant les autres éléments du résultat global – opérations par nature plus complexes – sont montrés plus loin dans l'ouvrage.

Présentons l'état du résultat net et des autres éléments du résultat global (voir l'**exemple 10**) de notre entreprise de consultation.

Exemple 10

État du résultat net et des autres éléments du résultat global

Produits		
Honoraires de consultation		30 000 $
Charges		
Fournitures diverses	800 $	
Intérêts bancaires	1 500 $	
Salaire de l'adjointe	1 000 $	
Salaire du président	3 800 $	7 100 $
Perte latente sur placement		1 000 $
Résultat net		**21 900 $**
Autres éléments du résultat global		–
Résultat global		**21 900 $**

2.4 LA VARIATION DES CAPITAUX PROPRES

Certaines opérations détaillées dans les exemples précédents touchent les capitaux propres. Celles-ci sont alors présentées dans un état appelé « état des variations des capitaux propres ». Il s'agit d'un état financier qui établit le rapprochement des capitaux propres à deux dates, généralement celle du début de l'exercice et celle de la fin. Il existe plusieurs types d'opérations susceptibles d'influer sur les capitaux propres, dont les principales concernent le capital-actions (par exemple, augmentation de capital par émission de nouvelles actions), les résultats non distribués (par exemple, déclaration de dividendes) et les autres éléments du résultat global (par exemple, variation de la juste valeur de certains placements). L'état des variations des capitaux propres informe donc des variations imputables à ces opérations. Pour notre entreprise de consultation, cet état est présenté à l'**exemple 11**.

Exemple 11

État des variations des capitaux propres

	Capital-actions	Résultats non distribués	Cumul des autres éléments du résultat global	TOTAL
Solde au 1er janvier	–	–	–	–
Émission de capital-actions	3 000 $			3 000 $
Résultat net de la période		21 900 $		21 900 $
Dividendes	–	(15 000 $)	–	(15 000 $)
Variation de l'exercice	3 000 $	6 900 $	9 900 $	
Solde au 31 décembre	3 000 $	6 900 $	–	9 900 $

2.5 LE LIEN ENTRE LES ÉTATS FINANCIERS

Les trois états financiers présentés précédemment ne sont, bien entendu, pas indépendants les uns des autres, comme le montre le **tableau 2.2**.

TABLEAU 2.2 Le lien entre les états financiers

État du résultat net et des autres éléments du résultat global		**État des variations des capitaux propres**		**État de la situation financière**	
Produits	**30 000 $**	Capital-actions, au début	0 $	**ACTIF**	
		Émission de capital-actions	3 000 $		
– Charges	8 100 $	**Capital-actions, à la fin**	**3 000 $**	Mobilier	10 000 $
				Matériel informatique	
		Résultats non distribués, au début	0 $	Placement	4 000 $
Résultat net	**21 900 $**	+ Résultat net	21 900 $	Trésorerie	11 900 $
		– Dividendes	15 000 $	**TOTAL**	**32 900 $**
Autres éléments du résultat global	**0 $**	**Résultats non distribués, à la fin**	**6 900 $**	**CAPITAUX PROPRES**	9 900 $
		Cumul des autres éléments du résultat global, au début	0 $		
		Cumul des autres éléments du résultat global, à la fin	**0 $**	**PASSIF**	
Résultat global	**21 900 $**	**TOTAL**	**9 900 $**	Emprunt bancaire	23 000 $
				TOTAL	**32 900 $**

CONCLUSION

L'objet de ce chapitre était de donner un aperçu de trois états financiers, à savoir l'état de la situation financière, l'état du résultat net et des autres éléments du résultat global, et l'état des variations des capitaux propres, afin de souligner notamment les liens qui existent entre chacun de ces états. Le contenu de chacun de ces états est approfondi plus loin dans cet ouvrage. Cependant, il importe auparavant de comprendre de quelle manière ce contenu est influencé par le cadre conceptuel qui définit les principes à la base de la préparation et de la présentation des états financiers. C'est précisément l'objet du chapitre suivant.

CHAPITRE 3

LE PROCESSUS DE NORMALISATION INTERNATIONALE ET LE CADRE CONCEPTUEL

SOMMAIRE

Dans une logique de mondialisation des marchés des capitaux, les IFRS aideront les sociétés canadiennes à demeurer concurrentielles.

– Paul Cherry, président du Conseil des normes comptables du Canada[1]

Pour que les états financiers remplissent leurs objectifs, le milieu des affaires, les gouvernements et la profession comptable reconnaissent qu'il faut recourir à des règles communes pour les établir. La normalisation comptable vise à généraliser les méthodes de traitement et de présentation de l'information financière. Le présent chapitre traite de la raison d'être des normes comptables internationales et du cadre conceptuel permettant l'élaboration de ces normes.

3.1 LA RAISON D'ÊTRE DES NORMES COMPTABLES INTERNATIONALES

Introduites au Canada en 2011, les normes internationales d'information financière (*International Financial Reporting Standards,* ou IFRS) constituent le référentiel comptable que doivent appliquer toutes les sociétés ouvertes canadiennes. Avant de présenter les grands principes sur lesquels elles reposent, il nous paraît pertinent de revenir sur les raisons de leur existence, ainsi que sur la façon dont elles ont été élaborées.

Pourquoi des normes comptables internationales ?

Une des explications tient à la mondialisation des affaires et des marchés financiers. En effet, sur ces marchés, les analystes doivent pouvoir faire des analyses et des comparaisons affectées par le moins de perturbations et de distorsions possible. Grâce à une clé d'interprétation neutre et claire des données financières, les analyses menées avant de prendre des décisions d'investissement sont plus aisées, de même que leur suivi. De plus, la référence à des normes comptables communes rend l'information financière plus pertinente pour les utilisateurs, quel que soit le pays dont ils proviennent.

1. Cité dans Christian BELLAVANCE, « IFRS : à vos marques, prêts, partez ! », *CA magazine*, avril 2008, p. 3.

Dans un article publié en 2008 dans le *Financial Post* et abondamment cité, Paul Cherry, président du Conseil des normes comptables du Canada, exposait les raisons justifiant le passage aux IFRS au Canada. Parmi les arguments invoqués, applicables à de nombreux pays ayant opté pour les IFRS, figuraient notamment les éléments présentés dans le **tableau 3.1**.

TABLEAU 3.1 Les arguments en faveur de l'adoption des IFRS au Canada

Arguments en faveur de l'adoption des IFRS	Cherry (2008), extraits*
1. L'adhésion mondiale aux IFRS	« Le Canada ne peut rester à l'écart du mouvement d'acceptation grandissante d'une langue d'information financière commune. Le Canada ne représente même pas 4 % d'un marché financier devenu mondial. »
2. Les coûts d'accès aux marchés des capitaux	« Les investisseurs ont du mal à comparer les sociétés entre elles, et ce sont eux finalement qui supportent le coût de la traduction. Avoir une langue comptable mondiale est la meilleure solution pour les sociétés ouvertes et les investisseurs. » « Les IFRS multiplieront les opportunités pour les entreprises canadiennes et leurs investisseurs, en abaissant le coût du capital, en facilitant l'accès aux marchés financiers internationaux et en éliminant la nécessité coûteuse des rapprochements. »
3. Des normes comptables canadiennes jusqu'alors « ni blanches ni noires » et la validité des IFRS	« Nombre d'acteurs des marchés financiers canadiens étaient gênés des normes canadiennes ni blanches ni noires, c'est-à-dire ni conformes aux IFRS, ni conformes aux PCGR** américains, mais composées d'un mélange des deux. » « Ainsi, l'Organisation internationale des commissions de valeurs a jugé que les IFRS étaient "exhaustives, polyvalentes et susceptibles d'une interprétation et d'une application uniformes". » « [...] les IFRS constituent un mélange équilibré de principes généraux et de modalités d'application précises. »
4. Au diapason d'une centaine de pays pour la prise de décision sur toile de fond mondiale	« À l'heure où les entreprises prennent de plus en plus leurs décisions sur une toile de fond mondiale, le passage aux IFRS mettra le Canada au diapason d'une bonne centaine de pays, notamment ceux de l'Union européenne [...] et l'Australie, ainsi que le Japon, la Chine, l'Inde, le Brésil, la Corée du Sud et Israël. »
5. Une « approbation » des IFRS par la Securities and Exchange Commission (SEC, États-Unis) pour les émetteurs étrangers	« À la fin de 2007, la Securities and Exchange Commission (SEC) a décidé de permettre aux émetteurs privés étrangers de déposer des états financiers établis selon les IFRS, au même titre que s'ils étaient établis selon les PCGR américains. Cela signifie que les sociétés canadiennes qui établiront leurs états financiers selon les IFRS ne seront plus tenues de rapprocher leurs états financiers des PCGR américains : une économie appréciable. »

* Paul CHERRY, « Time for common accounting standards », *Financial Post*, 30 janvier 2008 ; traduction : « Il est temps d'adopter des normes comptables communes », *CA magazine*, avril 2008, p. 16-17.

** PCGR signifie « principes comptables généralement reconnus ».

D'où proviennent les normes internationales?

Les normes comptables internationales actuelles résultent d'un long processus au cours duquel divers courants d'influence se sont affrontés. Les pays n'ont, en effet, pas tous la même approche de la comptabilité. Dans les années 1980, plusieurs recherches[2] ont ainsi permis de distinguer les pays et de les classer en fonction de leurs différences « comptables ». Parmi ces recherches, le schéma élaboré par Nobes[3] (1983) permet de regrouper les pays selon qu'ils suivent une approche reposant sur la microéconomie ou sur la macroéconomie uniforme (voir la **figure 3.1**).

FIGURE 3.1 Le classement des pays selon l'approche comptable préconisée

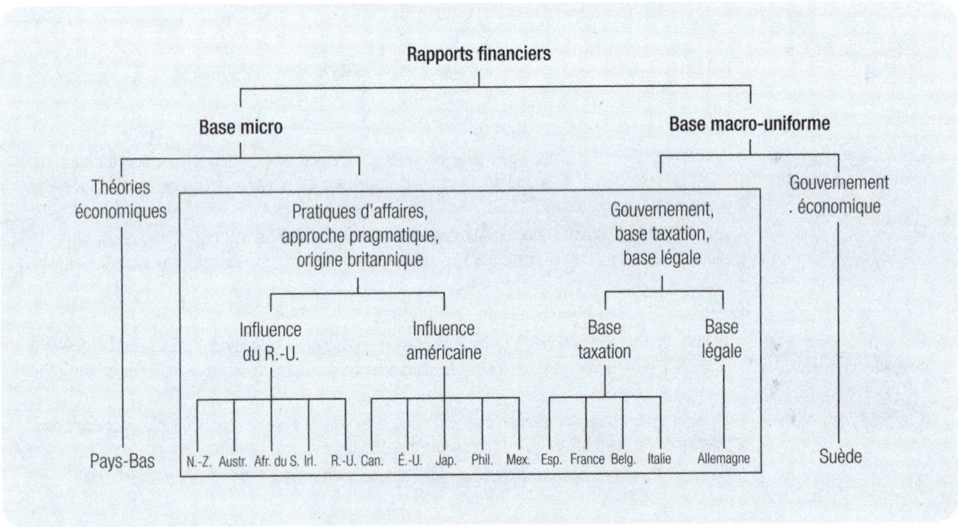

Source : F. D. S. CHOI et G. G. MUELLER, *International Accounting*, Prentice-Hall, 1984. [Notre traduction]

Ce schéma permet d'opposer deux grands modèles : le modèle franco-allemand (base macro-uniforme) et le modèle anglo-saxon (basé sur les pratiques d'affaires et l'approche pragmatique). Dans le modèle franco-allemand, le système comptable sert des objectifs économiques nationaux et contribue à l'élaboration de politiques nationales ; il se caractérise par une présentation très uniforme de l'information, à des fins de compilation de statistiques, et un cadre juridique imposant un format standard de comptes et de règles (avec incidences fiscales). Le modèle anglo-saxon, en revanche, suit une approche microéconomique :

2. Voir notamment D.-Claude LAROCHE, « La comptabilité financière, la normalisation, les valeurs et l'État », *Actes du colloque : Le comptable contemporain, professionnel de valeurs*, Montréal, HEC, 1985.

3. C. W. NOBES, « A judgemental international classification of financial reporting practices », *Journal Business Finance & Accounting*, vol. 10, n° 1, 1983, p. 1-19.

l'accent est mis sur les entreprises, on privilégie l'élaboration de normes au cas par cas (pragmatisme) et les propriétaires d'entreprise sont considérés comme les principaux destinataires des rapports. En raison de la primauté accordée aux besoins d'accès aux marchés des capitaux, les IFRS se sont développées dans un cadre influencé par le modèle anglo-saxon.

Actuellement, les IFRS sont élaborées par l'*International Accounting Standards Board* (IASB), un organisme indépendant dont la vocation est de « fournir aux marchés mondiaux des capitaux un langage commun pour le reporting de l'information financière[4] ». L'IASB se compose de 14 membres provenant de divers domaines d'expertise et pays. L'*International Accounting Standards Committee Foundation* (IASC Foundation) nomme les membres de l'IASB et assure son financement.

Au Canada, le passage aux IFRS s'est effectué à partir du 1er janvier 2011 pour les entreprises qui ont une obligation publique de reddition de comptes. L'introduction des IFRS se traduit par un nouveau langage ou un nouveau référentiel comptable, constitué des règles utilisées à la fois pour produire les états financiers et pour les interpréter. Jusqu'en 2011, il n'y avait implicitement qu'un seul référentiel au Canada (les PCGR canadiens). Aujourd'hui, il y en a plusieurs (notamment pour les sociétés ouvertes, pour les organismes à but non lucratif ou pour les sociétés fermées). Les IFRS constituent le référentiel des entités canadiennes ayant une obligation publique de rendre des comptes, à savoir les sociétés cotées en bourse, certaines coopératives, les institutions financières et les maisons de courtage.

Le cadre des IFRS définit les normes minimales à respecter, tout en laissant une certaine liberté quant à la présentation des états financiers. En vertu de certaines traditions ou préférences culturelles, la forme des états financiers peut varier.

3.2 LE CADRE CONCEPTUEL INTERNATIONAL

Étant donné la diversité des ressources, des modes de financement et des échanges économiques possibles, il n'est pas simple de rendre compte de la réalité économique des entreprises aux utilisateurs des états financiers, d'autant qu'il existe plusieurs façons de présenter cette réalité et que les besoins diffèrent selon les groupes d'utilisateurs. Il a donc fallu faire des choix, notamment parmi les informations à fournir, les méthodes de mesure des échanges économiques et les modes de présentation de l'information financière à adopter.

4. Notre traduction. Voir International Accounting Standards Board (IASB), *Who we are and what we do*, www.iasb.org/NR/rdonlyres/95C54002-7796-4E23-A327-28D23D2F55EA/0/April09 Whoweareandwhatwedo.pdf.

Dans la présente section, nous décrivons le cadre dans lequel s'inscrivent les normes comptables. Soulignons que, dans un contexte où leur analyse nécessite un fréquent exercice du jugement, ce cadre est important pour les préparateurs comme pour les lecteurs des états financiers. Les divers éléments de ce cadre conceptuel servent principalement à identifier les états financiers et leurs composantes, ainsi qu'à définir les caractéristiques qualitatives de l'information, en fonction des objectifs qu'elle doit servir, et les notions de comptabilisation (ou de constatation) et d'évaluation (ou de mesure). Le gestionnaire, à qui incombe la responsabilité de préparer les états financiers, est particulièrement soucieux de ces notions, car elles le guident dans des situations nouvelles et complexes où il se doit d'exercer son jugement. Le cadre conceptuel, rappelons-le, est non seulement particulièrement utile pour comprendre et appliquer les règles actuelles, mais aussi pour mieux cerner les règles qui voient le jour.

L'IASB a initialement élaboré son cadre conceptuel en 1989. Par la suite, certaines parties ont été mises à jour en 2010, notamment les caractéristiques qualitatives. Du fait de l'évolution des besoins des utilisateurs des états financiers et de l'économie en général, le cadre international actuel continue de faire l'objet de discussions. L'IASB, en collaboration avec le normalisateur américain, le *Financial Accounting Standards Board* (FASB), mène actuellement un projet visant à étayer le cadre actuel et à en préciser certains éléments.

Nous discutons du cadre conceptuel (voir la **figure 3.2**) en traitant des aspects suivants :

- l'objectif de l'information financière ;
- le concept d'entité et l'hypothèse de la continuité de l'exploitation ;
- les caractéristiques qualitatives ;
- la contrainte du coût ;
- la comptabilisation ;
- l'évaluation.

FIGURE 3.2 Le cadre conceptuel international (2010)

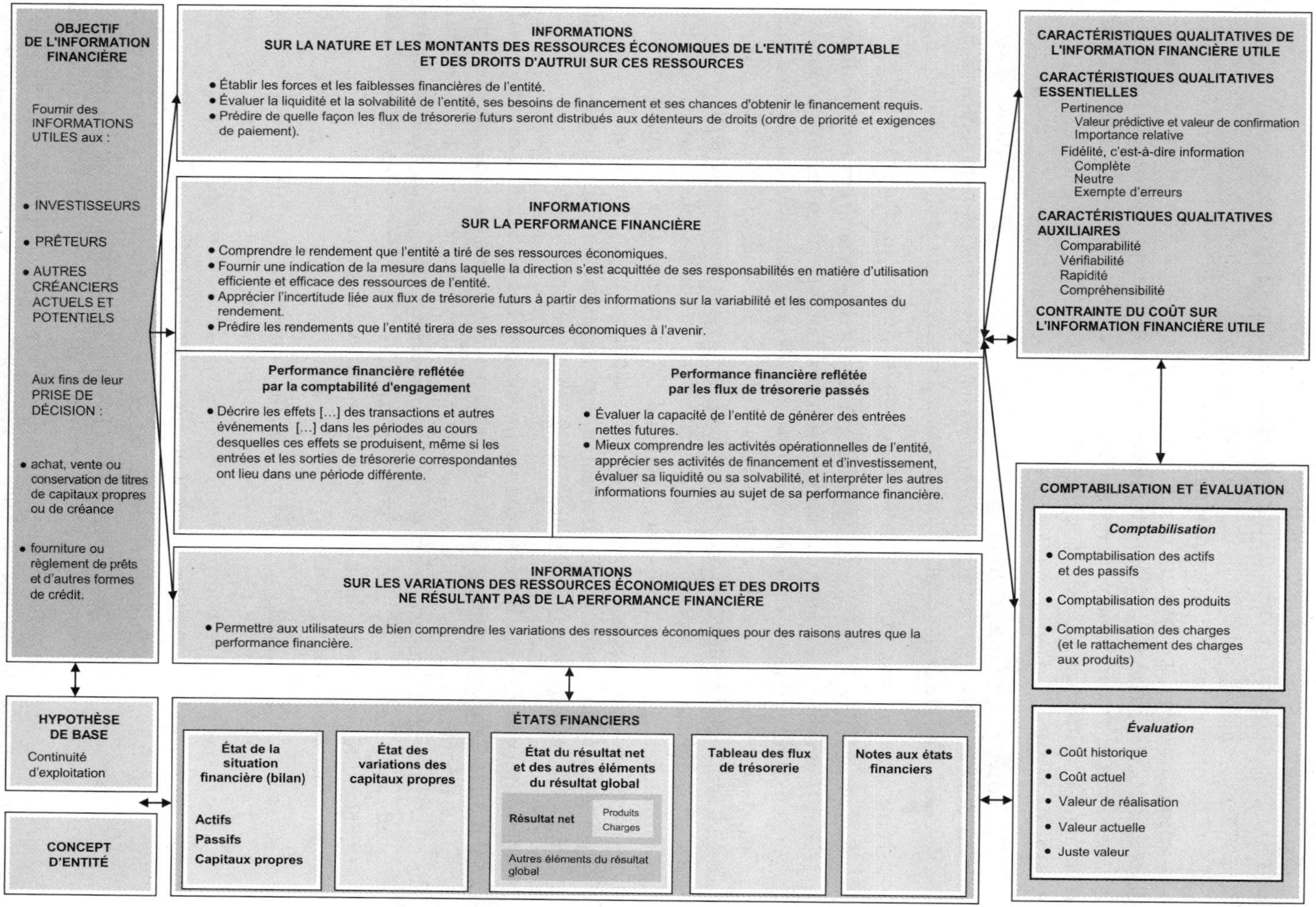

Source : D'après le Cadre conceptuel de l'information financière de l'IASB (janvier 2011), www.knotia.ca

3.3 L'OBJECTIF DE L'INFORMATION FINANCIÈRE

Comme les utilisateurs de l'information financière n'ont pas tous les mêmes besoins, il n'est pas possible de fixer l'objectif que doit servir cette information sans en connaître les destinataires prioritaires. L'IASB indique clairement que les utilisateurs prioritaires de l'information financière sont les investisseurs, les prêteurs et les autres créanciers actuels et futurs. Cette information doit leur être **utile** (ce qui ne signifie pas qu'elle ne peut pas également être **utile** à d'autres utilisateurs).

En conséquence, l'information produite doit être utile à la prise de décision pour les investisseurs, les prêteurs ou d'autres créanciers en ce qui a trait, notamment, à l'achat ou à la vente de titres de capitaux ou de créances ou à l'octroi d'un prêt à une entité.

Dans cette optique, trois catégories d'informations doivent être présentées :

- **Les informations sur la nature et les montants des ressources économiques de l'entité et des droits d'autrui sur ces ressources.** Les prêteurs ou les investisseurs ont besoin de connaître les ressources économiques dont dispose l'entité ainsi que les droits qui peuvent affecter ces ressources. Autrement dit, ils doivent savoir quels sont les « actifs » de l'entité et quelles sont les dettes (droits sur les ressources) qui les grèvent. Cette information est particulièrement utile pour établir la santé financière de l'entité (forces, faiblesses, liquidité et solvabilité). Les utilisateurs de l'information peuvent se servir de cette information en vue de prédire, par exemple, quels seront les paiements sur les dettes de l'entité. Cette information apparaît en partie dans l'état de la situation financière ainsi que dans les notes qui l'accompagnent.
- **Les informations sur la performance financière.** Les utilisateurs de l'information financière doivent également pouvoir évaluer la performance financière de l'entité. Le rendement de l'entité sert à comprendre l'utilisation qu'elle fait de ses ressources et l'efficience et l'efficacité dont elle fait preuve. Il importe également de connaître les différents éléments du rendement (par exemple, les ventes et les charges) et leur variabilité (par exemple, d'une période à l'autre). La performance financière est appréhendée de deux manières.
  - D'une part, on applique la **comptabilité d'engagement** dans la préparation de l'état du résultat net. Conformément à cette méthode, les diverses transactions ne sont pas prises en compte selon les mouvements de trésorerie (encaissements, décaissements), mais au moment où elles se produisent.
  - D'autre part, les **flux de trésorerie passés** sont présentés dans le tableau des flux de trésorerie. Bien qu'on l'utilise pour produire une bonne partie de l'information financière, la comptabilité d'engagement, à elle seule, ne permet pas de satisfaire tous les besoins des utilisateurs de cette information. Il est donc également utile de présenter la capacité de l'entité à générer des flux de trésorerie à partir de ses activités opérationnelles ainsi que de ses activités de financement et d'investissement.

- **D'autres informations ne résultant pas de la performance financière.** Les variations des ressources économiques de l'entité ne relèvent pas toujours de sa performance financière. C'est notamment le cas lors d'une émission de capital-actions. Ce type de transactions ne résultant pas de la performance financière, il est présenté distinctement dans l'état des variations des capitaux propres. Cela permet aux utilisateurs de l'information financière de discerner ce qui relève de la performance financière de ce qui n'en relève pas.

En somme, le cadre conceptuel vise d'abord à préciser l'objectif auquel doit contribuer l'information financière, c'est-à-dire son utilité en matière de prise de décision. En particulier, pour être utile aux investisseurs, prêteurs et autres créanciers qui en font usage, cette information doit les aider à évaluer les perspectives de dividendes, d'intérêts, de remboursement de capital ou encore la valeur de marché de certains titres. Tel est le but des informations sur les ressources économiques, les droits sur ces ressources et la performance financière de l'entité. Habituellement, les utilisateurs ont besoin non seulement de l'information produite selon la comptabilité d'engagement, mais aussi de celle produite selon les flux de trésorerie.

Une fois l'objectif général fixé, il est nécessaire de préciser la notion d'entité comptable et l'hypothèse de la continuité de l'exploitation, les caractéristiques qualitatives de l'information financière **utile**, ainsi que les règles de comptabilisation et d'évaluation des éléments des états financiers.

3.4 À LA BASE DES ÉTATS FINANCIERS : LE CONCEPT D'ENTITÉ ET L'HYPOTHÈSE DE LA CONTINUITÉ DE L'EXPLOITATION

Deux notions sont à la base des états financiers : le concept d'entité et l'hypothèse de la continuité de l'exploitation.

3.4.1 Le concept d'entité

Au chapitre 1, nous avons mentionné que le propriétaire d'une entreprise individuelle est légalement responsable de son exploitation. Par ailleurs, il détient un droit sur les biens de l'entreprise, biens dont il peut plus ou moins disposer à sa guise. En envisageant la situation sous cet angle, on peut considérer que le propriétaire et son entreprise ne forment en réalité qu'une seule et même entité.

D'un autre côté, en adoptant strictement le point de vue du propriétaire, on peut estimer que son capital constitue une source de financement pour l'entreprise, au même titre que les emprunts, de sorte qu'il est en droit d'exiger un rendement de son investissement.

Ce rendement est exprimé par le résultat net de l'entreprise. L'entreprise doit alors être considérée comme une entité économique distincte de son propriétaire. Cette idée est en fait applicable, quelle que soit la forme juridique de l'entreprise (entreprise individuelle, société de personnes ou société par actions).

Le concept d'entité (ou de personnalité de l'entité) s'inscrit dans un courant de pensée qui favorise l'intérêt de tous les propriétaires (actuels et futurs) de l'entité. Ceux-ci ont besoin d'une information financière qui les aide à juger de l'efficacité de la direction et à évaluer le rendement qu'ils obtiendront de leur investissement.

Pour répondre à ce besoin, il est nécessaire de fixer les limites de l'entreprise, c'est-à-dire de déterminer où commencent ses activités et où elles s'arrêtent. Cette démarcation se traduit dans les états financiers de la manière suivante: seuls les actifs et les passifs de l'entreprise figurent dans l'état de la situation financière, quelle que soit la forme juridique de l'entreprise. De la même façon, le concept d'entité exclut les produits et les charges personnels des propriétaires de l'état du résultat net, qui doit rendre compte exclusivement des produits et des charges de l'entité dans le cadre de son exploitation.

3.4.2 L'hypothèse de la continuité de l'exploitation

À une époque, l'état de la situation financière visait à rendre compte des valeurs de réalisation aux créanciers de l'entreprise. On insistait donc, dans sa présentation, sur la valeur de réalisation des actifs à une date donnée.

Le recours de plus en plus fréquent à des capitaux apportés par des investisseurs et l'accroissement de l'importance de cet apport ont eu pour conséquence de modifier l'objectif des états financiers. Au début des années 1930, dans les pays anglo-saxons, l'accent a été mis sur l'information nécessaire aux actionnaires et aux investisseurs, lesquels s'intéressent plus au rendement que procure l'exploitation de l'entreprise, qu'au montant qu'ils pourraient tirer de sa liquidation. Par conséquent, l'hypothèse a émergé que l'exploitation de l'entreprise puisse se poursuivre indéfiniment.

Cette hypothèse a eu de nombreuses retombées en matière de comptabilité. Elle a modifié considérablement la vision comptable des ressources appartenant à l'entreprise. C'est notamment en vertu de cette hypothèse qu'on établit l'état de la situation financière en supposant que l'entreprise conservera indéfiniment ses ressources, celles-ci étant essentielles à l'exploitation.

Il arrive que la pérennité d'une entreprise soit menacée. Certains facteurs peuvent laisser penser qu'elle ne peut pas réaliser ses actifs à leur valeur comptable, s'acquitter de ses dettes à l'échéance ou poursuivre son exploitation. Ces facteurs sont notamment l'incapacité de l'entreprise à payer ou à financer ses dettes courantes, un déficit accumulé important ou une forte probabilité de pertes. Néanmoins, de tels facteurs ne l'empêchent pas nécessairement de poursuivre son exploitation. À moins que les problèmes ne soient très graves et que l'entreprise ne soit déjà sous séquestre ou en faillite, l'hypothèse de continuité de l'exploitation continue de prévaloir et les états financiers sont établis en conséquence. Cependant, la direction et l'auditeur externe, s'il y en a un, doivent veiller au fond et à la forme des états financiers, afin de s'assurer qu'ils mentionnent tous les renseignements relatifs à ces facteurs et que l'accent est suffisamment mis, pour les utilisateurs, sur la possibilité que l'entité cesse ses activités[5].

La notion d'exercice financier

Selon l'hypothèse de la continuité de l'exploitation, la vie de l'entreprise est illimitée. Cependant, pour répondre aux besoins périodiques des utilisateurs des états financiers, elle est divisée en périodes d'égale longueur (un an, en général), appelées, par convention, « exercices ». À la fin de chaque exercice, l'entreprise doit présenter des états financiers : l'état de la situation financière fournit une synthèse de ce que l'entreprise possède (actifs) et doit (passifs et capitaux propres) à la date de clôture de l'exercice, et l'état du résultat net donne un résumé de l'exploitation pour l'exercice qui vient de s'achever. Soulignons que l'entreprise est libre de déterminer la date à laquelle son exercice se termine, de sorte que la fin de l'exercice ne coïncide pas nécessairement avec la fin de l'année civile. Cependant, pour que la comparaison entre les exercices soit possible (voir le point 3.5.2 – A), cette date ne peut être modifiée une fois qu'elle a été choisie, sauf si la situation le justifie. Chaque exercice doit également répondre à un principe d'indépendance (on parle aussi de « spécialisation » des exercices).

Nous savons que le résultat net représente l'excédent des produits sur les charges, soit le résultat des opérations effectuées durant un exercice. Afin d'obtenir un résultat qui traduit réellement la performance réalisée dans un exercice donné, il faut isoler les produits et les charges liés aux opérations de cet exercice de ceux des autres exercices. L'enjeu est alors d'établir le moment où les produits et les charges doivent être enregistrés, ce que permettent de faire la comptabilité d'engagement et les règles de comptabilisation (voir le point 3.7).

3.5 LES CARACTÉRISTIQUES QUALITATIVES DE L'INFORMATION FINANCIÈRE UTILE

Le cadre conceptuel des états financiers sert notamment à décrire les caractéristiques de l'information à divulguer afin qu'ils remplissent leur objectif, qui est de fournir de l'information utile pour la prise de décision. On distingue les caractéristiques essentielles et les caractéristiques auxiliaires.

5. En cas de liquidation, on renonce évidemment à l'hypothèse de la continuité de l'exploitation. On peut alors présenter les éléments de l'état de la situation financière à leur valeur de liquidation.

3.5.1 Les caractéristiques qualitatives essentielles

L'objectif des états financiers étant principalement d'informer les investisseurs, les prêteurs ou autres créanciers, l'information doit, en premier lieu, être pertinente et fidèle.

A La pertinence

On dit que l'information est pertinente si elle influence les décisions économiques des utilisateurs des états financiers. Ce concept sert de balise non seulement aux normalisateurs, qui élaborent de nouvelles règles[6], mais aussi aux entités, qui doivent prendre des décisions quant à l'information à fournir dans les états financiers. Qu'il s'agisse d'évaluer la gestion d'une entité ou d'établir des prévisions, les états financiers doivent, autant que possible, répondre aux besoins des utilisateurs. Ils n'y répondent toutefois que partiellement : en effet, avant de prendre la décision d'investir, l'actionnaire potentiel analyse en profondeur les états financiers de l'entité, mais évalue aussi les risques liés à l'économie en général et au secteur dans lequel l'entité exerce ses activités.

Dans le cadre normatif international de la comptabilité, le concept de pertinence comporte deux dimensions : la valeur prédictive et de confirmation ainsi que l'importance relative.

La valeur prédictive et la valeur de confirmation de l'information financière

La valeur prédictive des états financiers permet de répondre, en partie, aux préoccupations des investisseurs et des créanciers. En effet, les états financiers doivent faciliter les prévisions. La structure de l'état du résultat, entre autres, répond à cette exigence. Dans cet état, les éléments inhabituels et les activités abandonnées sont présentés séparément, ce qui permet aux investisseurs d'isoler les éléments non récurrents des activités ordinaires de l'entité, leur offrant ainsi la possibilité d'établir plus aisément des prévisions. On présente aussi les données financières d'au moins deux années afin de faciliter ces prévisions pour que l'utilisateur des états financiers soit en mesure de constater l'évolution financière de l'entreprise dans le temps.

La valeur de confirmation de l'information financière se manifeste en particulier lorsque l'on confronte les résultats publiés par l'entreprise aux prévisions des marchés financiers. Parmi ces dernières, le résultat par action (qui fait l'objet de brèves explications aux chapitres 6 et 9) constitue un élément de premier plan. En effet, la normalisation du résultat par action permet une comparaison facile entre le résultat publié et le résultat

---

6. Il est important de souligner – puisqu'il n'est pas rare que les utilisateurs des états financiers se posent la question – que la normalisation comptable est aujourd'hui totalement détachée de l'élaboration des règles fiscales. Les états financiers établis conformément aux normes comptables internationales sont généralement très différents des états préparés à des fins fiscales. Ceci s'explique notamment par la divergence des objectifs concernés par les règles comptables et les règles fiscales. Alors que les normes comptables sont élaborées dans le but de produire de l'information favorisant le processus de prise de décision des investisseurs et des créanciers, les règles fiscales sont établies en fonction de considérations économiques et sociales déterminées par le législateur. Le fait que l'information comptable doive être « pertinente » explique au moins en partie sa non-concordance avec l'information fiscale (voir une discussion sur ce sujet au chapitre 6).

attendu. Quand on sait l'importance que le marché attache à cette notion, les états financiers remplissent leur rôle en favorisant ce rapprochement.

L'importance relative

Lorsque l'on convertit les activités économiques d'une entreprise en information financière, on obtient une très grande quantité de données, qui ne sont pas toutes significatives pour les utilisateurs. Submerger les utilisateurs sous une masse de renseignements qu'ils devraient analyser pour ne garder que ceux qu'ils jugent importants va à l'encontre de l'objectif des états financiers. Il revient donc à l'entreprise de regrouper les renseignements afin de ne retenir que ceux dont l'importance relative est grande pour les utilisateurs. Mais comment distinguer ce qui est essentiel pour les utilisateurs de ce qui ne l'est pas ?

Généralement, une information est considérée comme essentielle si sa publication dans les états financiers est en mesure d'influencer les décisions des utilisateurs, particulièrement les investisseurs, prêteurs et autres créanciers. En outre, l'appréciation de l'importance relative dépend de la taille, mais aussi de la nature de ce qui pourrait alors être une omission ou une inexactitude.

B La fidélité

Les états financiers constituent une forme de représentation de la réalité économique et doivent en donner une image fidèle.

Pour ce faire, les opérations doivent être présentées dans les états financiers en fonction de leur réalité économique plutôt que de leur forme juridique[7]. Certaines opérations ont une forme juridique fort différente de leur réalité économique. Par exemple, dans le cas des contrats de location (voir le chapitre 7), le bien, qui constitue l'objet du contrat de location, apparaît dans l'actif de l'état de la situation financière, même si l'entreprise n'en est pas légalement propriétaire. La substance économique de l'opération (acquisition du bien financée par un emprunt) l'emporte sur sa forme juridique (contrat de location du bien).

La consolidation des états financiers (voir le chapitre 7) illustre également ce principe : elle consiste à regrouper les états financiers de différentes entreprises dans des états financiers communs, comme si ces entreprises ne constituaient qu'une seule entité, alors qu'il s'agit d'entités juridiquement indépendantes. Chacune des filiales possède ses propres statuts, paie ses propres impôts et dispose d'un statut juridique distinct. Mais, aux fins de présentation des états financiers, leurs actifs, passifs, produits et charges sont regroupés avec ceux de la société mère, c'est-à-dire celle qui détient le contrôle économique.

---

7. Ce principe est parfois appelé « prééminence de la substance sur la forme ». De l'avis de l'IASB, ce principe est compris dans le concept de fidélité et ne constitue donc pas un concept distinct (source : *Basis for Conclusions on qualitative characteristics*, IASB, 2010).

Le concept de fidélité des opérations joue un rôle de « traducteur » : il permet de transformer l'information juridique brute en information financière et de donner ainsi au lecteur des états financiers une image de la réalité économique de l'entreprise. Le cadre conceptuel rattache la fidélité à des notions plus précises que sont l'information complète, l'information neutre et l'information exempte d'erreurs.

L'information complète

Omettre des informations peut avoir un effet majeur sur l'interprétation que le lecteur fait des états financiers et, par conséquent, sur les décisions qu'il est amené à prendre en les utilisant. On dit que l'information est complète si elle lui permet d'avoir toutes les explications et descriptions dont il a besoin.

L'information neutre

L'information est dite « neutre » lorsque les décisions en matière de comptabilité (choix d'un traitement comptable, par exemple) échappent à toute influence et sont effectuées avec le souci de ne pas induire les utilisateurs en erreur. La confiance du public envers les états financiers repose en grande partie sur cette neutralité, qui peut être difficile à atteindre pour au moins deux raisons : les biais éventuels des préparateurs des états financiers et la nature même de la comptabilité.

Il ne faut pas perdre de vue que c'est la direction de l'entreprise qui est responsable de la préparation des comptes, qui vont permettre d'évaluer et de contrôler la gestion des ressources qui lui ont été confiées. Voilà pourquoi les incitations de la direction au cours du processus de reddition des comptes sont parfois un peu confuses et qu'elle peut être tentée de proposer une représentation quelque peu biaisée (optimiste) de la réalité. Sans mettre en doute l'honnêteté des dirigeants, on conçoit aisément qu'ils puissent faire l'expérience de conflits d'intérêts lorsqu'ils rendent compte de leurs actes. L'éthique des dirigeants constitue dès lors un fondement essentiel de l'élaboration des états financiers, en garantissant que le choix n'est pas dicté par un but donné ou une idée préconçue, lorsqu'il s'agit, par exemple, de déterminer s'il faut ou non divulguer une information ou d'opter pour un traitement comptable ou un mode de présentation particulier.

Selon certains, l'information comptable ne peut pas être neutre, car la comptabilité elle-même ne l'est pas. En s'adressant prioritairement à certaines parties prenantes, à savoir les actionnaires (actuels et potentiels) et les créanciers, les états financiers visent des fins déterminées – ce qui est contraire à l'idée de neutralité ! Ainsi, dans l'état de la situation financière, l'accent est mis sur la valeur résiduelle qui revient aux actionnaires (les capitaux propres) ; dans cette optique, les impôts sont considérés comme des charges (des éléments qui diminuent la richesse des actionnaires) plutôt que comme des distributions du résultat. Il est vrai que, dans notre économie, la notion de résultat correspond avant tout au montant qui revient à ceux qui apportent les capitaux et non au montant dont pourrait profiter chacune des parties prenantes de l'entreprise (par exemple, les salariés ou la société en général). En conséquence, les principes et les conventions comptables doivent être interprétés à la lumière des fins qu'ils visent, et donc des avantages qu'ils sont censés procurer aux actionnaires et aux créanciers. Dans cette optique, la neutralité fait finalement référence à l'absence de parti pris dans l'application de ces principes et conventions.

Même si les états financiers peuvent apparaître comme partiaux, le normalisateur international tente néanmoins de les rendre les plus neutres possible. En témoigne la disparition du principe de prudence du cadre conceptuel de l'IASB, souvent considéré comme fondamental en comptabilité. En effet, le principe de prudence a pour objectif d'éviter que les états financiers ne soient faussés par des estimations trop optimistes dans des situations d'incertitude. Compte tenu notamment du fait que l'application de ce principe peut entraîner une sous-évaluation délibérée des actifs ou une surévaluation des passifs, l'IASB l'a progressivement éliminé de son cadre conceptuel en le considérant comme inconciliable avec le principe de neutralité.

L'information exempte d'erreurs

Pour être fidèle, l'information doit être exempte d'erreurs ou d'omissions. Cela vaut autant pour la description de l'information que pour l'ensemble du processus suivi pour l'accumuler et la produire. Cependant, « fidélité » ne signifie pas « exactitude ». En effet, lorsqu'on rend compte des activités économiques d'une entreprise, on a recours à de nombreuses estimations (par exemple, la provision pour créances douteuses, la dépréciation des actifs ou la durée d'utilité probable des immobilisations corporelles, présentées dans les chapitres suivants) qui ne permettent pas d'atteindre une exactitude parfaite. La notion d'information exempte d'erreurs est respectée pourvu que le processus menant aux estimations soit appliqué sans erreurs et que les utilisateurs soient informés des montants estimés.

3.5.2 Les caractéristiques qualitatives auxiliaires

Afin de renforcer son utilité, l'information doit non seulement être pertinente et fidèle, mais aussi présenter des caractéristiques qualitatives auxiliaires : la comparabilité, la vérifiabilité, la rapidité et la compréhensibilité.

A La comparabilité

Lorsqu'il veut choisir entre plusieurs possibilités d'investissement, l'investisseur doit pouvoir comparer la performance et la situation financière de différentes entreprises. De plus, l'analyse des états financiers sur plusieurs périodes doit permettre de dégager des tendances afin qu'il soit possible d'évaluer les risques et le rendement liés à l'investissement dans une entreprise donnée. Cette analyse n'est valable que si les données financières sont comparables d'un exercice à l'autre.

En soi, la normalisation comptable assure une certaine comparabilité, puisqu'elle fixe les règles de traitement et de présentation de l'information financière. Cependant, il s'agit de règles flexibles qui débouchent souvent sur plusieurs méthodes acceptables. Une fois choisies par l'entreprise, les méthodes doivent être spécifiées et décrites dans les notes aux états financiers, puis maintenues afin que le lecteur puisse comparer un exercice à un autre.

En effet, la comparabilité entre les exercices n'est possible que si les traitements comptables employés et le mode de présentation sont identiques d'un exercice à l'autre. La comparabilité implique donc une permanence dans le choix et dans l'application des méthodes comptables: cela signifie qu'une entreprise qui choisit une méthode (par exemple, l'amortissement linéaire) la conserve d'un exercice à l'autre.

Bien entendu, cette règle n'oblige pas l'entreprise à conserver une méthode comptable devenue inappropriée. Lorsqu'il est nécessaire de changer de méthode pour rendre les états financiers plus conformes à la réalité économique, la modification doit être expliquée dans une note jointe aux états financiers afin d'en informer les utilisateurs. S'il y a lieu, le changement de méthode est appliqué de façon rétrospective: les états financiers antérieurs sont alors retraités afin que les données demeurent comparables.

B La vérifiabilité

Les utilisateurs des états financiers prennent des décisions économiques en se fondant sur l'information qu'ils reçoivent; ils doivent donc pouvoir s'y fier. Une information financière fiable repose sur des faits vérifiables. On dit que l'information est vérifiable lorsque les éléments probants débouchent sur un consensus, quelle que soit la personne qui les examine.

Comme nous l'avons mentionné, en raison des nombreuses estimations nécessaires à leur préparation, les états financiers sont inévitablement empreints d'une certaine subjectivité, laquelle doit être encadrée. On doit notamment pouvoir fournir des explications et des preuves à l'appui des montants (estimés ou non) et des informations inscrits dans les états financiers.

Cela signifie-t-il pour autant qu'on peut intégrer dans les états financiers tout élément ayant une base rationnelle? Par exemple, la façon dont les dirigeants gèrent leur entreprise constitue généralement un élément clé de son succès ou de son échec. Le succès dépend notamment de la compétence et de l'expérience des dirigeants. Pourtant, alors qu'elle constitue une valeur pour l'entité, la qualité de ses dirigeants n'apparaît pas dans les états financiers. Cela tient à ce qu'il est difficile de mesurer et de vérifier la valeur d'une personne. Quel point de référence permettrait de le faire? Bien sûr, il serait intéressant pour les utilisateurs de pouvoir l'apprécier, mais il n'en est pas moins hasardeux de vouloir établir formellement la valeur de l'équipe de dirigeants, car cette opération peut donner des résultats difficiles à vérifier et susceptibles de varier d'une personne à l'autre. Une telle évaluation est possible lorsque l'entreprise est mise en vente. En effet, si l'équipe de dirigeants permet à l'entreprise de se démarquer de ses concurrents et d'être ainsi vendue à un prix plus élevé, le prix obtenu prend en compte la « valeur » de cette équipe de dirigeants.

C La rapidité

L'objet principal des états financiers étant d'aider les utilisateurs à prendre des décisions, on s'accorde généralement à penser que celles-ci doivent reposer sur de l'information actuelle, d'où l'importance de la rapidité de sa publication. Cette rapidité ne doit toutefois pas aller à l'encontre d'autres caractéristiques telles que la fidélité et la vérifiabilité de l'information. À l'inverse, une information parfaitement vérifiable est peu utile pour les utilisateurs si elle leur est transmise tardivement, car les états financiers perdent alors de leur pertinence.

D La compréhensibilité

L'une des qualités exigées des états financiers est leur compréhensibilité. Pour que les états financiers remplissent leurs fonctions, le lecteur doit être en mesure d'en comprendre le sens. Cependant, le langage des affaires et celui de la comptabilité comportent leur lot de termes particuliers. Dès lors, faut-il rédiger des états financiers dans une forme pouvant être interprétée même par ceux qui n'ont aucune connaissance du monde des affaires et de la comptabilité ? La réponse est non. Les termes employés s'adressent aux utilisateurs qui ont une connaissance raisonnable du monde des affaires et de la comptabilité. Les états financiers contiennent ainsi des termes qui n'y sont pas définis et qu'un lecteur averti est en mesure de décoder. Il arrive cependant qu'une entreprise présente des situations particulières qui l'amènent à donner plus d'explications. Dans ce cas, c'est à l'entité de choisir les termes et le niveau de langue permettant au lecteur averti de s'y retrouver.

3.6 LA CONTRAINTE DU COÛT

La contrainte du coût renvoie à la notion de rapport coûts-avantages, dans laquelle le coût représente principalement le coût de production de l'information financière. Cependant, l'analyse coûts-avantages peut se révéler complexe pour les préparateurs d'états financiers, notamment parce qu'il n'est pas aisé d'établir la valeur de l'information, laquelle diffère probablement pour chacun des utilisateurs potentiels. Cette analyse est d'autant plus difficile à effectuer que c'est l'entreprise qui assume le coût de l'information financière, alors que ce sont principalement les utilisateurs qui en tirent des avantages. Les normalisateurs ont toutefois pris en compte cet aspect dans l'élaboration des normes[8].

8. Au chapitre 10, nous discutons notamment de cet aspect en ce qui a trait aux normes applicables aux entités à capital fermé.

3.7 LA COMPTABILISATION

La comptabilisation correspond au moment où une opération doit être enregistrée dans les états financiers. Elle touche autant les actifs et les passifs que les produits et les charges. Voyons de quelle manière cela s'applique.

3.7.1 Les actifs et les passifs

Pour qu'un élément puisse être inclus comme un actif ou un passif dans les états financiers, il doit présenter les caractéristiques énoncées dans le **tableau 3.2**.

TABLEAU 3.2 Les caractéristiques d'un actif et d'un passif

Actif	Passif
• Procure des avantages économiques futurs (par exemple, une immobilisation) ; • Nécessite que l'entité puisse exercer un contrôle sur cet actif pour pouvoir bénéficier de ses avantages économiques (ce qui implique, par exemple, qu'elle a un droit de propriété ou encore un contrat de location lui permettant de jouir de cet actif) ; • Résulte d'opérations ou d'événements passés (ainsi, l'intention d'acheter une immobilisation n'est pas une condition suffisante pour enregistrer un actif).	• Prend la forme d'une obligation (par exemple, la dette liée à la réception de marchandises d'un fournisseur exigeant un paiement ultérieur) ; • Est de nature irrévocable (par exemple, le respect de clauses de garantie offertes à des clients) ; • Résulte d'opérations ou d'événements passés (par exemple, la signature d'un contrat d'emprunt).

Ces caractéristiques se retrouvent dans chacun des actifs ou passifs présentés dans les chapitres suivants.

3.7.2 Les produits

Selon la comptabilité d'engagement, un produit doit être comptabilisé dans l'exercice au cours duquel il est réalisé. Puisque l'activité commerciale est un processus continu qui ne prend pas fin avec l'exercice, il est parfois difficile d'isoler les produits provenant d'efforts accomplis au cours d'un exercice donné de ceux qui sont engagés au cours d'un autre exercice.

Le problème est le suivant : à quel moment du processus peut-on dire que le produit est réalisé ? Deux méthodes peuvent être utilisées : une comptabilisation progressive ou une comptabilisation à un moment précis. Pour choisir l'une ou l'autre de ces méthodes, il est nécessaire d'avoir une vision globale de l'activité (par exemple, une entreprise qui vend des appareils ménagers ne vit pas les mêmes problématiques sur le plan de la comptabilisation des produits qu'une entreprise de construction dont les projets s'étendent sur plusieurs années).

Quelle que soit la méthode de comptabilisation utilisée (progressive ou à un moment précis), il faut au préalable :

- Avoir **un contrat ou une entente**. Il va de soi que, pour comptabiliser un produit, il doit y avoir un contrat ou une entente qui définit les engagements à l'égard de la livraison des biens et des services[9]. Il est surtout important qu'il s'agisse d'un engagement ferme. Évidemment, une telle entente doit spécifier les conditions de paiement, et l'entreprise doit avoir une assurance de recouvrer ces montants ;
- Identifier **les prestations** fournies. Il se peut que l'entente prévoie la livraison d'un bien (par exemple, une machinerie de fabrication) conjointement avec une prestation de services (par exemple, un contrat d'entretien). Pour le client, il peut alors s'agir de deux prestations ou utilités distinctes, qui sont incluses dans le même contrat. Cela dépend de la substance commerciale[10] de l'entente ;
- Déterminer **le prix et l'attribuer à chaque prestation**. Dans les cas où plusieurs biens ou prestations sont inclus dans l'entente, il apparaît évident que le prix doit être réparti entre les divers biens ou prestations, notamment parce que la comptabilisation des différents éléments peut intervenir à des moments différents.

La **figure 3.3** résume les différents éléments à considérer dans l'analyse.

FIGURE 3.3 Le processus de comptabilisation des produits

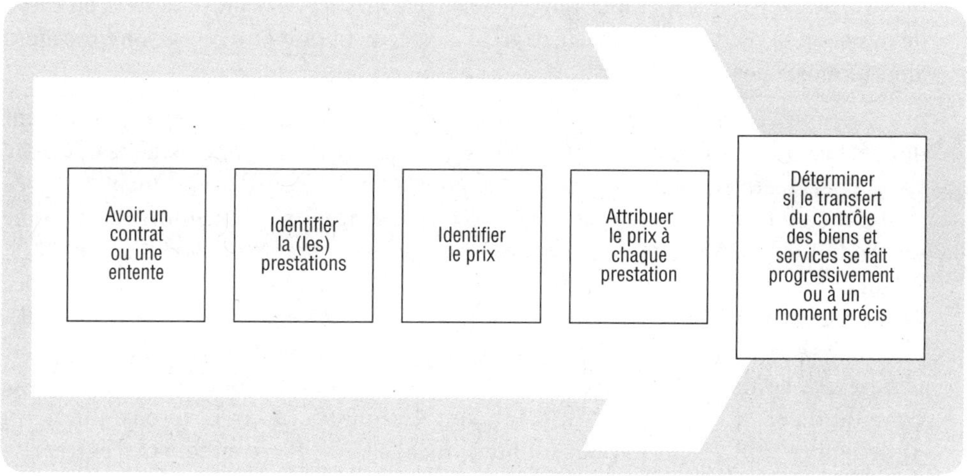

Source : IFRS 15. Celui-ci a été publié en 2014, avec une date d'entrée en vigueur au 1er janvier 2017, reportée par la suite en 2018.

9. Cette entente peut prendre la forme d'un contrat ferme signé ou d'un bon de commande signé, mais peut aussi être verbale ou reliée à des façons de faire de l'entreprise (contrat implicite).

10. Toutefois, il n'est pas toujours possible de distinguer les diverses prestations. Par exemple, bien que la construction d'un immeuble puisse être découpée en plusieurs étapes, la prestation en soi est la construction globale de l'immeuble.

Une fois cette analyse terminée, il faut trouver le moment où le produit est comptabilisé. Il s'agit alors d'analyser la notion de transfert du contrôle des biens ou des services, afin de déterminer si le transfert du contrôle des biens ou des services au client se fait **progressivement** ou **à un moment précis**.

A La prestation comptabilisée de manière progressive

Pour décider si un produit doit être comptabilisé progressivement, il faut examiner si le « contrôle » des biens ou des services est transféré au client progressivement[11].Si c'est le cas, on comptabilise les produits de manière progressive.

Prenons l'exemple de l'exécution d'un contrat d'entretien quotidien à prix forfaitaire pour une période donnée. Le client reçoit les avantages de la prestation reliés à ce type de contrat au fur et à mesure que la prestation est exécutée. Par conséquent, la comptabilisation est effectuée de manière progressive selon le degré d'avancement du contrat reflétant la progression des travaux.

Le degré d'avancement doit être déterminé en fonction d'une méthode adaptée à la prestation effectuée. Il est parfois évalué en fonction d'intrants, comme les heures travaillées, les heures-machines utilisées, le temps écoulé ou les coûts engagés, alors que dans d'autres situations, il est évalué en fonction des extrants, comme les étapes franchies, les prestations exécutées, les résultats atteints ou les unités produites. Il importe de choisir une méthode qui reflète bien la mesure de la prestation. Si, en cours de route, on se rend compte que le degré d'avancement doit être révisé, on procédera alors à l'ajustement dans l'exercice où ce constat est fait.

Prenons l'exemple d'une entreprise de génie-conseil qui effectue, pour un client donné, des travaux de longue durée reliés à la construction d'une usine. Dans cette situation, la méthode que nous utilisons pour évaluer le degré d'avancement est basée sur les coûts engagés. L'entreprise de génie-conseil s'engage à exécuter un contrat d'une valeur de 1 000 000 $ sur une durée de deux ans, du 1er mars 2017 au 28 février 2019. Au fur et à mesure de la construction de l'usine, le client en obtient le contrôle. L'exercice financier de l'entreprise de génie-conseil se termine le 31 décembre. Le 31 décembre 2017, une analyse révèle que 25 % des prestations ont été exécutées pendant l'exercice, sur la base des coûts engagés par rapport aux coûts totaux. L'entreprise peut donc comptabiliser 25 % du produit total, soit 250 000 $, pour l'exercice 2017. Au 31 décembre 2018, les prestations sont terminées à 95 %. Par conséquent, l'entreprise

11. L'entité transfère le contrôle d'un bien ou d'un service progressivement si, par exemple, le client reçoit et consomme simultanément les avantages procurés par la prestation, au fur et à mesure où celle-ci a lieu (exemple adapté de l'IFRS 15).

a gagné 70 % du produit total durant l'exercice 2018 (95 % au total, moins 25 % en 2017) et peut comptabiliser 700 000 $ au titre des produits pour l'exercice se terminant le 31 décembre 2018. Finalement, pour l'exercice 2019, marquant la fin du contrat, l'entreprise enregistre un produit de 50 000 $.

Les montants à inscrire pour chacun des exercices sont donc les suivants :

	2017 $	2018 $	2019 $	Total $
Produits	250 000	700 000	50 000	1 000 000
Coût	175 000	490 000	35 000	700 000
Marge brute	75 000	210 000	15 000	300 000

B La prestation comptabilisée à un moment précis

Dans les cas où le transfert du contrôle des biens et services n'intervient pas de manière progressive, on dit qu'il est effectué à un moment précis. Ce moment donne lieu, lui aussi, à l'identification d'éléments probants justifiant le moment du transfert du contrôle. Des indicateurs comme la cession du titre de propriété, la possession matérielle du bien par le client, la transmission au client des risques et avantages peuvent permettre de fixer le moment où le transfert du contrôle a lieu et ainsi la date de comptabilisation. Par exemple, dans le cas de la vente d'un bien, c'est généralement au moment de la livraison du bien que s'effectue la prise de possession de la propriété et que le vendeur cède les avantages et les risques inhérents au droit de propriété. Dès lors, le vendeur est en droit d'exiger la contrepartie de l'acheteur, c'est-à-dire le prix de la vente, et donc de comptabiliser le produit.

Il arrive qu'un bien puisse être transféré sans que le contrôle du bien suive le cheminement physique. C'est le cas des consignations, où le consignataire obtient la garde du bien mais n'en est pas le propriétaire : le consignateur transfère le bien pour qu'il soit vendu, mais il conserve un droit de gérance sur ce bien. Il lui est impossible de procéder à la comptabilisation du produit parce que le contrôle n'a pas été entièrement transféré.

Il arrive également que le transfert de propriété comporte une grande incertitude sur le moment de l'encaissement d'un produit. C'est le cas de certains biens spécialisés qui nécessitent des travaux d'installation complexes que le vendeur est tenu d'exécuter (par exemple, un logiciel dont le fonctionnement exige des travaux d'installation personnalisés), de sorte que, même si le transfert de propriété a eu lieu, le vendeur ne peut exiger sa contrepartie tant que l'acheteur n'est pas en mesure d'utiliser le bien qu'il a acquis. Dans ce cas, le moment du transfert du contrôle survient après l'installation. Les obligations de la prestation sont alors remplies.

3.7.3 Les charges (et le rattachement des charges aux produits)

Une charge représente le coût lié aux efforts nécessaires pour générer un produit. En règle générale, les charges doivent être comptabilisées dans l'exercice où les produits correspondants ont été gagnés.

Ainsi, un stock, qui se définit comme un actif au moment de son acquisition, devient une charge lorsqu'il génère un produit (une vente). En d'autres termes, au moment de son acquisition, le stock est considéré comme un actif puisqu'il procurera des avantages économiques futurs et, au moment de sa vente, ce stock devient une charge, appelée « coût des ventes », qu'on peut comparer au prix de vente afin de déterminer la marge brute.

Dans la situation où des frais ne peuvent pas être associés directement à un produit, sans qu'on puisse pour autant les considérer comme un actif, ils sont traités comme une charge dans l'exercice où ils sont engagés. C'est le cas de la comptabilisation d'une pénalité imposée par un tribunal : bien que le coût ne soit pas lié à un produit, la charge doit être comptabilisée immédiatement.

Par ailleurs, la capacité à générer des résultats de certains actifs peut diminuer. Cela arrive, par exemple, lorsqu'une marque de commerce devient caduque. Tous les coûts de cette marque doivent alors être comptabilisés en charges, car cette marque n'est plus en mesure de procurer des avantages économiques futurs.

3.8 L'ÉVALUATION

La comptabilité, on l'a vu, vise à traduire les activités économiques de l'entreprise en données compréhensibles par les utilisateurs. Elle a pour fonction principale de quantifier – c'est-à-dire de mesurer – en unités monétaires les échanges économiques qui ont lieu entre l'entreprise et ses parties prenantes. C'est notamment en fonction de leur pertinence que les différentes bases de mesure qui suivent peuvent être utilisées.

3.8.1 Le coût historique

Le concept de coût historique signifie que les actifs sont inscrits dans les états financiers à leur coût d'acquisition. Cette convention d'évaluation a longtemps été la référence pour établir les états financiers. L'intérêt du coût historique réside dans le fait qu'il constitue une valeur étayée par des preuves concrètes et objectives, et qu'il correspond à une opération survenue entre deux parties indépendantes. Présenter les actifs à leur coût historique offre donc l'avantage d'une grande vérifiabilité. Toutefois, ce n'est pas toujours la méthode d'évaluation appropriée pour divulguer une information financière pertinente et rendre compte aux utilisateurs d'une valeur aux états financiers. C'est pourquoi, au fil du temps, d'autres conventions d'évaluation se sont imposées. Elles sont présentées ci-dessous.

3.8.2 Le coût actuel

Selon cette convention d'évaluation, l'actif est évalué au coût qu'il serait nécessaire de débourser aujourd'hui pour le remplacer dans son état actuel, d'où l'expression synonyme de « coût de remplacement ». Un tel cas de figure se présente notamment lorsque l'entreprise décide de réévaluer ses immobilisations corporelles : elle peut recourir au coût actuel, ou coût de remplacement, en veillant à en déduire l'amortissement cumulé afin de prendre en compte l'utilisation du bien par l'entité (on parle alors du « coût de remplacement net d'amortissement »).

3.8.3 La valeur de réalisation

La valeur de réalisation renvoie au montant que l'entité peut tirer de la vente d'un actif. Cette méthode d'évaluation est notamment utilisée pour dévaluer des stocks dont la valeur de vente sur le marché diminue (voir le chapitre 4).

3.8.4 La valeur actuelle

Cette notion, qu'il importe de bien distinguer de celle du coût actuel, fait référence à la valeur qu'a, au moment présent, l'argent qui sera reçu (ou versé) dans le futur. Comme la valeur de l'argent change en fonction du temps, on recourt à un taux d'actualisation pour exprimer en dollars d'aujourd'hui les sommes d'argent futures. Cette méthode sert notamment à évaluer le coût d'un actif loué, pour lequel on exprime les sommes à verser au titre des loyers futurs dans leur valeur d'aujourd'hui.

3.8.5 La juste valeur

Contrairement aux conventions d'évaluation présentées précédemment, la notion de juste valeur n'apparaît pas dans le cadre conceptuel que nous sommes en train de présenter. Cependant, les normes y font très souvent référence. Dans les normes internationales, elle est définie comme le montant pour lequel un actif « pourrait être échangé entre parties bien informées, consentantes et agissant dans des conditions de concurrence normale ». Pour les placements en actions, par exemple, la juste valeur correspond au prix coté sur le marché, soit le cours pour l'acheteur.

3.8.6 Que conclure de ces diverses méthodes ?

Bien qu'on dise encore que les états financiers reposent sur le coût historique, force est de constater que les valeurs apparaissant dans les états financiers reposent sur des conventions de plus en plus nombreuses et variées. Comment s'assurer que l'on comprend bien sur quelles bases reposent les montants présentés ? Le lecteur des états financiers doit se familiariser avec les différentes conventions d'évaluation et lire attentivement les notes accompagnant les états financiers. Les conventions d'évaluation autres que le coût historique peuvent l'amener à s'interroger sur la plausibilité des données présentées. Cependant, comme la vérifiabilité constitue notamment une caractéristique importante de l'information financière, l'entreprise doit à priori prendre soin d'étayer et d'expliquer dans les états financiers ses choix en matière d'évaluation.

3.9 LE JUGEMENT ET LES CONSIDÉRATIONS ÉTHIQUES

L'application du cadre conceptuel des états financiers que nous venons d'exposer repose bien évidemment sur deux aspects essentiels qu'il est nécessaire de considérer simultanément : l'exercice du jugement et les considérations éthiques. Ces aspects sont complémentaires et renvoient tous deux à la souplesse requise pour élaborer et présenter les états financiers. Cette souplesse ne rime pas avec absence de rigueur, loin de là. Il y a effectivement une préoccupation constante de présenter, d'une part, la réalité économique d'une entité aussi fidèlement que possible et, d'autre part, la diversité des points de vue permettant d'envisager cette réalité.

La rigueur soutenue dont il faut faire preuve va aussi plus loin : il importe d'en user dans l'application des règles comptables et dans l'interprétation des faits. Ces dernières années, on a vu des entreprises monter de toutes pièces des scénarios financiers afin d'échapper à l'application stricte de certaines règles. D'autres ont fait preuve d'un jugement exagérément optimiste[12] dans leur interprétation des faits, et d'autres encore sont tombées dans l'excès contraire[13]. Les organismes de réglementation se sont préoccupés de ces questions et ont renforcé leurs exigences et leur encadrement. Dans tous les cas, l'application du cadre conceptuel doit se faire avec discernement et engage la pleine responsabilité des différents intervenants.

---

12. Dans ce type de situation, on parle souvent de « gestion du résultat », qu'on peut définir comme « l'utilisation de la discrétion managériale pour influencer le résultat diffusé auprès des parties prenantes ». (F. DEGEORGE, J. PATEL et R. ZECKHAUSER, « Earnings Management to Exceed Thresholds », *Journal of Business*, n° 72, vol. 1, 1999, p. 1-33).

13. La technique du « bain de sang » ou du « nettoyage des comptes » (*big bath*) consiste à faire preuve d'un pessimisme excessif. On surévalue les charges futures au cours d'un seul exercice afin de se ménager une marge de manœuvre au cours d'exercices futurs.

CHAPITRE 4

LES COMPOSANTES DE L'ÉTAT DE LA SITUATION FINANCIÈRE: **LES ACTIFS**

SOMMAIRE

4.1 L'ÉTAT DE LA SITUATION FINANCIÈRE : PRÉSENTATION GÉNÉRALE

Après avoir vu, dans les trois premiers chapitres, un certain nombre de notions clés ainsi que les concepts qui sont à la base des états financiers, nous présentons de manière plus détaillée les différentes composantes des états financiers. Dans les chapitres 4, 5 et 6, nous nous arrêtons sur l'état de la situation financière, en commençant par les actifs.

Rappelons que l'état de la situation financière a pour objet de présenter ce que l'entité possède (les actifs) et ce qu'elle doit à des tiers (les passifs) ou aux propriétaires (les capitaux propres). L'état de la situation financière peut être envisagé comme une « photographie », un « instantané » de ces divers éléments à un moment donné, généralement à la date de clôture de l'exercice. Habituellement, les éléments de la situation financière sont regroupés de façon à informer au mieux les utilisateurs. Le **tableau 4.1** donne un exemple de présentation de l'état de la situation financière. Cet exemple montre *une* façon de présenter l'état de la situation financière et ne contient donc évidemment pas une liste exhaustive des postes qu'on peut y trouver. La présentation de l'état de la situation financière est adaptée par chaque entreprise en fonction de ses caractéristiques. La seule règle à laquelle les entreprises ne peuvent déroger est la **distinction entre les éléments courants et les éléments non courants**.

TABLEAU 4.1 Exemple de présentation de l'état de la situation financière

GROUPE ABC – État de la situation financière
au 31 décembre 2016 (en milliers d'unités monétaires)

ACTIFS		
ACTIFS NON COURANTS	**2016**	**2015**
Immobilisations corporelles	x	x
Goodwill	x	x
Autres immobilisations incorporelles	x	x
Participations dans des entreprises associées	x	x
Actifs d'impôt différé		
Autres actifs financiers non courants	x	x
Total des actifs non courants	x	x

ACTIFS COURANTS		
Stocks	x	x
Créances clients et autres débiteurs	x	x
Autres actifs courants	x	x
Trésorerie et équivalents de trésorerie	x	x
Total des actifs courants	x	x
TOTAL DES ACTIFS	x	x
CAPITAUX PROPRES ET PASSIFS		
CAPITAL ET RÉSERVES		
Capital-actions	x	x
Autres réserves	x	x
Résultats non distribués	x	x
Capitaux propres attribuables aux propriétaires de la société	x	x
Participations ne donnant pas le contrôle	x	x
TOTAL DES CAPITAUX PROPRES	x	x
PASSIFS NON COURANTS		
Emprunts non courants	x	x
Passifs d'impôt différé	x	x
Provisions non courantes	x	x
Total des passifs non courants	x	x
PASSIFS COURANTS		
Dettes fournisseurs et autres créditeurs	x	x
Emprunts courants	x	x
Partie courante des emprunts non courants	x	x
Impôt exigible à payer	x	x
Provisions courantes	x	x
Total des passifs courants	x	x
TOTAL DES PASSIFS	x	x
TOTAL DES CAPITAUX PROPRES ET DES PASSIFS	x	x

Dans le tableau 4.1, on remarque que les actifs sont présentés par ordre de liquidité, c'est-à-dire en fonction de la facilité et de la rapidité avec lesquelles l'entreprise peut en tirer un avantage futur ou, en d'autres termes, les convertir en trésorerie. Dans la même logique, les passifs sont présentés en fonction de leur exigibilité, c'est-à-dire en fonction de l'échéance à laquelle les créanciers sont en droit d'exiger de l'entreprise qu'elle rembourse ses dettes.

Si certaines entreprises choisissent de présenter leurs actifs et passifs dans l'ordre croissant de liquidité et d'exigibilité, d'autres le font dans l'ordre décroissant (voir le **tableau 4.2**). L'environnement dans lequel évolue l'entreprise influe sans aucun doute sur le choix du mode de présentation de l'état de la situation financière.

Comme nous l'avons évoqué au chapitre 3 (voir notamment la figure 3.1), les pays n'ont historiquement pas tous la même approche de la comptabilité. Dans les pays influencés par le modèle franco-allemand, l'accent est traditionnellement mis sur ce que les entreprises possèdent à long terme, et c'est naturellement la présentation qui permet de montrer les actifs à long terme en premier (ordre croissant de liquidité) qui est le plus souvent adoptée. Dans les pays influencés par le modèle anglo-saxon, l'attention des utilisateurs des états financiers a tendance à se porter prioritairement sur la situation financière à court terme de l'entreprise, et c'est ainsi que la présentation faisant apparaître les actifs et les passifs à court terme d'abord (ordre décroissant de liquidité et d'exigibilité) est privilégiée. Quel que soit le choix, il doit y avoir une cohérence entre la présentation des actifs et celle des passifs et capitaux propres. Par conséquent, si une entreprise a choisi de présenter ses actifs dans l'ordre décroissant de liquidité, elle présentera, du côté des passifs et capitaux propres, d'abord ses passifs par ordre décroissant d'exigibilité, puis les capitaux propres.

TABLEAU **4.2** Les possibilités en matière de présentation de l'état de la situation financière

Ordre décroissant de liquidité et d'exigibilité	**Actif courant** **Actif non courant**	**Passif courant** **Passif non courant** **Capitaux propres**
Ordre croissant de liquidité et d'exigibilité	**Actif non courant** **Actif courant**	**Capitaux propres** **Passif non courant** **Passif courant**

L'**actif courant** comprend les biens et avoirs qui sont normalement réalisables (transformables en trésorerie) dans l'année qui suit la date de l'état de la situation financière ou au cours du cycle normal d'exploitation, s'il excède un an[1]. L'**actif non courant** comprend tous les autres actifs. Le **passif courant** réunit les sommes à payer au cours de l'année qui suit la date de l'état de la situation financière ou au cours du cycle normal d'exploitation, s'il excède un an. Le **passif non courant** englobe tous les autres passifs. En fait, les éléments courants sont globalement ceux dont l'entreprise a besoin pour ses activités d'exploitation, tandis que les éléments non courants correspondent à ses activités d'investissement et de financement.

Cette classification des composantes de l'état de la situation financière en éléments courants et non courants vise à aider les utilisateurs à évaluer le risque de liquidité et le risque de solvabilité de l'entreprise. La différence entre le total de l'actif courant (trésorerie comprise) et le total du passif courant constitue le « fonds de roulement ». Un fonds de roulement positif indique que les biens et avoirs réalisables à court terme sont suffisants pour couvrir les paiements exigibles à court terme. Autrement dit, le fonds de roulement est un indice de la capacité présumée de l'entreprise à payer ses dettes courantes dans l'année qui suit la date de l'état de la situation financière et, de ce fait, de sa solvabilité à court terme (voir également le chapitre 9).

L'état de la situation financière de l'entreprise Le Château, que nous présentons dans l'**illustration 4.1**, permet de remarquer les éléments suivants :

- L'exercice de la société se termine à la fin du mois de janvier.
- L'état intègre les chiffres, en milliers de dollars canadiens, au 31 janvier 2015 et, à titre comparatif, ceux de l'année précédente.
- La plupart des postes donnent lieu à des notes explicatives qui visent à fournir des informations additionnelles sur chacun des montants.
- Le Château a choisi de présenter ses actifs selon l'ordre décroissant de liquidité, en commençant par l'actif le plus liquide (la trésorerie) et en terminant par les actifs les moins liquides. Les passifs, quant à eux, sont présentés selon l'ordre de leur exigibilité, les passifs courants étant présentés en premier (de façon cohérente avec ce qui est fait pour les actifs).
- Le fonds de roulement de l'entreprise au 31 janvier 2015 est positif, avec un montant de 83 268 milliers de dollars (actif courant – passif courant, soit 120 275 – 37 007).

1. Dans l'industrie viticole, par exemple, le cycle d'exploitation peut être considéré comme s'étendant sur plus d'une année.

ILLUSTRATION 4.1 L'état de la situation financière de l'entreprise Le Château

Le Château Inc. Société constituée en vertu de la *Loi canadienne sur les sociétés par actions*

ÉTATS DE LA SITUATION FINANCIÈRE CONSOLIDÉS

Aux 31 janvier 2015 et 25 janvier 2014

[en milliers de dollars canadiens]

	2015 $	2014 $
ACTIF		
Actif courant		
Trésorerie *[note 6]*	1 195	1 446
Créances clients	2 025	1 476
Impôt remboursable	619	6 663
Instruments financiers dérivés	—	418
Stocks *[notes 6 et 7]*	115 357	124 878
Charges payées d'avance	1 079	2 292
Total de l'actif courant	120 275	137 173
Immobilisations corporelles *[notes 8 et 12]*	58 091	69 870
Immobilisations incorporelles *[note 9]*	2 961	3 815
	181 327	210 858
PASSIF ET CAPITAUX PROPRES		
Passif courant		
Tranche courante de la facilité de crédit *[note 6]*	14 737	30 767
Dettes fournisseurs et autres créditeurs *[note 10]*	16 133	19 553
Produits différés	3 452	3 712
Tranche courante des provisions *[note 11]*	678	265
Tranche courante de la dette à long terme *[note 12]*	2 007	7 987
Total du passif courant	37 007	62 284
Facilité de crédit *[note 6]*	33 674	—
Dette à long terme *[note 12]*	5 836	7 843
Provisions *[note 11]*	1 473	391
Impôt différé *[note 14]*	—	1 829
Crédits différés au titre des contrats de location	11 354	13 412
Total du passif	89 344	85 759
Capitaux propres		
Capital social *[note 13]*	47 967	42 960
Surplus d'apport	4 439	3 581
Résultats non distribués	39 577	78 253
Cumul des autres éléments du résultat global	—	305
Total des capitaux propres	91 983	125 099
	181 327	210 858

Éventualités, engagements et garanties *[notes 11, 18 et 24]*
Événement postérieur à la date de clôture *[note 25]*

Voir les notes des états financiers consolidés.

Au nom du Conseil,

[Signé]
Jane Silverstone Segal, B.A.LLL
Administratrice

[Signé]
Emilia Di Raddo, CPA,CA
Administratrice

RAPPORT ANNUEL 2014 | 27

La suite du chapitre est consacrée à la présentation de chacun des éléments de l'actif. Les éléments du passif et des capitaux propres font l'objet des chapitres 5 et 6 respectivement.

4.2 LES ÉLÉMENTS DE L'ACTIF

Les actifs constituent des **avantages économiques** dont l'entité pourra bénéficier dans l'avenir. Cette notion constitue un critère fondamental pour intégrer un actif dans les états financiers et l'y maintenir (voir également le chapitre 3).

Les actifs sont généralement répartis en deux grandes catégories : les actifs financiers et les actifs non financiers.

Les **actifs financiers** se définissent principalement comme suit :

- une somme d'argent disponible pour les échanges (en particulier les soldes des comptes en banque, rassemblés sous le poste Trésorerie et équivalents de trésorerie) ; ou
- un droit contractuel de recevoir une somme d'argent (par exemple, les créances clients ou les placements).

Les **actifs non financiers** regroupent des postes tels que ceux énumérés ci-dessous :

- les immobilisations corporelles (ou tangibles), c'est-à-dire les biens physiquement identifiables et dont la durée d'utilité s'étend au-delà du prochain exercice financier (par exemple, les terrains, les bâtiments ou l'équipement) ;
- les immobilisations incorporelles (ou intangibles), c'est-à-dire les biens sans existence physique qui procurent des avantages futurs à l'entreprise et dont la durée d'utilité est supérieure à celle d'un exercice financier (par exemple, les brevets) ;
- les stocks, c'est-à-dire les biens détenus par l'entreprise dans le but d'être transformés ou vendus à des tiers.

Les autres actifs, tels que les charges payées d'avance, les impôts différés et les impôts à recevoir, constituent aussi des actifs puisqu'ils donnent lieu à des avantages économiques futurs pour l'entité.

Chacune de ces catégories d'actifs est ensuite classée dans l'un des deux grands groupes suivants :

- l'actif courant (réalisation dans un délai inférieur à 12 mois) ;
- l'actif non courant (réalisation dans un délai supérieur à 12 mois).

4.3 L'ACTIF COURANT

L'actif courant comprend généralement les postes suivants: **Trésorerie et équivalents de trésorerie**, **Clients et autres débiteurs**, **Stocks** et **Autres actifs courants** (y compris, entre autres, les charges payées d'avance).

4.3.1 La trésorerie et les équivalents de trésorerie

Le poste Trésorerie et équivalents de trésorerie représente le numéraire disponible immédiatement (ou très rapidement). Cet actif financier comprend les espèces détenues par l'entreprise, notamment l'argent contenu dans le coffre-fort ou les caisses enregistreuses, les petites caisses, les chèques (traites et mandats) reçus des clients et encore non déposés, le solde de tous les comptes en banque ainsi que les placements très liquides (en général, à échéance inférieure à trois mois) pour lesquels le risque de changement de valeur est négligeable.

Les sommes assorties de restrictions (par exemple, des sommes devant être conservées dans le compte de banque en garantie de l'emprunt bancaire ou de la marge de crédit) et qui, de ce fait, ne peuvent servir à régler les paiements à court terme, doivent être présentées séparément de la trésorerie, sous un libellé approprié.

Par ailleurs, quand une entreprise possède plusieurs comptes bancaires dans différentes institutions financières, si le solde net de tous les comptes bancaires est positif, il est normalement présenté dans l'actif courant au poste Trésorerie et équivalents de trésorerie. Si, au contraire, le solde est négatif, il est présenté dans le passif courant au poste **Découvert bancaire**.

La gestion de la trésorerie

La gestion de la trésorerie est un aspect crucial du travail des gestionnaires de l'entreprise. En effet, la trésorerie pouvant faire l'objet de détournements, il est nécessaire qu'elle fasse l'objet de mesures de contrôle rigoureuses. La trésorerie – ou dans des termes plus familiers, l'argent – étant indispensable au fonctionnement quotidien d'une entreprise, il importe que les gestionnaires y accordent une attention particulière et implantent des outils de planification et de vérification des mouvements de liquidités.

Le meilleur outil de planification est le budget de trésorerie (encore appelé «budget de caisse»), qui permet aux gestionnaires de prévoir les rentrées et les sorties de fonds à venir en fonction de l'expérience passée et des prévisions portant sur les activités futures de l'entreprise. Il permet d'anticiper les périodes où l'entreprise devrait disposer d'un surplus de trésorerie et celles où, au contraire, elle pourrait manquer de liquidités. Les gestionnaires peuvent ainsi se préparer soit à faire fructifier les surplus de trésorerie par des placements temporaires, soit à négocier des emprunts à court terme ou à demander une augmentation de la marge de crédit de l'entreprise. Pour être utile, le budget doit établir de façon détaillée tous les encaissements (rentrées d'argent) et tous les décaissements (sorties d'argent) de l'entreprise pour chacun des mois d'un exercice donné. Lorsque le volume des opérations est très élevé, il est possible de produire un budget de trésorerie sur une base hebdomadaire. Plus la période budgétaire est courte, plus les informations sont précises et pertinentes. Comme il est question de prévisions, le budget doit être revu et corrigé régulièrement pour tenir compte des événements les plus récents.

Il est possible d'instaurer plusieurs mesures de contrôle interne pour protéger la trésorerie, actif volatil et convoité. Il faut commencer par séparer les tâches de manière appropriée. En effet, une séparation adéquate des fonctions incompatibles permet d'éviter les fraudes (détournements de fonds) et améliore la fiabilité de l'enregistrement des opérations. La séparation des tâches implique qu'une même personne n'est jamais l'unique responsable d'une opération du début à la fin. Voici quelques exemples de mesures de contrôle des liquidités pouvant réduire les risques relatifs à la manipulation de la trésorerie :

- La personne qui autorise le paiement d'un fournisseur (ou un autre paiement) ne devrait pas être la signataire du chèque.
- La personne qui signe un chèque à l'ordre d'un fournisseur (ou d'une autre partie) ne devrait pas être celle qui entre les données liées à l'enregistrement du chèque dans les registres comptables.
- Lorsqu'un paiement est autorisé, les pièces justificatives devraient être identifiées comme payées afin d'éviter qu'elles servent plus d'une fois.
- L'employé qui dépose les sommes reçues à la banque ne devrait pas avoir accès à l'enregistrement des opérations dans les registres comptables.
- Une fois par mois, les entreprises devraient préparer un état de rapprochement bancaire (ou « conciliation bancaire ») afin de comparer les écritures enregistrées dans les registres comptables avec celles de la banque. Cette mesure permet de détecter rapidement les erreurs et les irrégularités.
- Les caisses enregistreuses ne devraient s'ouvrir que si une opération est effectuée. En cas d'erreur lors d'une opération, seul un responsable devrait pouvoir autoriser l'annulation de l'opération, procéder au remboursement ou accorder un crédit.

Cette liste de mesures de contrôle qu'une entité peut mettre en place pour gérer et protéger sa trésorerie n'est pas exhaustive, mais elle comporte des mesures fréquemment utilisées.

La note 14 aux états financiers (voir l'**illustration 4.2**), incluse dans le rapport financier de Bombardier pour l'exercice clos le 31 décembre 2014, donne un détail du poste Trésorerie et équivalents de trésorerie apparaissant dans l'état de la situation financière. Au 31 décembre 2014, le montant total de Trésorerie et équivalents de trésorerie est de 2 489 millions de dollars américains (en effet, Bombardier présente ses états financiers en dollars américains) et se décompose en 997 millions de dollars de trésorerie (principalement les fonds en banque et en caisse) et 1 492 millions de dollars (796 + 696) d'équivalents de trésorerie, correspondant à des placements à très court terme pour lesquels le risque de changement de valeur est négligeable (ici, il s'agit de dépôts à terme et de fonds du marché monétaire).

ILLUSTRATION 4.2 Note détaillant la composition du poste Trésorerie et équivalents de trésorerie de Bombardier

Les gains nets sur les instruments de couverture désignés comme des relations de couverture de juste valeur et les pertes nettes découlant d'éléments couverts connexes attribuables aux risques couverts comptabilisés dans les charges de financement ont totalisé respectivement 173 millions $ et 168 millions $ pour l'exercice 2014 (pertes nettes de 205 millions $ et gains nets de 213 millions $ respectivement pour l'exercice 2013).

Les méthodes et les hypothèses utilisées pour évaluer la juste valeur des instruments financiers sont décrites à la Note 33 - Juste valeur des instruments financiers.

14. TRÉSORERIE ET ÉQUIVALENTS DE TRÉSORERIE

La trésorerie et les équivalents de trésorerie étaient comme suit aux :

	31 décembre 2014	31 décembre 2013	1er janvier 2013
Trésorerie	**997 $**	1 475 $	916 $
Équivalents de trésorerie			
Dépôts à terme	**796**	762	656
Fonds du marché monétaire	**696**	1 160	985
Trésorerie et équivalents de trésorerie	**2 489 $**	3 397 $	2 557 $

4.3.2 Les clients et les autres débiteurs

Les montants apparaissant au poste Clients et autres débiteurs constituent des actifs financiers puisqu'ils correspondent à des sommes à recevoir ou au droit d'exiger, d'une autre personne appelée « débiteur », une certaine somme d'argent ou, plus rarement, des biens ou des prestations de services. Ces créances qu'une entreprise pense pouvoir recouvrer au cours du prochain exercice sont classées dans l'actif courant. On distingue généralement deux types de créances : les créances vis-à-vis des clients, ou créances sur ventes, et les créances vis-à-vis des autres débiteurs.

Le poste **Clients**, également appelé « Débiteurs », « Créances sur ventes », « Compte clients » ou « Créances clients », représente les sommes à recevoir résultant de biens vendus ou de services rendus à crédit. En effet, lorsqu'une entreprise vend des biens ou rend des services à crédit (c'est-à-dire en permettant aux clients de payer ultérieurement), elle acquiert le droit de recevoir par la suite une somme d'argent en contrepartie des biens vendus ou des services rendus.

Le poste **Autres débiteurs** correspond à des sommes à recevoir provenant d'opérations qui ne sont pas nécessairement liées à la vente de biens ou à la prestation de services. Cette catégorie réunit notamment les prêts à court terme consentis à des tiers, les demandes de remboursement d'impôts sur les bénéfices payés en trop et les autres sommes encaissables à court terme. On y trouve également les montants gagnés à la date de l'état de la situation financière, mais encore non encaissés à cette date. Font partie de cette catégorie les éléments suivants :

- Les « intérêts à recevoir », c'est-à-dire les intérêts sur des placements ou sur des prêts consentis à des tiers, acquis du fait du passage du temps, mais qui n'ont pas encore été reçus (voir l'**exemple 1**).

Exemple 1

Intérêts à recevoir

Une entreprise, dont l'exercice s'achève le 31 décembre, prête, le 1er octobre 2016, 10 000 $ à un employé qui doit lui rembourser le montant intégral plus des intérêts de 8 % le 30 septembre 2017. Au 31 décembre 2016, dans son état de la situation financière, l'entreprise doit indiquer dans ses actifs courants, au poste Clients et autres débiteurs, une somme totale de 10 200 $: les 10 000 $ correspondent au prêt à court terme, et les 200 $ (10 000 $ × 8 % × 3 mois/12 mois) correspondent aux intérêts à recevoir.

- Les « dividendes à recevoir », c'est-à-dire les dividendes déclarés, mais non encaissés, provenant de placements en actions (voir l'**exemple 2**).

Exemple 2

Dividendes à recevoir

Une entreprise, dont l'exercice s'achève le 31 décembre, détient, le 31 décembre 2016, 100 actions de la société A, qui a déclaré un dividende de 0,50 $ par action en décembre 2016, dividende qui ne sera versé qu'en janvier 2017. Au 31 décembre 2016, cette entreprise doit indiquer au poste Clients et autres débiteurs un montant de 50 $ au titre des dividendes à recevoir.

- Les « produits à recevoir tirés d'activités connexes », par exemple, les loyers à recevoir lorsque l'entreprise loue des locaux et que la location de ceux-ci ne constitue pas son activité principale (voir l'**exemple 3**).

Exemple 3

Loyers à recevoir

Une entreprise loue une partie de son bâtiment pour la somme de 3 000 $ par mois, payable le 15 de chaque mois, pour la période de 30 jours venant de s'achever. Au 31 décembre, date de clôture de l'exercice, l'entreprise doit indiquer au poste Clients et autres débiteurs une somme de 1 500 $ au titre des loyers à recevoir (correspondant au loyer du 15 au 31 décembre, qui ne sera encaissé que le 15 janvier).

Les créances douteuses

Dans l'état de la situation financière, les sommes du poste Clients et autres débiteurs doivent être présentées à leur **valeur recouvrable**, c'est-à-dire au montant qui sera vraisemblablement encaissé. Il arrive que la somme due par les clients, indiquée dans les registres comptables au poste Clients, ne corresponde pas à ce qui sera encaissé. En effet, l'entreprise qui décide de négocier à crédit avec ses clients doit presque toujours assumer le risque de ne pas être payée par certains d'entre eux : c'est le « risque de crédit ». En fin d'exercice, il faut ainsi estimer le montant des créances qui ne seront probablement pas recouvrées, lequel correspond à la « dépréciation des clients ».

Il est important d'estimer cette perte probable liée au risque de non-recouvrement, notamment afin de respecter l'un des principes du cadre conceptuel de la comptabilité : le principe de rattachement des charges aux produits, selon lequel toutes les charges engagées pour réaliser les produits d'un exercice donné doivent être comptabilisées durant ce même exercice. Appliqué au poste Clients, ce principe implique que l'entreprise doit évaluer le montant de créances clients pour lesquelles il y a un risque significatif d'impayé – ce qui correspond à la **dépréciation ou provision pour créances douteuses** – et le comptabiliser dans l'exercice au cours duquel les ventes correspondantes ont eu lieu.

Il est nécessaire d'estimer le montant de la dépréciation ou provision pour créances douteuses lors de la préparation de chaque état de la situation financière (ou au moins une fois par an, à la fin de l'exercice). Il faut ensuite l'inscrire au poste Clients et autres débiteurs, en le soustrayant du montant brut apparaissant à ce poste et, simultanément, enregistrer une diminution du résultat net (voir l'**exemple 4**).

Exemple 4

Clients et provisions pour créances douteuses – présentation

À la fin de son premier exercice, le 31 décembre 2016, Martex affiche un montant à recevoir de 100 000 $ pour ses ventes à crédit. Le risque de crédit sur cette somme est estimé à 5 000 $.

Le montant net du poste Clients et autres débiteurs que l'entreprise doit indiquer dans l'état de la situation financière au 31 décembre 2016 est de 95 000 $ (100 000 $ – 5 000 $). Dans l'état du résultat net, elle inscrit une diminution du résultat net de 5 000 $, qui correspond aux créances douteuses.

Il existe **deux grandes méthodes d'évaluation de la provision pour créances douteuses**. L'entreprise peut soit analyser ligne par ligne (c'est-à-dire pour chacun des clients pris individuellement) la liste des montants à recevoir à la fin de l'exercice, soit calculer un pourcentage de créances à risque (ou perte probable) sur l'ensemble ou sur des sous-ensembles de ses comptes clients. Dans les deux cas, on établit le montant de la provision en tenant compte de l'historique de recouvrement des créances, des conditions économiques et du jugement du préparateur des états financiers. L'**exemple 5** illustre le calcul de la provision, alors que l'**exemple 6** illustre le calcul de l'ajustement de la provision.

Exemple 5

Évaluation de la provision pour créances douteuses

Liste des comptes clients de la société Calitor au 31 décembre 2016

Nom	Courant	De 31 à 60 jours	De 61 à 90 jours	Plus de 90 jours	TOTAL
Entreprises T	16 000 $	4 000 $	20 000 $		
Industries U	10 000 $	5 000 $	15 000 $		
Placements V		12 000 $	15 000 $		27 000 $
Compagnie W			15 000 $		15 000 $
Société X			8 000 $	20 000 $	28 000 $
Entreprises Y			3 000 $	13 000 $	16 000 $
TOTAL	26 000 $	21 000 $	41 000 $	33 000 $	**121 000 $**

1) Analyse ligne par ligne des comptes clients

Il s'agit d'estimer le montant de la provision pour créances douteuses en examinant l'information disponible sur la situation de chaque client et en établissant en conséquence un montant de perte probable pour chacun. Cela implique évidemment que le nombre de clients est relativement peu élevé.

2) Analyse globale des comptes clients

Avec cette approche (habituellement utilisée lorsque l'entreprise possède de nombreux clients), il s'agit d'établir le montant de la provision à partir de probabilités de non-recouvrement des sous-ensembles de créances (regroupées généralement en fonction de leur échéance).

	Courant	De 31 à 60 jours	De 61 à 90 jours	Plus de 90 jours	TOTAL
TOTAL	26 000 $	21 000 $	41 000 $	33 000 $	**121 000 $**
Probabilité de non-recouvrement*	2 %	5 %	15 %	40 %	
Provision pour créances douteuses	520 $	1 050 $	6 150 $	13 200 $	**20 920 $**

Avec cette méthode, nous obtenons :

Total des Clients au 31 décembre 2016	=	121 000 $
Total de la Provision pour créances douteuses au 31 décembre 2016	=	520 $ + 1 050 $ + 6 150 $ + 13 200 $ = 20 920 $
Valeur recouvrable au 31 décembre 2016	=	121 000 $ – 20 920 $ = 100 080 $

Dans l'état de la situation financière de Calitor au 31 décembre 2016, le montant net du poste Clients est donc de 100 080 $ et, dans l'état du résultat net pour l'exercice se terminant le 31 décembre 2016, une diminution du résultat de 20 920 $ est enregistrée.

* Les différents pourcentages sont établis en fonction de l'expérience passée, des conditions économiques et du jugement du préparateur des états financiers. Il est également possible d'estimer le montant de la provision pour créances douteuses en examinant successivement la situation de chaque client et en établissant une probabilité de non-recouvrement pour chacun.

Exemple 6

Ajustement de la provision pour créances douteuses

La société Miroir évalue la provision pour créances douteuses à la fin de l'exercice 2016 à 100 000 $. Le solde de la provision pour créances douteuses, avant l'ajustement de 2016, était de 28 000 $. Puisque le solde de la provision pour créances douteuses s'élevait déjà à 28 000 $, il faut procéder à un ajustement pour arriver au montant estimé à la fin de l'exercice 2016, soit 100 000 $. La provision pour créances douteuses doit donc être réduite de 72 000 $ (la différence entre les 100 000 $ estimés à la fin de 2016 et les 28 000 $ déjà inscrits). Parallèlement, une diminution du résultat de 72 000 $ est inscrite dans l'état du résultat net.

La note 15 aux états financiers (voir l'**illustration 4.5**), incluse dans le rapport financier de Bombardier pour l'exercice clos le 31 décembre 2014, donne des informations additionnelles sur les créances clients et autres débiteurs de la société. Bombardier utilise le terme de « moins-value » pour faire référence à la perte probable liée au risque de non-recouvrement et présente l'ancienneté de ses comptes, ce qui permet de déterminer les montants en souffrance. Bombardier donne quelques éléments d'information sur les facteurs utilisés pour déceler les créances douteuses.

ILLUSTRATION 4.3 Extraits de la note détaillant la composition du poste Créances clients et autres débiteurs de Bombardier

15. CREANCES CLIENTS ET AUTRES DEBITEURS

Les créances clients et autres débiteurs étaient comme suit aux :

	Total	Non en souffrance	En souffrance, mais n'ayant pas subi de moins-value[3] Depuis moins de 90 jours	Depuis plus de 90 jours	Ayant subi une moins-value[4]
31 décembre 2014[1][2]					
Créances clients, montant brut	1 453 $	717 $	238 $	381 $	117 $
Provision pour pertes sur créances	(39)	—	—	—	(39)
	1 414	717 $	238 $	381 $	78 $
Autres	124				
Total	1 538 $				

Les facteurs pris en compte par la Société pour classer les créances clients comme ayant subi une moins-value sont les suivants : le client a déclaré faillite ou fait l'objet d'une procédure d'administration, les paiements font l'objet d'un litige, ou les paiements sont en souffrance. Pour de plus amples renseignements sur le risque financier, se reporter à la Note 32 - Gestion du risque financier.

4.3.3 Les stocks

Les stocks d'une entreprise sont des actifs corporels destinés à la revente ou utilisés pour produire les biens qui seront vendus. Les états financiers des entreprises commerciales et industrielles présentent généralement un poste Stocks, puisqu'elles vendent des biens qui doivent d'abord être achetés ou fabriqués. Compte tenu de leurs activités, les états financiers des entreprises de services ne font logiquement pas apparaître de poste Stocks (si c'est le cas, le montant est non significatif).

Les stocks constituent un élément déterminant dans la gestion financière d'une entreprise. Dans le cas des entreprises commerciales, les gestionnaires investissent des sommes importantes pour acheter des marchandises destinées à la revente, car c'est avec ces marchandises qu'ils réalisent des bénéfices. Ils doivent s'assurer d'un approvisionnement de bonne qualité à un coût d'achat intéressant, ainsi que d'une rotation des stocks suffisante pour permettre le renouvellement des marchandises avant qu'elles ne deviennent obsolètes.

Au moment de leur acquisition, les stocks sont considérés comme un actif courant puisqu'ils constituent un bien en attente d'être utilisé dans le processus de production ou d'être vendu (et donc un avantage économique futur pour l'entité). Dans le cas des entreprises commerciales, une fois le bien vendu, on réduit le poste Stocks dans l'état de la situation financière, et on inscrit une charge équivalente au poste Coût des ventes (CV) dans l'état du résultat net (cette charge correspond, en quelque sorte, à ce qui a été utilisé comme marchandises pour réaliser les ventes).

La note 10 aux états financiers de Metro (voir l'**illustration 4.4**) présente un détail du compte Stocks apparaissant dans l'état de la situation financière pour un montant total de 820,7 millions de dollars à la fin de l'exercice 2014. À cette date, il se décompose en 351,8 millions de marchandises en entrepôt et 468,9 millions de marchandises en magasin.

ILLUSTRATION **4.4** Note détaillant la composition du poste Stocks de Metro

10. STOCKS

	2014	2013
Stocks en entrepôt	**351,8**	338,2
Stocks de magasins	**468,9**	443,1
	820,7	781,3

Dans les exemples et les explications qui suivent, nous nous penchons particulièrement sur le cas de l'entreprise commerciale, pour laquelle le seul compte de stocks significatif dans l'état de la situation financière est le compte de stocks de marchandises.

Comme on le voit dans l'**exemple 7**, les marchandises destinées à la vente sont d'abord inscrites dans l'état de la situation financière (1). Au moment de la vente, elles deviennent une charge inscrite dans l'état du résultat net (2), soit le coût des ventes, qui permet de dégager la marge brute. À la fin de l'exercice, il importe de déterminer le montant des marchandises en stock de même que le coût total des ventes (ou coût total des marchandises vendues) pendant l'exercice.

À la fin de l'exercice comptable, il est crucial pour une entreprise détenant des stocks d'évaluer correctement les montants devant apparaître dans le poste Stocks de l'état de la situation financière et dans les charges (plus précisément dans le coût des ventes, en ce qui concerne les entreprises commerciales) de l'état du résultat net. Les deux montants sont évidemment liés; leur évaluation repose notamment sur la détermination du nombre d'articles en stock et du coût des stocks, que nous présentons maintenant pour le cas de l'entreprise commerciale.

Exemple 7

Achat et vente d'un élément en stock (cas de l'inventaire permanent)

La société Caplex achète au coût de 100 $ des marchandises destinées à la vente. Une semaine plus tard, elle les vend 150 $.

1. Au moment de l'achat des marchandises

Dans l'état de la situation financière, inscription d'un montant de 100 $ dans le poste Stocks de l'actif courant.

Dans l'identité fondamentale :

Actif	=	Capitaux propres + Passif
Stocks + Trésorerie	=	Capitaux propres + Passif
100 $ + (100 $)		

2. Au moment de la vente des marchandises

Dans l'état du résultat net, inscription du produit de 150 $ et, conformément au principe de rattachement des charges aux produits, de la charge correspondante, soit 100 $.

Ventes	150 $
Moins : Coût des ventes	(100 $)
Marge brute	50 $

Dans l'identité fondamentale (en excluant ce qui concerne la vente) :

Actif	=	Capitaux propres + Passif
Stocks	=	Capital-actions + (Produits – Charges) + Passif
(100 $)	=	(100 $)

(Il faut ramener le montant du poste Stocks à 0 car, ayant été vendues, les marchandises ne font plus partie des actifs de la société Caplex.)

La détermination du nombre d'articles en stock

Pour évaluer les stocks, il faut d'abord procéder au dénombrement physique des articles encore détenus par l'entreprise, de façon à déterminer la quantité de biens en stock à la fin de l'exercice. Ce dénombrement permet de valider les quantités inscrites dans les registres comptables et d'ajuster les soldes, si nécessaire. Il existe deux grandes méthodes de comptabilisation des stocks : l'**inventaire périodique** et l'**inventaire permanent**.

La **méthode de l'inventaire périodique** se caractérise par le fait que l'inventaire des marchandises n'est pas tenu à jour dans les registres comptables en cours d'exercice. Si une entreprise qui utilise cette méthode n'est pas capable de déterminer, à partir de ses registres comptables et en cours d'exercice, la quantité de marchandises qu'elle possède, elle doit effectuer un dénombrement physique. Sur le plan des écritures comptables, cela signifie que chaque achat de marchandises est inscrit au poste Achat de marchandises dans l'état du résultat net (et non dans le compte Stocks de l'état de la situation financière). Lors du dénombrement physique, il est possible de déterminer le stock à la fin de l'exercice (le nombre d'articles en stock multiplié par le coût d'achat) et, par conséquent, le coût des ventes. Voici l'équation utilisée :

Stocks au début de l'exercice	+	Achats de marchandises pendant l'exercice	−	Stocks à la fin de l'exercice	=	Coût des ventes
↓				↓		↓
État de la situation financière au début de l'exercice 2016				État de la situation financière à la fin de l'exercice 2016		Charge de l'exercice 2016

Selon cette méthode, le poste Stocks de marchandises figurant aux registres comptables au cours d'un exercice représente toujours le solde des stocks au début de l'exercice (ou à la fin de l'exercice précédent). La charge correspondant au coût des ventes n'est connue qu'au moment du dénombrement physique. Bien que cette méthode demande peu d'enregistrements comptables, elle peut impliquer de nombreuses insuffisances en matière de gestion des stocks. En effet, en théorie, elle ne permet pas aux gestionnaires de prévoir les ruptures de stock ou les situations de surplus. Cependant, la baisse du prix des systèmes d'information automatisés et les nouveaux logiciels de gestion des stocks en temps réel rendent la méthode de l'inventaire périodique moins attrayante pour les entreprises dont les stocks représentent un véritable enjeu (souvent quand ils sont d'un volume important et de nature variée).

Avec la **méthode de l'inventaire permanent**, l'information sur les articles en stock est constamment mise à jour. Chaque fois qu'une entreprise achète des marchandises destinées à la vente, le poste Stocks de marchandises (le nombre d'articles multiplié par le coût d'achat) augmente. Inversement, chaque fois que ces marchandises sont vendues, le poste Stocks diminue, et le poste Coût des ventes augmente du même montant (comme nous l'avons illustré dans l'exemple 7).

Si la méthode de l'inventaire permanent permet un meilleur suivi des stocks comparativement à la méthode de l'inventaire périodique, elle exige beaucoup plus d'enregistrements comptables. En outre, à la fin de l'exercice, il faut malgré tout effectuer un dénombrement physique des marchandises pour s'assurer que le solde inscrit correspond bien au solde réel, ce qui est rarement le cas, compte tenu des bris, des pertes et des vols.

La détermination du coût des stocks

Une fois le dénombrement physique terminé, il faut déterminer le coût auquel les éléments en stock doivent être comptabilisés. Le coût d'acquisition des stocks comprend évidemment le prix d'achat, mais aussi les droits de douane et autres taxes (autres que les taxes ultérieurement récupérables par l'entité auprès des administrations fiscales), ainsi que les frais de transport, de manutention et autres coûts directement attribuables à l'acquisition des articles stockés. Les rabais commerciaux, remises et autres éléments similaires sont déduits pour déterminer le coût d'acquisition.

Il est probable que le coût d'acquisition des articles varie d'un achat à l'autre. Dès lors, comment faire pour déterminer le coût des stocks (par exemple, les stocks de marchandises) à la fin de l'exercice ? Il existe trois grandes méthodes comptables pour déterminer ce coût :

- la **méthode du coût propre** (coût d'achat réel) ;
- la **méthode du coût moyen pondéré** ;
- la **méthode du premier entré, premier sorti** (PEPS).

Pour choisir une méthode, il faut d'abord déterminer si le stock est constitué d'éléments fongibles (c'est-à-dire interchangeables) ou non fongibles. Si chaque élément du stock peut être identifié de manière précise (non fongible), c'est la méthode du coût propre qui convient. Sinon, on peut utiliser l'une ou l'autre des deux autres méthodes.

L'entreprise doit opter pour la méthode de détermination du coût qui reflète le mieux sa conception de l'évolution des coûts de ses marchandises. Elle doit utiliser la même méthode pour tous les stocks de nature semblable et dont l'usage est comparable. Lorsqu'elle a déterminé la méthode qui lui convient le mieux, elle doit l'indiquer dans ses notes aux états financiers et la conserver d'un exercice à l'autre, et ce, tant que les circonstances sont similaires. Lorsqu'une entreprise acquiert une autre société qui utilisait une méthode différente, elle doit modifier l'une ou l'autre des méthodes de façon à en utiliser une seule pour évaluer l'ensemble des stocks de même nature.

À l'aide de l'**exemple 8**, analysons chacune des méthodes de détermination du coût.

Exemple 8

Méthodes de détermination du coût des stocks

On vous donne, à propos de la société Lévis, les informations suivantes :

	Nombre d'unités	Coût unitaire	Total
Stocks au début de l'exercice	0	0	0
Plus : Achats – 1er février	2	3 $	6 $
– 31 mai	4	4 $	16 $
– 15 septembre	5	3 $	15 $
– 30 novembre	2	5 $	10 $
Unités destinées à la vente	13		47 $
Moins : Unités vendues en décembre	10		
Unités en stock au 31 décembre (à la fin de l'exercice)	3		

1. *La méthode du coût propre* consiste à associer aux articles en stock et aux marchandises vendues leur coût d'achat réel. On peut l'utiliser lorsque les articles sont identifiables de manière précise (par exemple, par un numéro de série). C'est généralement le cas lorsque les articles en stock sont peu nombreux et de grande valeur.

   Dans notre exemple, il reste trois unités en stock. Celles-ci doivent être rattachées à leur date d'achat. Supposons, pour les besoins de l'exercice, que deux des unités restantes ont été achetées le 15 septembre, et la troisième, le 30 novembre. Dans ce cas, le coût des stocks au 31 décembre est le suivant :

$$(2 \times 3\ \$) + (1 \times 5\ \$) = 11\ \$$$

2. *La méthode du coût moyen pondéré* consiste à attribuer un coût moyen pondéré à chaque article en stock (ou vendu). Il existe différentes méthodes pour établir un coût moyen (moyenne simple, moyenne mobile, etc.).

$$\text{Coût unitaire moyen} = \frac{\text{Coût des unités destinées à la vente}}{\text{Nombre d'unités destinées à la vente}} = \frac{47\ \$}{13\ \text{unités}}$$

Ici, le coût total des unités destinées à la vente est de 47 $. Le nombre d'unités destinées à la vente est de 13. Le coût unitaire moyen est donc de 3,62 $. Dans ce cas, le coût des stocks au 31 décembre est le suivant :

3 × 3,62 $ = 10,86 $

3. *La méthode du premier entré, premier sorti (PEPS)* consiste à attribuer les derniers coûts d'achat aux articles en stock à la fin de l'exercice. On considère donc que le stock à la fin de l'exercice contient les plus récents achats de l'exercice, même si, dans les faits, on ne vend pas nécessairement les articles dans l'ordre où ils ont été achetés. Finalement, l'état de la situation financière reflète la valeur la plus récente.

Dans notre exemple, il reste trois unités à la fin de l'exercice. Avec la méthode du premier entré, premier sorti, on considère que ces trois unités correspondent aux trois dernières unités achetées, c'est-à-dire les deux unités du lot acheté le 30 novembre à un prix unitaire de 5 $ et une unité du lot acheté le 15 septembre à un prix de 3 $. Dans ce cas, le coût des stocks au 31 décembre est le suivant :

(2 × 5 $) + (1 × 3 $) = 13 $

Après avoir appliqué les trois méthodes de détermination du coût des stocks à notre exemple, on remarque que le montant comptabilisé au poste Stocks de l'état de la situation financière varie selon la méthode choisie. Comme nous l'avons indiqué précédemment, le coût des ventes est égal aux stocks détenus au début de l'exercice, *plus* les achats effectués au cours de la période, *moins* les stocks détenus à la fin de l'exercice. Le montant du poste Coût des ventes figurant dans l'état du résultat net diffère donc également en fonction de la méthode retenue. Le choix de la méthode est ainsi important, notamment parce qu'elle influe directement sur le résultat net de l'exercice.

La valeur nette de réalisation des stocks

Une entreprise ne peut recouvrer le coût de ses stocks que si le prix de vente normal est supérieur à son coût d'acquisition ou de transformation. Lorsque la marchandise a été endommagée ou est devenue obsolète, ou encore lorsque son prix de vente a subi une baisse, l'entreprise peut se trouver dans l'impossibilité de recouvrer les coûts qu'elle a engagés. C'est pourquoi les stocks doivent être évalués au moindre du coût et de la valeur nette de réalisation (égale au prix de vente estimé dans le cours normal de l'activité, moins les frais estimés pour l'achèvement et pour la réalisation de la vente). On doit constater une perte dès qu'elle est probable et qu'elle peut faire l'objet d'une estimation raisonnable.

Si des circonstances (concurrence, récession, changement de la mode, etc.) font tomber la valeur des stocks au-dessous de leur coût d'acquisition, il faut diminuer le montant des stocks pour refléter cette perte probable. On présume, que si la « valeur de marché » est inférieure au coût, on ne pourra pas vendre l'article à un prix supérieur à la valeur de marché en question. La perte probable (égale à la différence entre le coût et la valeur nette de réalisation) doit être imputée au résultat de l'exercice où elle survient.

La pratique consistant à déprécier les stocks au-dessous du coût pour les ramener à leur valeur nette de réalisation est dans la logique du principe selon lequel les actifs ne doivent pas être comptabilisés à un montant supérieur à celui qu'on s'attend à obtenir de leur vente ou de leur utilisation. Autrement dit, les stocks ne peuvent être présentés à un montant supérieur à l'avantage économique qu'on peut en tirer.

Si la valeur d'un stock est ramenée à la valeur nette de réalisation, on dit que ce stock est déprécié, et une charge correspondant à cette dépréciation est inscrite à l'état du résultat net. Si un stock déjà déprécié voit sa valeur augmenter, cette dépréciation doit être annulée. La **figure 4.1** synthétise le principe de la comptabilisation de la valeur nette de réalisation du stock.

FIGURE 4.1 Comptabilisation de la valeur nette de réalisation du stock

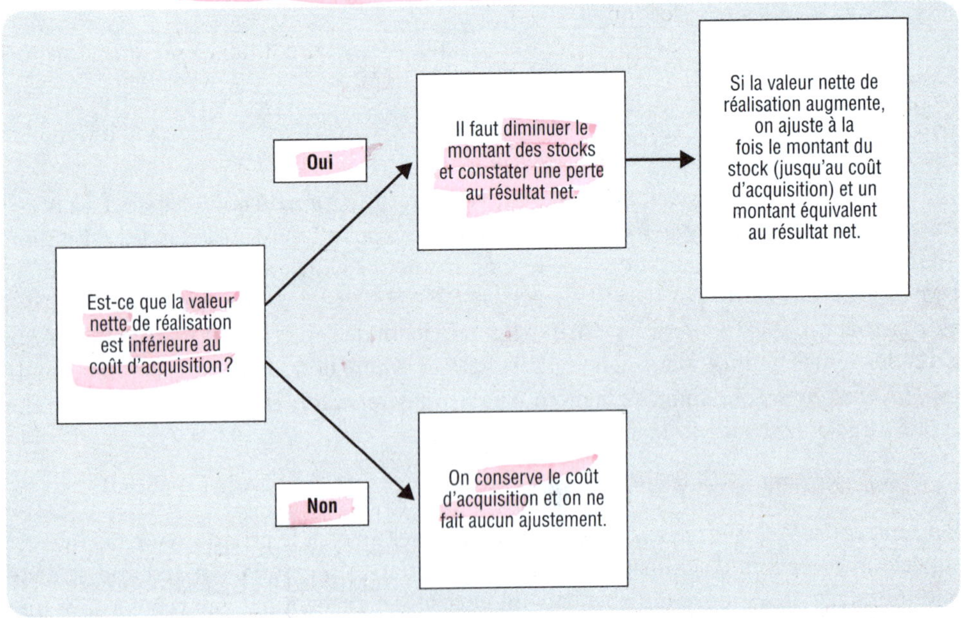

L'**illustration 4.5** présente un extrait de la note sur les principales méthodes comptables de New Look. Dans cet extrait, l'entreprise explique sa méthode d'évaluation des stocks.

ILLUSTRATION 4.5 Extrait de la note sur les principales méthodes comptables de Newlook

Évaluation des stocks

Les stocks sont évalués au plus faible du coût et de la valeur nette de réalisation, le coût étant déterminé selon la méthode du premier entré, premier sorti. Le coût comprend le prix d'achat, les droits de douane et le transport. Les rabais commerciaux, remises et autres éléments similaires sont déduits pour déterminer le coût. La valeur nette de réalisation est le prix de vente estimé dans le cours normal des activités, moins les frais de ventes applicables.

Quelques éléments sur les stocks de l'entreprise industrielle

Les explications fournies dans la section précédente sont particulièrement adaptées au cas de l'entreprise commerciale, dont l'activité consiste à acheter des biens pour les revendre et pour laquelle le seul stock figurant dans l'état de la situation financière est le stock de marchandises.

En ce qui concerne les entreprises industrielles, la situation est quelque peu différente. L'état de la situation financière présente d'autres catégories de stocks :

- le stock de matières premières, c'est-à-dire les matières premières et les matériaux à l'état brut entrant dans la fabrication des articles destinés à la vente ;
- le stock de produits en cours, c'est-à-dire les articles en cours de fabrication que l'entreprise industrielle possède à la fin de l'exercice (par exemple les jouets inachevés, dans le cas d'une entreprise qui fabrique des jouets) ;
- le stock de produits finis, c'est-à-dire les articles terminés et prêts à être vendus à la fin de l'exercice.

La note 7 aux états financiers de l'entreprise Le Château (voir l'**illustration 4.6**) présente un détail du compte Stocks apparaissant dans l'état de la situation financière d'un montant total de 115 357 milliers de dollars à la fin de l'exercice 2014 (allant de début février 2014 à fin janvier 2015). En tant qu'entreprise industrielle, Le Château présente un stock de matières premières, un stock de produits en cours et un stock de produits finis.

ILLUSTRATION 4.6 Extrait de la note détaillant la composition du poste Stocks de l'entreprise Le Château

7. **STOCKS**

	31 janvier 2015 $	25 janvier 2014 $
Matières premières	6 141	8 181
Produits en cours	2 187	2 782
Produits finis	101 062	107 523
Produits finis en transit	5 967	6 392
	115 357	124 878

De plus, les entreprises industrielles doivent calculer un coût de fabrication, également appelé « coût de transformation » ou « coût de production », qui comprend les coûts directement liés aux unités produites. En général, ces coûts se répartissent dans les trois catégories suivantes :

- le coût des matières premières utilisées ;
- le coût de la main-d'œuvre directe ;
- les frais généraux de production.

À titre d'exemple, prenons une table. Son coût de fabrication est composé du coût d'acquisition du bois et du coût de la main-d'œuvre affectée à la fabrication des tables, ainsi que des frais généraux de production engagés pour transformer les matières premières en produits finis. Ainsi, pour fabriquer des tables, une entreprise a besoin d'un bâtiment, d'équipements et d'électricité, pour ne nommer que quelques éléments. Elle doit donc inclure dans son coût de production des tables le coût d'utilisation d'une partie du bâtiment, des équipements utilisés et de l'électricité consommée pour leur fabrication (il en va de même avec tous les frais engagés pour la production des tables).

4.3.4 Les autres actifs courants

Le poste Autres actifs courants comprend fréquemment les **charges payées d'avance** (encore appelées frais payés d'avance ou services à recevoir), qui représentent les montants versés par l'entreprise en vue d'obtenir des services futurs. Par exemple, il peut s'agir de la prime d'assurance payée ou de sommes déboursées à la signature d'un contrat d'entretien pour une période postérieure à la date de l'état de la situation financière. Lorsque l'entreprise reçoit ou consomme le service comptabilisé dans l'état de la situation financière, elle le fait disparaître des charges payées d'avance et le reporte sous forme de charges dans l'état du résultat net.

4.4 L'ACTIF NON COURANT

Les éléments de l'actif non courant sont classés selon leur nature. On distingue les **placements**, les **immobilisations corporelles**, les **immobilisations incorporelles** et le **goodwill**.

4.4.1 Les placements

Le traitement des placements fait partie des questions les plus complexes d'un point de vue comptable. L'objectif de cette section n'est donc certainement pas de couvrir l'intégralité des problématiques qui y sont liées, mais plutôt de familiariser le lecteur à ce concept.

Les placements désignent des actifs qui proviennent du fait que l'entreprise a affecté des sommes d'argent à l'achat de valeurs mobilières ou immobilières. Ces placements peuvent relever de différentes catégories :

- les placements en actions et en obligations, détenus dans le but de dégager des revenus comme des intérêts, des dividendes et/ou des gains en capital ;
- les placements en actions dans une entreprise en vue de créer avec elle des relations d'affaires ;
- les immeubles de placement détenus pour en tirer des loyers, valoriser le capital ou pour ces deux raisons ;
- les instruments financiers dérivés.

Au moment de leur acquisition, la direction de l'entreprise doit décider de son intention à l'égard des placements.

A Les placements détenus dans le but de dégager des revenus d'intérêts ou de dividendes, ou des gains en capital

Lorsqu'une société a des excédents de trésorerie, elle peut décider de les investir dans des placements afin de les faire fructifier (et non afin d'établir une relation d'affaires). Il s'agit donc de **placements non stratégiques**. Ces placements, également appelés « placements de portefeuille », peuvent être de nature très différente (obligations ou actions) et acquis pour une période plus ou moins longue. Les revenus ou gains que perçoit l'entité qui détient ces placements dépendent de leur nature : il peut s'agir d'intérêts (fixés par un contrat), dans le cas d'obligations[2], de dividendes (distribués si

2. Les obligations sont des titres de dettes à long terme négociables. Pour obtenir du financement, une entreprise peut choisir d'émettre des obligations plutôt que des actions. En contrepartie des fonds qu'ils apportent, les acheteurs des obligations ont le droit de percevoir un revenu (intérêt), calculé en fonction de la valeur nominale de l'obligation, du taux d'intérêt sur la valeur nominale et des modalités de remboursement.

les actionnaires en décident ainsi), dans le cas d'actions, ou encore d'un gain dégagé au moment où les placements sont vendus (par exemple, une plus-value si les actions ont pris de la valeur entre leur acquisition et leur revente).

D'un point de vue comptable, de tels placements constituent des actifs financiers qu'il est possible de classer en deux grandes catégories : ceux évalués au **coût amorti**[3] et ceux évalués à la **juste valeur**. Dans cette deuxième catégorie, on distingue les placements dont les variations de (juste) valeur sont enregistrées dans les autres éléments du résultat global et ceux, à priori plus nombreux, dont les variations de (juste) valeur sont enregistrées dans le résultat net. Le classement dans l'une ou l'autre des catégories n'est évidemment pas aléatoire et dépend globalement de deux éléments :

- la façon dont l'entité s'attend à dégager des revenus ou des gains de placements (les revenus ou gains correspondent-ils à des intérêts ou à la plus-value attendue au moment de la vente de ces actifs ?) ;
- les caractéristiques des flux de trésorerie liés aux placements (par exemple, les flux de trésorerie sont-ils prévus à des dates précises ? Correspondent-ils uniquement à des remboursements de principal et à des versements d'intérêts ?)

Le classement détermine la manière dont les placements sont évalués dans l'état de la situation financière (coût amorti ou juste valeur) ainsi que l'effet qu'a un changement de leur valeur sur les résultats (résultat net ou autres éléments du résultat global). Ces placements peuvent être classés soit dans l'actif courant, soit dans l'actif non courant, en fonction de la date à laquelle l'entreprise a l'intention de s'en départir. Le **tableau 4.3** reprend de manière synthétique les principales caractéristiques de ce premier type de placements.

---

3. Dans le cadre de cet ouvrage, nous considérons, par souci de simplification, que le coût amorti correspond au coût d'acquisition diminué des éventuels remboursements en principal liés à ce type de placements.

TABLEAU 4.3 Placements détenus dans le but de dégager des revenus ou des gains*

Catégorie	Placements évalués au coût amorti	Placements évalués à la juste valeur	
		Par le biais des autres éléments du résultat global	*Par le biais du résultat net*
Nature du placement	• Généralement des obligations (détenues en vue de percevoir les intérêts) • Jamais des actions	• Obligations (détenues en vue de percevoir les intérêts et de dégager une plus-value au moment de leur revente) • Actions (si l'entité a fait le choix irrévocable de les classer dans cette catégorie au moment de leur acquisition)	• Généralement des actions (détenues en vue de dégager une plus-value au moment de leur revente, à plus ou moins long terme)
État de la situation financière			
Présentation	Actif courant ou non courant, en fonction de la période pendant laquelle l'entité prévoit conserver les placements		
Évaluation	Initialement, à la juste valeur (par souci de simplification, égale au coût d'acquisition)		
	Par la suite, ces placements doivent être évalués au coût amorti et faire l'objet d'une correction de valeur en cas de perte attendue.	Par la suite, ces placements doivent être évalués à leur juste valeur à la date des états financiers.	Par la suite, ces placements doivent être évalués à leur juste valeur à la date des états financiers.
État du résultat net et des autres éléments du résultat global			
Effet	• Résultat net – Produits : intérêts – Charges : si nécessaire, correction de valeur pour perte attendue sur le placement	• Résultat net – Intérêts ou dividendes • Autres éléments du résultat global – Tant que le placement n'est pas vendu, variations de juste valeur	• Résultat net – Dividendes – Tant que le placement n'est pas vendu, variations de juste valeur (produits, si les variations sont positives, charges, si elles sont négatives)

* Les éléments présentés dans ce tableau reposent principalement sur la norme IFRS 9, appliquée au plus tard le 1er janvier 2018.

Les exemples qui suivent illustrent les placements les plus communs.

Exemple 9

Placements évalués au coût amorti (parfois appelés « placements détenus jusqu'à l'échéance »)

Ces placements correspondent principalement à des obligations. Par exemple, la société Alpha achète, le 1er janvier, une obligation de la société Bêta pour une somme de 20 000 $ (valeur nominale) dans le but de percevoir des intérêts. En vertu de cette obligation, la société Bêta s'engage à verser 8 % d'intérêt annuellement et à rembourser le capital à la fin de la cinquième année.

Si aucune perte n'est attendue sur cette obligation, nous allons trouver, dans l'état de la situation financière d'Alpha au 31 décembre :

- pendant quatre ans, dans l'actif non courant, un poste Placements évalué à 20 000 $ (correspondant au coût) ;
- la cinquième année, dans l'actif courant, un poste Placements évalué à 20 000 $ (correspondant au coût) ;
- dans l'état du résultat net, pour chaque exercice allant du 1er janvier au 31 décembre, des produits, correspondant aux intérêts, s'élevant à 1 600 $.

Exemple 10

Placements évalués à la juste valeur par le biais du résultat net (parfois appelés « placements détenus à des fins de transaction »)

Ces placements correspondent, dans la majorité des cas, à des actions acquises dans le but de dégager une plus-value au moment de leur revente. Par exemple, la société Hexagone investit ses surplus de liquidités dans un portefeuille d'actions de sociétés cotées en vue d'une prise de bénéfices à court terme. Le coût d'acquisition de ce portefeuille, obtenu en 2016, est de 250 000 $.

- **1er scénario :** À la fin de l'exercice, le 31 décembre 2016, la juste valeur du portefeuille est de 200 000 $.

  Au 31 décembre 2016, Hexagone doit présenter, dans l'état de la situation financière, son portefeuille de placements à sa juste valeur, soit 200 000 $. Elle doit donc soustraire 50 000 $ au poste de l'actif dans lequel a été initialement comptabilisé le portefeuille et inscrire dans l'état du résultat net une perte de 50 000 $ reflétant cette moins-value.

- **2e scénario :** À la fin de l'exercice, le 31 décembre 2016, la juste valeur du portefeuille est de 280 000 $.

  Au 31 décembre 2016, Hexagone doit présenter, dans l'état de la situation financière, son portefeuille de placements à sa juste valeur, soit 280 000 $. Elle doit donc ajouter 30 000 $ au poste de l'actif dans lequel a été initialement comptabilisé le portefeuille et inscrire dans l'état du résultat net un gain de 30 000 $ reflétant cette plus-value.

Dans cet exemple, les placements doivent être présentés dans l'actif courant, puisque nous savons que la société envisage une prise de bénéfices à court terme. Dans le cas où l'entreprise n'a pas l'intention de liquider à court terme son portefeuille de placements (même si elle compte vendre à court terme certains titres pour les remplacer par d'autres), ces placements doivent être classés dans l'actif non courant.

Exemple 11

Placements évalués à la juste valeur par le biais des autres éléments du résultat global (parfois appelés « placements disponibles à la vente »)

Un placement évalué à la juste valeur par le biais des autres éléments du résultat global est comptabilisé à sa juste valeur à l'acquisition et fait l'objet d'ajustements au gré des variations de celle-ci. Les variations de juste valeur sont enregistrées dans un poste particulier des autres éléments du résultat global, nommé, par exemple, « Pertes ou gains latents sur placements évalués à la juste valeur par le biais des autres éléments du résultat global ». Le montant du poste est positif en cas de hausse de la juste valeur, et négatif en cas de baisse de celle-ci. Par exemple, la société Hexagone investit 40 000 $ dans des actions de la société Technologies IMB. Hexagone n'a pas fait cet investissement dans l'intention d'établir une relation d'affaires avec Technologies IMB, mais plutôt en vue d'obtenir un rendement sur son investissement d'ici deux ou trois ans.

- **1er scénario :** À la fin de l'exercice d'Hexagone, le 31 décembre 2016, la juste valeur du placement est de 44 000 $. À la date de fin de l'exercice, Hexagone doit augmenter son poste Placements évalués à la juste valeur par le biais des autres éléments du résultat global de l'actif non courant de 4 000 $ pour présenter son placement à sa juste valeur de 44 000 $. Elle doit également inscrire la plus-value de 4 000 $ dans les autres éléments du résultat global au poste Gain latent sur placements évalués à la juste valeur par le biais des autres éléments du résultat global.
- **2e scénario :** À la fin de l'exercice d'Hexagone, le 31 décembre 2016, la juste valeur du placement est de 35 000 $. Hexagone doit présenter son placement en indiquant la somme de 35 000 $ dans l'état de la situation financière et, dans les autres éléments du résultat global, au poste Perte latente sur placements évalués à la juste valeur par le biais des autres éléments du résultat global, elle doit faire apparaître un montant de 5 000 $.

B Les placements acquis pour établir une relation d'affaires

Alors que les placements de portefeuille sont considérés comme non stratégiques, dans certaines situations, l'entreprise possède des placements pour des raisons directement liées à son exploitation. Ceux-ci correspondent à des prises de participation dans des sociétés avec lesquelles l'entité entretient, ou veut développer, des relations d'affaires. Contrairement aux placements présentés précédemment, ils ne sont pas acquis dans le seul objectif de « faire de l'argent » ; ils le sont aussi dans l'objectif de créer une relation d'affaires avec une autre entreprise.

Au moment de l'acquisition, ces placements sont comptabilisés au coût d'acquisition. Par la suite, en fonction du lien qui unit les entités, différentes méthodes de comptabilisation sont prescrites. Le lien qui unit les entités est déterminé par la nature de la participation de l'entité qui a fait l'acquisition du placement (société mère) dans l'autre entité. Cette autre entité est soit une **filiale**, soit une **coentreprise**, soit une **entreprise associée**.

Examinons brièvement chacune de ces catégories de participation (pour plus de détails, voir le chapitre 7).

- Une **filiale** est une entité contrôlée par une autre entité (appelée la « société mère »). Habituellement, la société mère doit acquérir plus de 50 % des actions avec droit de vote de l'entité pour que cette dernière soit considérée comme une filiale. De façon générale, une société en contrôle une autre lorsqu'elle a le pouvoir d'en diriger les politiques financières et opérationnelles afin d'obtenir des avantages de ses activités. Autrement dit, elle a le pouvoir de définir, de manière durable et sans le concours de tiers, les politiques stratégiques en matière d'exploitation, d'investissement et de financement. Elle a ainsi le droit et la capacité d'en retirer des avantages économiques futurs et assume les risques s'y rattachant.

  Dans le cas d'une filiale, le principe fondamental de la comptabilisation repose sur le fait que tous les actifs et les passifs de la filiale sont ajoutés à ceux de la société mère pour obtenir des **états financiers dits consolidés**.

- Dans le cas d'une **coentreprise** (qui représente une forme de partenariat), le contrôle est partagé, en vertu d'un accord contractuel, entre plusieurs coentrepreneurs, qui ont des droits sur l'actif net de la coentreprise. Le contrôle est dit conjoint et n'existe que lorsque les décisions stratégiques financières et opérationnelles requièrent le consentement unanime des parties partageant le contrôle (les coentrepreneurs).

  Dans cette situation, la méthode de comptabilisation est la **mise en équivalence**, qui consiste globalement à réévaluer le placement, afin de tenir compte d'une quote-part des résultats nets générés et des dividendes déclarés par la coentreprise (voir le chapitre 7).

- Une **entreprise associée** est une entité dans laquelle la société qui investit exerce une influence notable. Une entreprise a une influence notable lorsqu'elle a le pouvoir de participer aux décisions de politiques financières et opérationnelles de l'entreprise détenue, sans toutefois exercer un contrôle exclusif ou conjoint sur ces politiques. La société qui investit dans une entreprise associée détient généralement un gros bloc d'actions avec droit de vote (habituellement entre 20 % et 50 %), mais sans dépasser le seuil du 50 % (auquel cas le placement devient un investissement dans une filiale).

  Dans le cas d'une entreprise associée, la méthode de comptabilisation est encore une fois la **mise en équivalence** (voir le chapitre 7).

C Les placements dans des immeubles de placement

Un immeuble de placement est un bien immobilier détenu par l'entreprise soit pour en retirer des loyers, soit pour valoriser le capital, soit pour ces deux raisons ; celle-ci ne l'utilise ni dans la production ou la fourniture de biens ou de services, ni à des fins administratives, ni pour le vendre dans le cadre de son activité ordinaire.

Lors de l'acquisition, ce type de placements est comptabilisé à son coût d'acquisition, qui représente alors sa juste valeur. Par la suite, l'entreprise doit choisir une méthode comptable pour mesurer ces placements : soit elle les comptabilise à leur coût, qu'elle amortit sur leur durée d'utilité (voir la notion d'amortissement dans la section sur les immobilisations corporelles), soit elle les évalue à leur juste valeur et constate toute variation de la juste valeur dans le résultat net.

D Les instruments financiers dérivés

De façon générale, un instrument financier dérivé est un instrument qui voit sa valeur fluctuer en fonction d'un référentiel, tel que le prix d'un titre, le prix d'une marchandise, un taux d'intérêt ou un taux de change. Il existe de nombreux instruments dérivés. Les options et les contrats à terme en sont deux exemples simples et très communs.

Une *option* est un droit d'effectuer, sans y être obligé, une opération comme l'achat ou la vente d'un bien, à un prix prédéterminé et avant une date donnée. Par exemple, une entreprise peut avoir l'option d'acheter un volume prédéterminé de matière première à un prix établi à l'avance, avant une date donnée. Si le cours de la matière première est plus élevé que le prix convenu, la société a alors intérêt à exercer son option. En revanche, si le cours de la matière première est inférieur au prix convenu, elle n'a aucun avantage à le faire.

Le *contrat à terme* se distingue de l'option en ce que l'opération dont il fait l'objet est obligatoire. Ainsi, pour reprendre l'exemple précédent, la société serait obligée de payer le prix convenu à l'avance, quel que soit le cours de la matière première.

La comptabilisation de tous les instruments dérivés doit se faire à leur juste valeur, sans tenir compte de leur nature et de leurs objectifs. La valeur à la cote d'un titre sur un marché actif constitue la juste valeur. Lorsque l'instrument financier ne se négocie pas sur un marché actif, on estime la juste valeur à partir de modèles financiers (qui peuvent être très complexes). Les variations de valeur apparaissent alors au résultat net.

Soulignons que certains instruments dérivés sont parfois qualifiés d'instruments de couverture. Cette expression s'applique dans le cas où une entreprise achète des instruments financiers dérivés pour réduire ou compenser les risques financiers auxquels elle est exposée. Les instruments de couverture sont également présentés à leur juste valeur.

4.4.2 Les immobilisations corporelles

Les immobilisations corporelles se composent de tous les biens matériels qui ont une existence physique, qui ont fait l'objet d'un investissement et qui sont nécessaires à l'exploitation à long terme. Autrement dit, l'entité les détient soit pour les utiliser dans la production ou la fourniture de biens ou de services, soit à des fins administratives. Aussi appelées « biens ou actifs corporels », ces immobilisations comprennent les éléments suivants :

- les terrains et les bâtiments où sont situées les installations (bureaux, entrepôt, usine, stationnement, etc.) ;
- les véhicules motorisés (matériel roulant) ;
- le mobilier, les machines et le matériel utilisés pour l'administration, la vente, la fabrication, etc. ;
- le matériel informatique, tels les ordinateurs, les serveurs, etc. ;
- les outils employés pour l'entretien et la réparation des immobilisations ou pour leur fabrication ;
- les aménagements, ou « améliorations locatives », effectués par l'entreprise dans le but d'améliorer des locaux situés dans un bâtiment dont elle n'est pas propriétaire ;
- les biens loués en vertu de contrats de location-financement (voir le chapitre 7) ;
- les biens sujets à épuisement que sont les ressources naturelles (forêts, gisements miniers ou pétrolifères, etc.).

Il est impossible d'établir une liste exhaustive des immobilisations corporelles, car le type d'immobilisations corporelles que possède une entreprise dépend de la nature de ses activités. Il importe de comprendre qu'un bien est considéré ou non comme une immobilisation corporelle non seulement en fonction de sa nature, mais surtout en fonction de son utilisation par l'entreprise. Par exemple, un ordinateur fait partie des stocks de marchandises dans une entreprise dont l'objectif commercial est de vendre du matériel informatique, alors qu'il est considéré comme une immobilisation corporelle s'il sert à la saisie de données administratives dans une entreprise qui vend, par exemple, des vêtements.

Lors de leur acquisition, les immobilisations corporelles sont comptabilisées à leur **coût** dans l'état de la situation financière, où elles sont présentées par grandes catégories (terrains, bâtiments, matériel roulant, etc.). Le coût comprend non seulement le coût d'achat, mais aussi tous les frais engagés jusqu'à l'utilisation initiale (par exemple, les frais de livraison ou les frais d'installation et de montage des immobilisations corporelles). Lorsque l'entreprise doit engager des frais de démantèlement, de décontamination ou de restauration des lieux à la fin de la durée d'utilité d'une immobilisation corporelle, elle doit ajouter ces frais, s'ils peuvent être estimés de manière fiable, au coût initial de l'immobilisation corporelle.

Pour évaluer une immobilisation corporelle après sa comptabilisation initiale, l'entreprise doit choisir entre le **modèle du coût** et le **modèle de la réévaluation**. Pour chaque grande catégorie d'immobilisations, l'entreprise doit faire un choix entre ces deux modèles et s'y tenir, à moins que les circonstances ne justifient un changement. Selon le modèle du coût, l'entreprise comptabilise l'immobilisation à son coût d'acquisition, qu'elle amortit par la suite. Le montant présenté dans l'état de la situation financière est le coût restant à amortir (appelé aussi « valeur nette comptable »). Selon le modèle de la réévaluation, une immobilisation corporelle, dont la juste valeur peut être établie de manière fiable, est évaluée à son montant réévalué, c'est-à-dire à sa juste valeur à la date de la réévaluation. La réévaluation doit être appliquée à l'ensemble des biens d'une même catégorie, et non à une immobilisation prise isolément. De plus, cette réévaluation doit être effectuée périodiquement, en fonction de l'étendue des fluctuations de valeur, afin que le montant présenté dans l'état de la situation financière ne s'éloigne pas trop de la juste valeur des immobilisations concernées. Au moment de la réévaluation, si la juste valeur excède le coût d'origine, la contrepartie de l'augmentation de l'actif sera portée au cumul des autres éléments du résultat global dans les capitaux propres. Si toutefois la juste valeur de l'immobilisation a diminué, la contrepartie de la diminution de l'actif sera portée en charge au résultat net.

À la suite de la réévaluation, en cas d'augmentation de la juste valeur, la charge d'amortissement à comptabiliser sera conséquemment plus élevée, diminuant ainsi le résultat net d'un montant plus grand qu'avant la réévaluation. Une diminution de la juste valeur aura l'effet inverse.

Quand les biens immobilisés sont à durée d'utilité finie (ce qui est le cas de tous les biens énumérés précédemment, à l'exception des terrains, dont la durée d'utilité est illimitée lorsque le sol du terrain n'est pas exploité), il faut répartir le coût de chacun d'eux dans les états du résultat net des exercices au cours desquels ils servent à générer des produits. Cette répartition comptable du coût d'un actif dans le temps est appelée « **amortissement** ». L'amortissement des immobilisations découle du principe comptable de rattachement des charges aux produits, selon lequel il faut comptabiliser toutes les charges ayant permis de générer des produits dans l'exercice au cours duquel ces produits ont été comptabilisés.

L'amortissement et le cumul des amortissements (amortissement cumulé)

Afin de déterminer l'amortissement, il est nécessaire de connaître au moins deux éléments : le **mode d'amortissement** et le **montant amortissable**.

Il existe principalement **trois modes d'amortissement** des immobilisations corporelles :

- le mode linéaire ;
- le mode dégressif à taux constant ;
- le mode des unités de production.

Le mode choisi doit refléter la nature de l'actif et la façon dont l'entreprise l'utilise pour générer des produits. Lorsqu'une entreprise choisit un mode d'amortissement pour une catégorie d'actifs, elle ne peut le modifier tant que les circonstances entourant l'utilisation de ceux-ci demeurent les mêmes. Il importe de noter que le choix du mode d'amortissement influe sur la détermination du résultat net. En effet, pour un actif de même nature, acquis au même coût et au même moment, deux entreprises peuvent choisir des modes ou des durées d'amortissement différentes et, conséquemment, inscrire une charge différente dans l'état du résultat net.

Le **montant amortissable** d'un actif corporel est le coût d'acquisition de l'actif diminué de sa valeur résiduelle, laquelle représente le montant estimé qu'une entité obtiendrait actuellement de la sortie de l'actif, après déduction des coûts de sortie estimés, si l'actif avait déjà l'âge et se trouvait déjà dans l'état prévu à la fin de sa durée d'utilité. Dans la pratique, la valeur résiduelle d'un actif est souvent négligeable et donc non significative dans le calcul du montant amortissable (qui est alors égal au coût d'acquisition).

L'amortissement représente la charge annuelle à inscrire dans l'état du résultat net pour refléter la portion du montant amortissable de l'actif utilisé pendant l'exercice pour générer des produits.

Le cumul des amortissements apparaît dans l'état de la situation financière : on le déduit du montant du poste d'immobilisations correspondant. Souvent, toutefois, le solde de chaque catégorie d'immobilisations est présenté sous la forme d'un montant net (soit le coût moins l'amortissement cumulé).

Prenons un exemple simple pour illustrer le principe de l'amortissement, en commençant par l'amortissement selon le mode linéaire (voir l'**exemple 12**).

Exemple 12

Charge d'amortissement selon le mode linéaire

Le 1er janvier 2016, Carrousel a acheté un camion au coût de 60 000 $ pour le transport de ses marchandises. Le directeur estime qu'il sera utilisé pendant les quatre prochaines années et que sa valeur résiduelle sera de 4 000 $ à l'issue de cette période.

PREMIER EXERCICE

À la fin de l'exercice, le 31 décembre 2016, le calcul de l'amortissement selon le mode linéaire consiste à répartir le coût uniformément dans le temps en tenant compte de la valeur résiduelle, qui ne doit pas être amortie ; il s'agit donc de répartir le montant amortissable dans le temps. Le calcul est le suivant :

$$\text{Charge d'amortissement annuelle} = \frac{\text{Coût – Valeur résiduelle}}{\text{Durée d'utilité}} = \frac{60\,000\ \$ - 4\,000\ \$}{4\ \text{ans}} = 14\,000\ \$$$

Présentation dans l'état de la situation financière

Au 31 décembre 2016, la valeur comptable du camion est inscrite au poste Matériel roulant de l'état de la situation financière et présentée comme suit :

Matériel roulant	60 000 $
Moins : Amortissement cumulé	(14 000 $)
Valeur nette comptable	46 000 $

Présentation dans l'état du résultat net

Dans l'état du résultat net, on inscrit une charge de 14 000 $ au poste Amortissement : Matériel roulant.

On calcule l'amortissement en tenant compte des mois d'utilisation de l'actif au cours d'un exercice donné. Par exemple, si le camion de la société Carrousel avait été acheté le 1er octobre 2016, le calcul de l'amortissement aurait été le suivant :

$$\frac{(60\,000\ \$ - 4\,000\ \$)}{4\ \text{ans}} = 14\,000\ \$ \times \frac{3\ \text{mois}}{12\ \text{mois}} = 3\,500\ \$$$

Voyons maintenant comment Carrousel présente le matériel roulant dans son état de la situation financière à la fin du deuxième exercice pendant lequel le camion a été utilisé.

DEUXIÈME EXERCICE

Présentation dans l'état de la situation financière

Au 31 décembre 2017, c'est-à-dire à la fin du deuxième exercice, le cumul de l'amortissement est de 28 000 $ (14 000 $ × 2 ans). La valeur comptable du camion apparaît au poste Matériel roulant de l'état de la situation financière et est présentée comme suit :

Matériel roulant	60 000 $
Moins : Amortissement cumulé	(28 000 $)
Valeur nette comptable	32 000 $

Présentation dans l'état du résultat net

Dans l'état du résultat net, on inscrit une charge de 14 000 $ au poste Amortissement : Matériel roulant.

L'état de la situation financière reflète le coût non amorti après le deuxième exercice, alors que le montant de l'amortissement figurant dans l'état du résultat net est le même d'un exercice à l'autre. Le montant amortissable de l'actif est ici réparti linéairement dans le temps.

Illustrons maintenant dans l'**exemple 13** le principe de l'amortissement selon le mode dégressif à taux constant.

Exemple 13

Charge d'amortissement selon le mode dégressif à taux constant

Karufel achète un camion au coût de 60 000 $ le 1er janvier 2016. La direction estime que la valeur résiduelle du camion sera nulle à la fin de la durée d'utilité du camion. La société choisit l'amortissement dégressif à taux constant de 30 %. Le calcul est le suivant :

Charge d'amortissement annuelle = Valeur comptable au début de l'exercice (ou coût non amorti) × Taux constant

Le calcul de la charge d'amortissement est donc pour la première année (2016) :

60 000 $ × 30 % = 18 000 $

Le calcul de la charge d'amortissement pour la deuxième année (2017) est le suivant :

(60 000 $ – 18 000 $) × 30 % = 12 600 $

Le recours à la méthode de l'amortissement dégressif implique que le potentiel d'utilisation de l'actif immobilisé est plus élevé au cours de ses premières années et, par conséquent, que le montant de la charge d'amortissement diminue avec le temps.

L'**exemple 14** illustre un calcul de charge d'amortissement selon le mode des unités de production ou d'utilisation. Le recours à cette méthode d'amortissement permet de déterminer la charge d'amortissement au prorata de l'utilisation de l'actif.

Exemple 14

Charge d'amortissement selon le mode des unités de production ou d'utilisation

Selon le mode des unités de production ou d'utilisation, Karufel aurait amorti le camion sur la base du kilométrage. Pour calculer la charge d'amortissement annuelle, on ramène la distance réellement parcourue chaque année sur l'estimation de la distance totale que le camion devrait parcourir. Ainsi, si Karufel estime que le camion parcourra un total de 300 000 km et si le camion a roulé 50 000 km au cours de la première année et 60 000 km au cours de la deuxième année, la charge d'amortissement sera de 10 000 $ (60 000 $ × 50 000/300 000) et de 12 000 $ (60 000 $ × 60 000/300 000) pour la première et la deuxième année respectivement.

Le **tableau 4.4** qui suit permet de comparer la charge d'amortissement en fonction des différents modes présentés précédemment.

TABLEAU 4.4 Comparaison de l'amortissement selon les différents modes

Entreprises	Coût de l'actif	Mode d'amortissement	Charge d'amortissement dans l'état du résultat net	
			Exercice 1	***Exercice 2***
Carrousel	60 000 $	Linéaire (4 ans)	14 000 $	14 000 $
Karufel (1)	60 000 $	Dégressif à taux constant (30 %)	18 000 $	12 600 $
Karufel (2)	60 000 $	Unités de production	10 000 $	12 000 $

L'approche par composantes

Les normes comptables internationales exigent que l'entreprise amortisse ses actifs corporels selon l'approche par composantes. Ainsi, lorsqu'une entreprise acquiert une immobilisation dont les composantes importantes ont des durées d'utilité différentes, elle doit scinder le coût d'acquisition de l'immobilisation pour tenir compte de chacune d'elles, puis les amortir selon le mode qui représente le mieux leur utilisation respective. Par exemple, une entreprise qui achète un avion commercial doit amortir les diverses composantes de l'avion, notamment la carlingue, les moteurs et les équipements, selon des durées, des taux ou des modes différents.

Les dépenses en capital et les dépenses d'exploitation

Les entreprises renouvellent constamment leur parc d'immobilisations, notamment afin de maintenir leur cadence de production à un niveau constant. Pour les entreprises en expansion, on constate couramment une augmentation du montant d'immobilisations d'un exercice à l'autre. Au moment de l'acquisition de nouveaux biens ou de la réparation des immobilisations déjà détenues par l'entreprise, le gestionnaire doit exercer son jugement pour savoir si les acquisitions ou les réparations sont capitalisables, c'est-à-dire s'il s'agit de dépenses en capital (aussi appelées « dépenses en immobilisations ») ou de dépenses d'exploitation.

Une dépense en capital se traduit par une augmentation de l'actif visé, puisqu'elle augmente généralement la durée d'utilité de cet actif ou sa productivité et qu'elle sert à générer des produits au cours de plusieurs exercices. Une fois traduite en augmentation de l'actif, on l'appelle « dépense capitalisée » ou encore « dépense immobilisée ». Elle a un effet sur la base du calcul de l'amortissement.

Une dépense d'exploitation liée à une immobilisation n'augmente en rien la durée d'utilité de l'immobilisation ; elle vise plutôt à la réparer ou à la rendre conforme à des normes. Par conséquent, la dépense d'exploitation est traitée comme toutes les charges d'exploitation et elle est imputée entièrement au résultat net au moment où elle est engagée.

Le gestionnaire doit, comme nous l'avons dit, exercer son jugement pour déterminer s'il s'agit d'une dépense en capital ou d'une dépense d'exploitation. Un gestionnaire partial, désireux d'afficher un résultat élevé à court terme, est fortement tenté de capitaliser les dépenses liées aux immobilisations puisque l'impact des dépenses sur le résultat net est alors étalé dans le temps par l'intermédiaire de l'amortissement. Il est du devoir des gestionnaires et des auditeurs de s'assurer que la substance des opérations est respectée. Ainsi, dans certaines sociétés, on adopte des règles internes qui précisent les critères à remplir pour capitaliser une dépense liée aux immobilisations.

La note 14 aux états financiers de Jean Coutu (voir l'**illustration 4.7**) présente un détail du poste Immobilisations corporelles. Elle permet de décomposer le montant total qui figure dans l'état de la situation financière par catégories d'immobilisations corporelles (terrains, immeubles, améliorations locatives, équipement et constructions en cours). Pour chacune de ces catégories, il est possible de repérer les acquisitions et les cessions (dispositions) effectuées au cours de l'exercice 2014 (du 1er mars 2014 au 28 février 2015) et de l'exercice précédent (du 2 mars 2013 au 1er mars 2014). Il est également possible de signaler, pour chacune des catégories, le cumul des amortissements à la fin de l'exercice et la dotation aux amortissements de l'exercice. La dernière ligne présente la valeur nette comptable (coût moins cumul des amortissements).

ILLUSTRATION **4.7** Note sur les immobilisations corporelles de Jean Coutu

14. Immobilisations corporelles

	Terrains	Immeubles	Améliorations locatives	Équipement	Constructions en cours	Total
	$	$	$	$	$	$
Coût						
Solde au 2 mars 2013	98,6	362,5	20,6	80,9	1,3	563,9
Acquisitions	11,0	0,9	0,2	8,8	11,9	32,8
Dispositions et radiations	(0,2)	(1,3)	-	(1,3)	-	(2,8)
Transferts	(4,0)	(0,7)	1,9	-	(7,5)	(10,3)
Solde au 1er mars 2014	105,4	361,4	22,7	88,4	5,7	583,6
Acquisitions	2,9	2,8	0,2	4,7	86,9	97,5
Dispositions et radiations	-	(0,2)	(6,4)	(0,5)	-	(7,1)
Transferts	-	6,5	1,1	-	(7,6)	-
Solde au 28 février 2015	**108,3**	**370,5**	**17,6**	**92,6**	**85,0**	**674,0**
Amortissement cumulé						
Solde au 2 mars 2013	-	123,0	12,6	68,8	-	204,4
Amortissement	-	12,9	1,6	6,4	-	20,9
Dispositions et radiations	-	(0,3)	-	(1,3)	-	(1,6)
Transferts	-	(1,2)	-	-	-	(1,2)
Solde au 1er mars 2014	-	134,4	14,2	73,9	-	222,5
Amortissement	-	12,8	1,8	5,6	-	20,2
Dispositions et radiations	-	(0,2)	(6,4)	(0,4)	-	(7,0)
Solde au 28 février 2015	**-**	**147,0**	**9,6**	**79,1**	**-**	**235,7**
Valeur nette comptable						
Au 1er mars 2014	105,4	227,0	8,5	14,5	5,7	361,1
Solde au 28 février 2015	**108,3**	**223,5**	**8,0**	**13,5**	**85,0**	**438,3**

La valeur nette comptable au 28 février 2015 comprend des terrains destinés à la location d'un montant de 96,4 millions de dollars (93,6 millions de dollars au 1er mars 2014) et des immeubles destinés à la location d'un montant de 194,8 millions de dollars (196,7 millions de dollars au 1er mars 2014).

4.4.3 Les immobilisations incorporelles et le goodwill

Une **immobilisation incorporelle** est un bien identifiable qui, contrairement à une immobilisation corporelle, n'a pas de substance physique, mais qui, comme une immobilisation corporelle, est nécessaire au bon fonctionnement de l'entreprise et lui procure des avantages pendant plusieurs exercices.

D'un point de vue comptable, les immobilisations incorporelles présentent certains points communs avec les immobilisations corporelles. Tout comme les immobilisations corporelles, les immobilisations incorporelles sont comptabilisées, lors de leur acquisition, à leur coût dans l'état de la situation financière. Le coût comprend non seulement le prix d'achat, mais aussi tout coût directement attribuable à la préparation de l'actif en vue de son utilisation prévue (par exemple, le coût des tests réalisés sur un nouveau logiciel pour en vérifier le bon fonctionnement avant son utilisation). Pour évaluer une immobilisation incorporelle après sa comptabilisation initiale, l'entreprise doit choisir, exactement comme pour une immobilisation corporelle, entre le modèle du coût et le modèle de la réévaluation. Pour être en mesure de choisir le modèle de la réévaluation, l'entreprise doit déterminer la juste valeur par référence à un marché actif, et elle doit appliquer ce modèle à toute la catégorie d'immobilisations incorporelles. En réalité, cela implique que seul le modèle du coût peut être retenu pour la majorité des immobilisations incorporelles.

Parmi les immobilisations incorporelles, il est essentiel de faire la distinction entre celles dont la durée d'utilité est finie et celle pour lesquelles cette durée ne peut être déterminée. Des règles comptables différentes s'appliquent pour ces deux catégories d'immobilisations incorporelles. Si le traitement comptable des immobilisations incorporelles à **durée d'utilité finie** est très similaire à celui des immobilisations corporelles, la situation est assez différente pour les immobilisations incorporelles à **durée d'utilité indéterminée**.

A Les immobilisations incorporelles à durée d'utilité finie

Les immobilisations incorporelles à durée d'utilité finie comprennent notamment les brevets d'invention, certains droits d'auteur, les marques de commerce, certaines franchises, les dessins industriels, les listes de clients et certains frais de développement. Ce type d'actifs doit être amorti, c'est-à-dire que le coût amortissable ou le montant réévalué doit être réparti sur leur durée d'utilité, de la même manière que s'il s'agissait d'immobilisations corporelles. La durée d'amortissement est influencée par divers facteurs, comme des facteurs de nature juridique, contractuelle ou économique. Par exemple, pour un brevet ayant une durée d'utilité légale maximale de 20 ans, l'amortissement de ce type d'immobilisation incorporelle ne pourrait aller au-delà de cette période.

Pour les immobilisations incorporelles, le coût amortissable est souvent égal au coût d'acquisition. En effet, la valeur résiduelle d'une immobilisation incorporelle est généralement considérée comme nulle puisqu'il est souvent difficile d'en estimer le prix de cession. Pour pouvoir attribuer une valeur résiduelle à une immobilisation incorporelle, il faut que cette dernière soit utile à une autre entreprise et qu'un tiers se soit engagé à l'acquérir, ou encore qu'il existe un marché pour l'immobilisation incorporelle en question.

Étant donné la grande incertitude inhérente aux avantages futurs qu'on peut retirer d'un actif incorporel, il est nécessaire d'en réexaminer annuellement le mode d'amortissement et l'estimation de la durée d'utilité. Comme dans le cas des immobilisations corporelles, le coût des immobilisations incorporelles, duquel est soustrait l'amortissement cumulé, apparaît dans l'état de la situation financière.

B Les immobilisations incorporelles à durée d'utilité indéterminée

La durée d'utilité d'une immobilisation incorporelle est considérée comme indéterminée lorsqu'il n'existe aucun facteur de nature juridique, réglementaire, contractuelle, concurrentielle, économique ou autre susceptible de la réduire. Cela ne signifie pas pour autant que cette durée d'utilité est infinie. Parmi les immobilisations incorporelles à durée d'utilité indéterminée, on peut mentionner certains types de marques de commerce, de licences de radiodiffusion, de franchises, de droits d'exploitation de couloirs aériens, de droits d'auteur, etc.

Une entreprise ne peut amortir le coût d'acquisition d'une immobilisation incorporelle dont la durée d'utilité est indéterminée. Elle doit ainsi faire un test de dépréciation annuel visant à constater, si nécessaire, la baisse de valeur de cette immobilisation. Si, au cours de la vie d'une telle immobilisation, la durée d'utilité n'est plus considérée comme indéterminée, l'immobilisation doit alors être traitée comme une immobilisation incorporelle à durée d'utilité finie et, par conséquent, doit être amortie.

C Le goodwill

Le goodwill (parfois appelé « écart d'acquisition ») est un élément incorporel créé lorsqu'une entreprise en acquiert une autre. Le goodwill inscrit dans les registres de l'acquéreur représente l'excédent du prix payé pour acquérir une entreprise sur la juste valeur des éléments identifiables composant l'actif net (actifs moins passifs) de celle-ci à la date d'acquisition. L'acquéreur peut vouloir payer un prix plus élevé que l'actif net identifiable de l'entreprise pour différentes raisons, généralement parce que l'acquéreur entrevoit un avantage potentiel grâce, par exemple, à des synergies, une notoriété ou encore un savoir-faire liés à l'acquisition. Le goodwill est une immobilisation incorporelle non identifiable, c'est-à-dire qu'elle ne peut ni être achetée ni être vendue séparément de l'entreprise.

D'un point de vue comptable, le goodwill ne doit pas être amorti. En revanche, il doit faire l'objet d'un test de dépréciation annuel, et sa perte de valeur (non réversible), le cas échéant, doit être comptabilisée à l'état du résultat net dans l'exercice où elle est constatée.

La note 12 aux états financiers de Newlook (voir l'**illustration 4.8**) présente un détail du poste Immobilisations incorporelles. Elle permet de décomposer le montant total de 44 389 milliers de dollars au 27 décembre 2014 figurant dans l'état de la situation financière par catégories d'immobilisations incorporelles (noms commerciaux, baux, logiciels d'application, relations clients et ententes contractuelles). Il est intéressant de noter que la majorité des immobilisations incorporelles correspondant aux noms commerciaux sont considérées comme des immobilisations incorporelles à durée d'utilité indéterminée. Conformément à ce qui a été expliqué précédemment, ces noms commerciaux ne sont pas amortis, mais font l'objet d'un test de dépréciation annuel.

ILLUSTRATION 4.8 Extraits de la note sur les immobilisations incorporelles de Newlook

12. AUTRES ACTIFS INCORPORELS

	Noms commerciaux	Baux [a]	Logiciels d'application	Relations clients	Ententes contractuelles [b]	Total
	$	$	$	$	$	$
Valeur comptable brute						
Solde au 28 décembre 2013	12 511	537	2 062	18 871	5 316	39 297
Ajout par acquisitions d'entreprises	6 452		400	2 880	1 533	11 265
Autres ajouts			355	60	25	440
Solde au 27 décembre 2014	18 963	537	2 817	21 811	6 874	51 002
Amortissement cumulé						
Solde au 28 décembre 2013	19	305	822	1 050	1 458	3 654
Amortissement	47	52	315	1 264	1 281	2 959
Solde au 27 décembre 2014	66	357	1 137	2 314	2 739	6 613
Valeur comptable nette au 27 décembre 2014	**18 897**	**180**	**1 680**	**19 497**	**4 135**	**44 389**

Tests de dépréciation des noms commerciaux

Les noms commerciaux New Look, Vogue Optical et Greiche & Scaff ne sont pas amortis et ont subi des tests de dépréciation au 27 décembre 2014 et au 28 décembre 2013. Les tests de dépréciation ont démontré qu'aucune charge de dépréciation n'était nécessaire.

Aux fins des tests de dépréciation annuels, les noms commerciaux ayant une durée de vie utile indéfinie sont attribués aux bannières suivantes :

	2014	2013
	$	$
New Look	2 500	2 500
Vogue Optical	9 700	9 700
Greiche & Scaff	6 300	
	18 500	12 200

4.4.4 La dépréciation d'actifs à long terme

L'amortissement d'un actif immobilisé traduit l'utilisation de cet actif pour générer des produits. Trop souvent, la notion d'amortissement est confondue avec celle de perte de valeur. Dans les faits, il peut arriver que le lien soit imparfait entre l'utilisation d'un actif et la charge d'amortissement figurant dans l'état du résultat net (charge calculée annuellement, de manière systématique, sur la base du plan d'amortissement défini au moment de l'acquisition de l'immobilisation). Par conséquent, la valeur nette de l'actif (égale au coût d'acquisition moins le cumul des amortissements) apparaissant dans l'état de la situation financière ne correspond plus à ce que vaut réellement l'actif. C'est pourquoi il importe de s'interroger régulièrement sur le solde non amorti des actifs. Il faut s'assurer que les montants présentés dans l'état de la situation financière ne sont pas supérieurs aux avantages futurs que les actifs peuvent procurer.

Les immobilisations doivent apparaître dans l'état de la situation financière au moindre de leur valeur comptable (coût amorti ou montant réévalué amorti) et de leur valeur recouvrable[4].

Au moins une fois par an, à la date de clôture, une entité doit estimer, à partir d'informations provenant de sources tant internes (prévisions de rentrées de fonds, obsolescence, etc.) qu'externes (effondrement de marché, etc.), s'il existe quelque indice montrant qu'un de ses actifs a perdu de la valeur ou, autrement dit, s'est déprécié.

Les immobilisations corporelles et les immobilisations incorporelles à durée d'utilité finie doivent être soumises à un **test de dépréciation** lorsqu'un événement ou un changement de situation (comme une variation de la valeur sur le marché de l'actif) indique que l'entité pourrait ne pas être en mesure d'en recouvrer la valeur comptable. Pour les immobilisations incorporelles à durée d'utilité indéterminée et le goodwill, le test doit être effectué au moins une fois par an, ou plus fréquemment si un événement ou un changement de situation amène l'entreprise à penser qu'elle ne serait pas en mesure d'en recouvrer la valeur comptable.

Lors de ce test, il faut déterminer la valeur recouvrable de l'immobilisation corporelle ou incorporelle et la comparer avec sa valeur comptable. Si cette dernière excède la valeur recouvrable, la perte de valeur doit être constatée dans le résultat net de l'exercice en cours. Lorsqu'on réduit la valeur d'un actif immobilisé, la valeur comptable ajustée qui en résulte devient la nouvelle valeur de base de l'actif en question. Celle-ci doit ensuite être amortie de manière logique et systématique. Il est fréquent que la réduction de valeur nécessite une révision de la durée d'utilité estimative ou du mode d'amortissement. Toutefois, ces révisions ne s'appliquent qu'une fois la réduction de valeur comptabilisée. Lorsqu'une

4. La valeur recouvrable est définie comme le montant le plus élevé entre la juste valeur de l'immobilisation – dont on a déduit les coûts de vente – et sa valeur d'utilité. Cette dernière représente la valeur actuelle des flux de trésorerie attendus de l'actif (les flux de trésorerie estimés pour l'avenir et exprimés en dollars d'aujourd'hui).

réduction de valeur est constatée durant l'exercice, l'information apparaît par voie d'une note complémentaire aux états financiers. On y indique, en particulier, quel actif a fait l'objet d'une dépréciation ainsi que les faits et les circonstances qui l'expliquent.

Par ailleurs, il est possible de réduire le montant de la dépréciation d'une immobilisation reconnue antérieurement ou de l'annuler. Ainsi, un terrain dont le coût était de 300 000 $ et qui a été déprécié à 100 000 $ (générant l'enregistrement d'une charge de 200 000 $ dans l'état du résultat net) pourrait, dans un exercice ultérieur, retrouver sa valeur initiale de 300 000 $ (générant l'enregistrement d'un produit dans l'état du résultat net), mais sans jamais dépasser ce coût initial.

Le **tableau 4.5** résume les règles à suivre pour les immobilisations corporelles, les immobilisations incorporelles et le goodwill.

TABLEAU 4.5 La dépréciation des immobilisations corporelles et incorporelles et du goodwill

Catégorie d'actifs	Charge d'amortissement	Test de dépréciation	Perte de valeur réversible
Immobilisations corporelles	Oui	Oui, s'il existe un indice que l'actif s'est probablement déprécié.	Oui
Immobilisations incorporelles			
• à durée d'utilité finie	Oui	Oui, s'il existe un indice que l'actif s'est probablement déprécié.	Oui
• à durée d'utilité indéterminée	Non	Oui, s'il existe un indice que l'actif s'est probablement déprécié, et au moins une fois par an.	Oui
Goodwill	Non	Oui, s'il existe un indice que l'actif s'est probablement déprécié, et au moins une fois par an.	Non

CHAPITRE 5

LES COMPOSANTES DE L'ÉTAT DE LA SITUATION FINANCIÈRE : **LES PASSIFS**

SOMMAIRE

Au chapitre 4, nous avons décrit une première partie de l'état de la situation financière : les actifs. Ceux-ci représentent ce que possède l'entité, notamment pour générer des avantages économiques futurs. Leur existence est conditionnée par les financements qu'apportent les différents pourvoyeurs de fonds de l'entité, principalement les actionnaires et les créanciers. Dans ce chapitre, nous poursuivons notre présentation de l'état de la situation financière en examinant comment sont traités, d'un point de vue comptable, les financements fournis par les créanciers, encore appelés « passifs ».

5.1 LES ÉLÉMENTS DU PASSIF

Comme nous l'avons vu au chapitre 3, un passif est une obligation actuelle qui est de nature irrévocable et qui résulte d'opérations ou de faits passés. Il s'agit, par exemple, des dettes contractées vis-à-vis des fournisseurs, des salaires à payer, des taxes à payer, ou encore des dettes financières à rembourser. Les principales catégories de passifs sont expliquées dans les pages qui suivent.

Les passifs sont présentés en deux grandes catégories : les passifs **courants** et les passifs **non courants**. Cette distinction est importante pour l'utilisateur des états financiers, car elle permet de savoir quelles obligations devront être honorées à court terme et à long terme. Cette classification est symétrique à celle qui est faite entre actifs courants et actifs non courants. Ainsi, à la date de l'état de la situation financière, l'utilisateur des états financiers est en mesure de déterminer rapidement, d'une part, les actifs qui devraient se matérialiser dans les 12 mois suivants ou au cours du cycle d'exploitation de l'entité et, d'autre part, les obligations qui devraient être réglées pendant la même période. Comme nous l'avons mentionné au chapitre 4, il lui est alors possible de calculer le fonds de roulement.

5.2 LE PASSIF COURANT

Le passif courant comprend principalement les postes suivants : « **Découverts bancaires**, **Emprunts bancaires**, **Fournisseurs et autres créditeurs**, **Produits différés**, **Provisions pour risques et charges**, et **Partie courante de la dette**.

L'état de la situation financière de l'entreprise Le Château, reproduit à l'illustration 4.1, permet de constater que :

- Le passif courant est composé de quatre postes, à savoir
  - Tranche courante de la facilité de crédit ;
  - Dettes fournisseurs et autres créditeurs ;
  - Produits différés ;
  - Tranche courante des provisions ;
  - Tranche courante de la dette à long terme ;
- Le total du passif courant est de 37 007 milliers de dollars canadiens au 31 janvier 2015.

5.2.1 Les découverts bancaires

Le découvert bancaire, évoqué lors de la présentation du poste Trésorerie et équivalents de trésorerie (voir le chapitre 4), apparaît dans les passifs lorsque le solde net des comptes de banque est négatif.

5.2.2 Les emprunts bancaires

Les sommes empruntées à la banque pour une période relativement courte sont indiquées sous le poste Emprunts bancaires. Les emprunts et les découverts bancaires sont souvent regroupés dans l'état de la situation financière, car ils sont de nature similaire. Le Château inscrit un tel emprunt sous le libellé Tranche courante de la facilité de crédit pour un montant de 14 737 milliers de dollars canadiens.

Pour beaucoup entreprises, les emprunts bancaires courants représentent la marge de crédit utilisée à la date de fin d'exercice. Lorsqu'une entreprise donne des biens en garantie de ses emprunts bancaires courants ou de sa marge de crédit, la valeur comptable de ceux-ci est précisée par voie de note complémentaire dans les états financiers. Dans le cas de la marge de crédit, ce sont généralement les stocks et les comptes clients qui sont donnés en garantie. Outre la contrainte des actifs donnés en garantie, certaines institutions financières imposent des clauses restrictives (par exemple, une restriction de distribution de dividendes) aux termes de conventions de crédit.

5.2.3 Les fournisseurs et les autres créditeurs

A Les fournisseurs et les charges à payer

De manière générale, le poste Fournisseurs et charges à payer, également appelé « Créditeurs » ou « Dettes fournisseurs », comprend les sommes exigibles par des tiers en échange de biens ou de services reçus et encore impayées à la date de fin d'exercice.

Plus précisément, ce poste comprend les dettes vis-à-vis des fournisseurs, soit les sommes à payer sur les achats à crédit de biens et services, dettes pour lesquelles il existe une pièce justificative (facture). Il rassemble également les charges « courues » à payer, qui correspondent aux obligations liées à des biens reçus ou à des services rendus, mais pas encore facturés à l'entreprise. Dans ce cas, l'obligation n'est pas légalement exigible à la date de fin d'exercice (aucun tiers n'en réclame encore le paiement). Elle constitue néanmoins une véritable dette pour l'entreprise à ce moment-là, car elle correspond à un bien déjà reçu ou à un service déjà consommé par l'entreprise (et par conséquent, déjà enregistré dans les charges). À la date de l'état de la situation financière, cette dette doit être constatée, car il y a bien un engagement d'un point de vue économique.

Par exemple, il est très rare que la date de fin de la dernière période de paie de l'année corresponde exactement à la date de fin de l'exercice. En pareil cas, une portion des salaires gagnés par les employés de l'entreprise au cours de l'exercice n'est formellement enregistrée que dans l'exercice suivant, au moment où la paie est inscrite dans le système. Cependant, cette portion de salaires représente une charge consommée par l'entreprise au cours de l'exercice où les employés ont travaillé. À la fin de l'exercice, pour respecter notamment le principe de rattachement des charges aux produits, il faut ajuster les registres comptables : on augmente donc la charge relative aux salaires gagnés par les employés pendant l'exercice pour tenir compte de la part de salaires que l'entité a consommée, mais qu'elle n'a pas encore formellement enregistrée ni déboursée. Dans l'identité fondamentale, la contrepartie de la charge qui doit être enregistrée ne peut être le poste Trésorerie, puisque les salaires n'ont pas été versés à la date de fin d'exercice. En fait, il faut ajuster les registres comptables en augmentant un poste du passif, soit Salaires à payer, du montant correspondant à la portion des salaires « consommée », mais pas encore déboursée. Examinons l'**exemple 1**, à la page suivante.

Exemple 1

Salaires à payer à la fin de l'exercice

En date du 31 décembre 2016, la société Experts affiche un solde de 65 450 $ au poste Salaires et charges sociales. Par ailleurs, les salaires des deux dernières semaines de l'exercice, totalisant 2 600 $, ne seront payés que le 3 janvier 2017, bien qu'ils constituent une charge consommée en 2016. À la fin de l'exercice 2016, il faut donc ajuster le solde du poste Salaires et charges sociales pour que ce dernier reflète la charge totale de l'exercice, soit 68 050 $ (65 450 $ + 2 600 $).

L'identité fondamentale se présente comme suit :

	Actif =	Capital-actions +	(Produits – Charges) –	Dividendes +	Passif
Inscription au cours de l'exercice :	Trésorerie = (65 450 $)		Salaires et charges sociales (65 450 $)		
Inscription à la fin de l'exercice :			Salaires et charges sociales (2 600 $)		Salaires à payer 2 600 $

Rappelons que le montant des salaires et des charges sociales apparaît en négatif dans la partie Capitaux propres, parce qu'il constitue une charge et fait donc diminuer les capitaux propres.

B Les effets à payer

Les effets à payer représentent des dettes portant intérêt, sous forme de billets à ordre signés par l'entreprise, sur lesquels sont précisés la somme exigible, la date d'échéance, le taux d'intérêt et le nom du bénéficiaire. Un effet à payer peut correspondre à des achats de marchandises à crédit ou à des sommes empruntées par l'entreprise. Lorsque la durée jusqu'à l'échéance spécifiée est inférieure à 12 mois, à la date de l'état de la situation financière, le poste Effets à payer apparaît dans le passif courant. Si l'échéance est au-delà de 12 mois, ce poste apparaît au passif non courant.

C Les intérêts à payer

Les intérêts à payer sont les intérêts courus (en raison du passage du temps), mais non encore exigibles et non acquittés à la date de fin d'exercice. La charge ayant été consommée au cours de l'exercice qui vient de se terminer, il faut ajuster les états financiers à cette date afin de correctement enregistrer cette charge ainsi que le passif correspondant (la logique est la même que dans l'exemple portant sur les salaires à payer). Dans les états financiers, les intérêts à payer sont très souvent inclus dans le poste Créditeurs.

D Les dividendes à payer

Les dividendes à payer représentent les dividendes déclarés à la fin de l'exercice, mais n'ayant pas encore été versés aux actionnaires à cette date. D'un point de vue juridique, dès que les dividendes sont déclarés, ils deviennent une dette réelle pour l'entreprise, qui ne peut se soustraire à cet engagement. Puisqu'ils constituent une dette dès leur déclaration, ils sont alors enregistrés dans les passifs. Dans l'identité fondamentale, la contrepartie de ce passif est la diminution des capitaux propres, puisque la déclaration du dividende a pour effet de diminuer les résultats non distribués.

E Les impôts sur les résultats à payer

Le poste Impôts sur les résultats à payer représente les sommes à payer au titre de l'impôt sur le revenu, impayé à la date de l'état de la situation financière.

La note 10 aux états financiers de l'entreprise Le Château (voir l'**illustration 5.1**) donne un détail du poste Fournisseurs et autres créditeurs. Au 31 janvier 2015, le montant total de ce poste est de 16 133 milliers de dollars canadiens et est composé principalement de dettes des fournisseurs (8 790 milliers de dollars) et de charges à payer liées aux avantages du personnel (6 502 milliers de dollars).

ILLUSTRATION **5.1** Note détaillant la composition du poste Fournisseurs et autres créditeurs de l'entreprise Le Château

10. DETTES FOURNISSEURS ET AUTRES CRÉDITEURS

	31 janvier 2015 $	25 janvier 2014 $
Dettes fournisseurs	8 790	10 290
Autres créditeurs envers les parties liées	—	23
Autres créditeurs	841	3 986
Charges à payer liées aux avantages du personnel	6 502	5 254
	16 133	19 553

5.2.4 Les produits différés

Le poste Produits différés, également appelé « Produits reportés » ou « Produits perçus d'avance », correspond aux sommes perçues pour des biens qui n'ont pas encore été livrés ou pour des prestations qui n'ont pas encore été effectuées à la date de l'état de la situation financière. L'entreprise a donc une dette, à cette date, vis-à-vis des tiers qui l'ont payée sans avoir encore reçu tout ou partie de ce pour quoi ils ont payé. Par exemple, lorsqu'une entreprise vend des abonnements d'une durée de 12 mois, il est très courant que certains abonnements, payés en entier au début par les clients, se terminent après la date de fin d'exercice. Les produits reportés peuvent être inscrits soit au passif courant, si la livraison du bien ou la prestation du service est prévue au cours du prochain exercice, soit au passif non courant, si le délai de livraison ou de prestation est supérieur à 12 mois.

5.2.5 Les provisions pour risques et charges, les éventualités et les engagements

Comme nous l'avons vu dans le chapitre précédent, lorsqu'elles préparent leurs états financiers, les entreprises sont appelées à faire certaines estimations afin de prendre en compte le fait qu'elles pourraient ne pas recouvrer la valeur de certains actifs (par exemple, la dépréciation ou la provision pour créances douteuses). Dans la même logique, elles doivent envisager le fait qu'elles pourraient avoir à débourser des sommes pour faire face à certaines obligations. Dans l'état de la situation financière, la prise en compte de ces sorties de fonds potentielles donne lieu à l'enregistrement au passif de ce que l'on appelle les « provisions pour risques et charges ».

Une provision est une dette dont l'échéance ou le montant est incertain. Elle découle d'une situation qui pourrait causer un décaissement. Une entreprise doit comptabiliser un passif, appelé « provision pour risques et charges », dans les circonstances suivantes :

- si, à la date de fin d'exercice, elle a une obligation juridique ou implicite résultant d'un fait passé ;
- s'il est probable qu'elle doive se départir de ressources, principalement de l'argent, pour régler cette obligation ;
- si elle peut estimer le montant de manière fiable.

Par exemple, une entreprise qui vend un bien couvert par une garantie[1] sait qu'elle peut être amenée à effectuer des réparations pour honorer cette garantie ; cependant, elle ne connaît pas avec certitude le montant qu'elle devra engager à cette fin. Conformément aux principes comptables, il lui faut considérer les frais liés à la garantie comme une diminution du résultat net au cours de l'exercice durant lequel la vente du bien a été enregistrée dans les produits. Lorsqu'elle prépare ses états financiers, l'entreprise doit estimer ces frais en fonction notamment de son expérience passée. Ces frais estimés font diminuer le résultat net et, en contrepartie, il faut augmenter la provision pour risques et charges au passif. Dans la situation où il est impossible d'estimer de façon fiable le montant qui devra être engagé pour honorer une garantie, aucune provision n'est constituée et les frais font diminuer le résultat net quand ils sont engagés.

En fonction de l'échéance des montants qui pourraient devoir être versés, la provision pour risques et charges peut être présentée dans le passif courant ou dans le passif non courant.

Par ailleurs, si l'obligation ne répond pas aux trois conditions mentionnées ci-dessus, le passif est considéré comme un passif éventuel. Contrairement à une provision, un passif éventuel est un événement non comptabilisé, c'est-à-dire qu'il est divulgué uniquement au moyen d'une note aux états financiers. Les normes internationales précisent qu'un passif

---

1. Dans ce cas, on suppose qu'il ne s'agit pas d'une garantie supplémentaire, mais d'une garantie couvrant uniquement le fait que l'équipement est conforme aux spécifications convenues et qu'il fonctionne de la façon attendue.

éventuel est principalement une obligation résultant d'événements passés, mais ne donnant pas lieu à la constitution d'un passif pour les raisons suivantes :

- soit parce que l'entreprise juge improbable d'avoir à se départir de ressources ;
- soit, dans de rares cas, parce qu'elle n'est pas en mesure d'estimer le montant de la provision avec suffisamment de fiabilité.

De manière quelque peu similaire, certains engagements contractuels peuvent ne pas être comptabilisés. Cependant, s'ils sont importants, ils doivent faire l'objet d'une note complémentaire aux états financiers, où l'on décrit la nature des engagements et les montants concernés. Les engagements contractuels non comptabilisés les plus fréquemment cités dans les notes aux états financiers se rapportent aux éléments suivants :

- les dépenses futures inhabituelles (par exemple, une charge que l'entreprise devra engager pour se conformer à une nouvelle loi environnementale) ;
- les dépenses futures liant l'entreprise pour plusieurs années (par exemple, un loyer que l'entreprise s'engage à payer pour une période de 10 ans).

Dans la note 14 aux états financiers de New Look (voir l'**illustration 5.2**), un tableau fournit le détail des provisions pour risques et charges. Ce tableau permet notamment de constater que, à la fin de l'exercice 2014, les provisions pour risques et charges, dont le montant total s'élève à 1 617 milliers de dollars canadiens, sont principalement générées par les garanties, qui s'élèvent à 926 milliers de dollars. On apprend également que, au cours de l'exercice, New Look a dû honorer des garanties concernant des produits vendus et que cela a coûté 1 710 milliers de dollars à l'entreprise.

ILLUSTRATION 5.2 Extrait de la note sur les « Créditeurs, frais courus et provisions » de New Look

Les montants des provisions se concilient comme suit :

	Garanties de produit	Cessation de bail (a)	Contrats déficitaires (b)	Restructuration (c)	Total
Valeur comptable au 28 décembre 2013	1 044	105			1 149
Acquisitions d'entreprises	82	424	335		841
Provision additionnelle	1 510	274		58	1 842
Provision utilisée	(1 710)	(505)			(2 215)
Valeur comptable au 27 décembre 2014	926	298	335	58	1 617

a) La provision pour cessation de bail couvre le règlement de litiges et les frais estimatifs de remise en état des locaux à la fin de certains baux, incluant les baux de six magasins dont la fermeture était prévue lors de l'acquisition de Greiche & Scaff ainsi que le bail de l'ancien siège social de Greiche & Scaff.

b) La provision pour contrats déficitaires couvre deux baux pour lesquels les frais inévitables pour remplir les obligations dépassent les encaissements prévus.

c) La provision pour les frais de restructuration couvre les indemnités de cessation d'emploi liées aux fermetures de magasins mentionnées en a).

Toutes les provisions sont considérées à court terme. La société ne peut bénéficier de remboursement par des tiers. Voir la note 2.2 pour les jugements, estimations et hypothèses comptables liés aux provisions.

5.2.6 La partie courante de la dette

Il est possible qu'une entreprise contracte des dettes dont l'échéance se situe après la fin du prochain exercice (souvent appelées « dettes à long terme »). Certaines de ces dettes sont remboursables par versements périodiques. Comme le passif courant doit comprendre toutes les dettes remboursables au cours du prochain exercice (c'est-à-dire habituellement dans l'année qui suit), la partie du capital de la dette qui sera remboursée au cours des 12 prochains mois doit y être présentée.

5.3 LE PASSIF NON COURANT

Les éléments de passif non courant sont classés selon leur nature et leur date d'échéance. Les postes figurant sous cette rubrique sont notamment les suivants : **Emprunts hypothécaires**, **Emprunts obligataires**, **Obligations découlant de contrats de location-financement** et **Impôts différés**.

5.3.1 Les emprunts hypothécaires

Un emprunt hypothécaire est un emprunt en échange duquel l'emprunteur obtient une somme d'argent dont le remboursement est garanti par des biens fonciers (terrains ou immeubles). D'un point de vue juridique, il s'agit d'une hypothèque immobilière. L'hypothèque constitue pour le prêteur une garantie qu'il sera payé, même s'il doit l'être au prix d'une vente forcée des biens hypothéqués, dans le cas où l'emprunteur ne remplit pas ses obligations. De nombreux prêts sont consentis en échange de garanties autres que des biens fonciers. On parle alors d'hypothèques mobilières. Ces garanties portent généralement sur des biens matériels (mobilier, machines, matériel de bureau) ou sur des titres détenus par l'emprunteur (placements non courants).

Dans les états financiers de l'emprunteur, la partie non courante de la dette (c'est-à-dire la partie du capital de la dette qui sera remboursée après les 12 prochains mois) est présentée au poste Emprunts hypothécaires ou Hypothèque à payer. Si une entreprise contracte une hypothèque de 500 000 $, remboursable sur 25 ans, il faut donc comptabiliser, au passif courant, la portion de l'hypothèque exigible dans les 12 mois suivant la fin de l'exercice et, au passif non courant, le reste de l'hypothèque. Par exemple, si un remboursement de capital de 2 000 $ doit être fait au cours de l'exercice suivant, une somme de 2 000 $ apparaît dans l'état de la situation financière comme Partie courante de la dette (dans le passif courant), et une somme de 498 000 $ comme Emprunt hypothécaire (dans le passif non courant).

5.3.2 Les emprunts obligataires

Le poste Emprunts obligataires inclut les titres d'emprunt, appelés « obligations », émis par l'entreprise. L'entente contractuelle sur laquelle repose l'emprunt obligataire prévoit le remboursement, à une date déterminée, de la somme empruntée par l'entreprise et l'obligation pour elle de verser périodiquement jusqu'à cette date les intérêts, à taux fixe ou variable, aux détenteurs des titres, appelés « créanciers obligataires ». Le paiement du capital peut être garanti par des biens de l'emprunteur.

5.3.3 Les obligations découlant de contrats de location-financement

Certaines entreprises préfèrent louer leurs immobilisations plutôt que de les acheter, en raison notamment des avantages fiscaux que procure la location et du risque de désuétude inhérent à l'acquisition de biens. Cependant, certains contrats de location à long terme sont conçus de façon telle que, d'un point de vue économique, il s'agit d'acquisitions à crédit revêtant la forme de contrats de location. Par exemple, imaginons la location d'un télécopieur d'une valeur de 1 000 $ avec un bail de 3 ans, à raison de 40 $ par mois. Les conditions du contrat prévoient l'option d'acheter le télécopieur à la fin du contrat pour un montant symbolique de 1 $. Ce mécanisme évite généralement au propriétaire d'assumer les frais de disposition d'un télécopieur déjà désuet. La somme non actualisée des paiements mensuels est de 1 440 $ et excède la valeur du télécopieur. On peut donc estimer que cette location équivaut à un achat à crédit étalé sur 3 ans à raison de 40 $ par mois.

Conformément au principe de prééminence de la substance sur la forme, ce type de contrat de location, dit « contrat de location-financement », donne lieu à la présentation d'une dette à long terme (non courante) au poste Obligations découlant de contrats de location-financement. Cette dette correspond à la dette économique, et non légale, que le locataire contracte lorsqu'il loue une immobilisation aux conditions d'un bail assimilable à un achat à crédit. Cette dette fait l'objet des mêmes traitements comptables que les autres dettes non courantes. Le traitement comptable des contrats de location-financement est expliqué de façon plus approfondie au chapitre 7.

5.3.4 Les impôts différés

À l'origine, l'impôt des sociétés par actions était calculé en multipliant le résultat comptable (obtenu en faisant la différence entre tous les produits et toutes les charges) par un taux d'imposition fixé par la loi. Cependant, les règles comptables et les règles fiscales diffèrent maintenant à maints égards, car les normes à suivre pour calculer le résultat net (comptable) ont été établies dans l'objectif de fournir de l'information utile aux utilisateurs des états financiers, alors que les méthodes fiscales l'ont été dans le but de redistribuer les ressources économiques. En règle générale, le résultat avant impôt (comptable) d'une entreprise est donc différent de son résultat imposable (fiscal).

Conformément aux principes comptables, le montant de la charge d'impôt qui doit figurer dans l'état du résultat net doit être calculé à partir du résultat comptable avant impôt. Ce montant est différent du montant de l'impôt exigible, c'est-à-dire le montant dû à l'administration fiscale pour la même année. La différence entre le montant calculé sur des bases comptables et le montant calculé sur des bases fiscales est en grande partie liée à des écarts temporels entre les traitements comptables et fiscaux. La différence entre la charge d'impôt calculée dans l'état du résultat net et l'impôt exigible (montant qui sera payé à l'administration fiscale et qui sera déduit de la trésorerie) apparaît au poste Impôts différés. Cette différence peut représenter un actif ou un passif.

Les impôts différés figurant dans l'état de la situation financière sont le cumul des différences entre les montants d'impôts calculés sur des bases comptables ou sur des bases fiscales. Ils sont toujours considérés comme non courants et sont présentés dans l'actif ou dans le passif, selon que les écarts correspondent à des sommes à recevoir (actif d'impôts différés) ou à des sommes à payer (passif d'impôts différés). Le traitement comptable de l'impôt et des impôts différés est repris de manière détaillée au chapitre 7.

CHAPITRE 6

LES COMPOSANTES DES CAPITAUX PROPRES, DE L'ÉTAT DU RÉSULTAT NET ET DES AUTRES ÉLÉMENTS DU RÉSULTAT GLOBAL ET LES NOTES AUX ÉTATS FINANCIERS

SOMMAIRE

Après avoir examiné les actifs et les passifs dans les deux chapitres précédents, nous nous consacrons ici à expliquer de quoi sont constitués les capitaux propres, comment ils sont présentés dans les états financiers et quels sont les éléments ou opérations qui les font varier. Parmi ces éléments, il est un incontournable : le résultat net, mesure de la performance financière de l'entité. Nous nous arrêtons donc ensuite sur l'état qui permet de le présenter, à savoir l'état du résultat net et des autres éléments du résultat global. Enfin, pour clore l'exposé des états financiers, nous traitons des principales notes apparaissant dans les états financiers.

6.1 LES ÉLÉMENTS DES CAPITAUX PROPRES

Les capitaux propres représentent le montant résiduel qui reviendrait aux actionnaires si l'entreprise vendait ses actifs (à leur valeur comptable inscrite à l'état de la situation financière) et remboursait ses dettes (également à leur valeur comptable inscrite à l'état de la situation financière).

Dans une société par actions, les capitaux propres comprennent généralement quatre composantes : le capital social (ou capital-actions), le surplus d'apport, les résultats non distribués et le cumul des autres éléments du résultat global. Dans les capitaux propres, on présente aussi les participations ne donnant pas le contrôle (parfois appelées « intérêts minoritaires »). Toutes ces composantes et leurs variations apparaissent de manière détaillée dans l'état des variations des capitaux propres, que nous examinons un peu plus loin dans le chapitre.

6.1.1 Le capital social (ou capital-actions)

Le poste Capital social, ou Capital-actions, est constitué des mises de fonds des propriétaires en contrepartie desquelles ils ont reçu des actions de la société. Il existe plusieurs types d'actions qui peuvent conférer à chaque propriétaire des droits ou des privilèges différents. Alors que les actions ordinaires donnent à leurs détenteurs le droit de voter et de recevoir un dividende, certaines actions dites « privilégiées » peuvent être privées de droit de vote, mais donner droit à un dividende privilégié. La composition du capital social est donc propre à chaque entreprise et peut être détaillée dans l'état de la situation financière, dans l'état des variations des capitaux propres ou encore dans les notes aux états financiers. L'information présentée comprend notamment :

- les catégories d'actions et leurs caractéristiques ;
- le nombre d'actions autorisées et le nombre d'actions émises ;

- la valeur nominale[1] des actions – ou le fait que les actions n'ont pas de valeur nominale – et la valeur totale des actions émises ;
- le nombre et la valeur des actions rachetées ;
- les options d'achat d'actions[2].

6.1.2 Le surplus d'apport

Le poste Surplus d'apport comprend tous les gains provenant d'opérations réalisées sur les capitaux propres, notamment :

- les primes à l'émission d'actions avec valeur nominale[3] ;
- le coût de la rémunération reposant sur des options d'achat d'actions offertes aux cadres et employés (voir le chapitre 7).

6.1.3 Les résultats non distribués

Les résultats non distribués sont constitués des résultats accumulés depuis la création de l'entreprise, desquels ont été soustraits[4] les dividendes déclarés. Le solde des résultats non distribués représente les résultats que les actionnaires ont choisi de ne pas distribuer sous forme de dividendes (ce qui aurait généré une sortie de trésorerie) et donc de « réinvestir », laissant à l'entreprise la possibilité de bénéficier de la trésorerie qui n'a pas été utilisée pour distribuer des dividendes, par exemple pour effectuer des investissements.

Des dispositions légales ou statutaires, ainsi que certaines décisions prises par les propriétaires de l'entreprise, peuvent rendre non distribuable une partie des résultats qui n'ont pas été distribués. Ce type de dispositions ou de décisions vise généralement à restreindre la distribution de dividendes, et donc la sortie de trésorerie correspondante, afin que cette trésorerie puisse être utilisée à d'autres fins (par exemple, pour réaliser des investissements de manière à assurer la croissance et la pérennité de l'entreprise). Afin de signifier aux utilisateurs qu'une partie des résultats non distribués ne peut être distribuée sous forme de dividendes, il est possible de constituer un poste distinct de capitaux propres, souvent appelé Résultats non distribués affectés.

---

1. Une action avec valeur nominale est une action à laquelle est attribuée une valeur fixe au moment de l'émission originale de la catégorie d'actions.
2. Les options d'achat d'actions (ou *stock options*) permettent d'acheter des actions à un prix fixé d'avance. Elles sont généralement émises pour certains employés de l'entreprise (voir le chapitre 7).
3. Lors de l'émission d'une telle action, seule la valeur nominale est inscrite au compte du capital social. Si l'action est émise à un prix supérieur à sa valeur nominale, l'excédent constitue une prime à l'émission.
4. Certaines autres opérations sur les capitaux propres, comme le rachat et l'annulation d'actions, peuvent aussi influer sur les résultats non distribués.

6.1.4 Le cumul des autres éléments du résultat global

La section Capitaux propres comprend également le cumul des autres éléments du résultat global, qui présente l'effet cumulé (c'est-à-dire sur plusieurs périodes) des autres éléments du résultat global (voir la section 6.3.2K). Dans le résultat global, on trouve entre autres les gains et les pertes latents qui ne peuvent pas encore avoir d'impact sur le résultat net, puisqu'ils ne sont pas encore matérialisés. Les spécificités du poste Cumul des autres éléments du résultat global sont décrites plus loin dans ce chapitre.

6.1.5 Les participations ne donnant pas le contrôle

Le poste Participations ne donnant pas le contrôle (ou Intérêts minoritaires) résulte de la consolidation des états financiers de la société mère et de ses filiales. Il représente la quote-part des filiales ne revenant pas à la société mère, dans le cas où la société mère « publiante » (celle qui présente les états financiers consolidés) ne détient pas 100 % de ses filiales[5].

Les participations ne donnant pas le contrôle ne constituent pas une dette exigible, car elles représentent la quote-part de l'actif net (l'actif moins le passif) des filiales qui ne revient pas à la société mère, mais aux autres actionnaires des filiales. C'est pourquoi leur montant est généralement inscrit dans la section des capitaux propres, et non dans la section des passifs. Un poste Participations ne donnant pas le contrôle figure également dans l'état du résultat net ; ce poste représente alors la quote-part des résultats ne revenant pas à la société mère.

À l'**illustration 6.1**, les capitaux propres de la Société des alcools du Québec (SAQ) comprennent le capital-actions, les résultats non distribués et le cumul des autres éléments du résultat global. Ces composantes représentent l'avoir net attribuable au propriétaire de la société, dans ce cas-ci, le gouvernement du Québec. Pour la SAQ, aucun poste Participations ne donnant pas le contrôle (ou Intérêts minoritaires) n'apparaît, ce qui signifie que la SAQ détient son unique filiale en propriété exclusive.

ILLUSTRATION 6.1 Extraits des composantes des capitaux propres dans l'état de la situation financière de la SAQ au 28 mars 2015

	2015	2014
CAPITAUX PROPRES		
Capital-actions	**30 000**	30 000
Résultats nets non distribués	**15 199**	15 199
Autres éléments du résultat global	**(3 839)**	(2 876)
	41 360	42 323

5. La procédure de consolidation et les objectifs sous-jacents sont expliqués au chapitre 7.

6.2 L'ÉTAT DES VARIATIONS DES CAPITAUX PROPRES

Les différentes composantes des capitaux propres sont présentées à l'état de la situation financière dans la section Capitaux propres. L'entreprise doit également présenter la variation de chacune des composantes dans un état financier distinct appelé État des variations des capitaux propres (voir également le chapitre 2).

Cet état financier nous présente, sous forme de tableau, les variations survenues entre deux dates (généralement entre deux fins d'exercice) pour chacune des composantes des capitaux propres. Si l'entreprise a émis du capital social au cours de l'exercice, l'effet de cette émission apparaît sous la colonne Capital social de l'état des variations des capitaux propres. De la même façon, dans la colonne Résultats non distribués, le résultat net de la période est ajouté (alors que les dividendes déclarés au cours de la période sont soustraits) au solde des résultats non distribués du début de la période.

L'état des variations des capitaux propres de la SAQ (voir l'**illustration 6.2**) montre que l'évolution des capitaux propres (de 42 323 milliers de dollars à 41 360 milliers de dollars) au cours de l'exercice clos le 28 mars 2015 s'explique principalement par :

- le résultat net (augmentation des capitaux propres de 1 033 690 milliers de dollars) ;
- les autres éléments du résultat global reliés à des pertes latentes (diminution des capitaux propres de 963 $) ;
- les dividendes déclarés (diminution des capitaux propres de 1 033 690 milliers de dollars) ;

ILLUSTRATION 6.2 État des variations des capitaux propres de la SAQ pour l'exercice clos le 28 mars 2015

État consolidé des variations des capitaux propres

Exercice clos le 28 mars 2015
(en milliers de dollars canadiens)

	Capital-actions	Résultats nets non distribués	Autres éléments du résultat global	Total des capitaux propres
SOLDE AU 30 MARS 2013	30 000 $	15 199 $	(1 816)$	43 383 $
Résultat net de l'exercice	–	1 003 042	–	1 003 042
Autres éléments du résultat global (note 19)	–	–	(1 060)	(1 060)
Dividende	–	(1 003 042)	–	(1 003 042)
SOLDE AU 29 MARS 2014	30 000	15 199	(2 876)	42 323
Résultat net de l'exercice	–	1 033 690	–	1 033 690
Autres éléments du résultat global (note 19)	–	–	(963)	(963)
Dividende	–	(1 033 690)	–	(1 033 690)
SOLDE AU 28 MARS 2015	**30 000 $**	**15 199 $**	**(3 839)$**	**41 360 $**

6.3 L'ÉTAT DU RÉSULTAT NET ET DES AUTRES ÉLÉMENTS DU RÉSULTAT GLOBAL

Le résultat global influe sur la variation des capitaux propres de deux manières : par le résultat net et par les autres éléments du résultat global. Voyons comment ce résultat peut être présenté et de quoi il est constitué.

6.3.1 La présentation du résultat net et du résultat global

Quelle que soit la présentation retenue par l'entreprise, le résultat global montre toujours deux éléments : le résultat net et les autres éléments du résultat global. Alors que le résultat net vise à informer le lecteur sur la performance de l'entreprise directement liée à l'exploitation au cours de la période, le résultat global présente la performance *globale* de l'entreprise, c'est-à-dire qu'il tient compte des effets de certaines transactions latentes à la fin de l'exercice et non traduites dans le résultat net. Le résultat global ajoute donc au résultat net (mesure de la performance) des éléments qui permettent de donner une mesure globale d'enrichissement.

Les normes internationales permettent aux entreprises de présenter le résultat global de deux façons : en un seul état – appelé État du résultat net et des autres éléments du résultat global (voir l'**exemple 1**) – ou en deux états distincts – appelés État du résultat net et État du résultat global (voir l'**exemple 2**).

Exemple 1

Présentation en un seul état : état du résultat net et des autres éléments du résultat global

Produits	100 $
Coût des ventes	(50 $)
Marge brute	50 $
Coûts commerciaux et charges administratives	(20 $)
Résultat avant impôts	30 $
Impôts	(10 $)
Résultat net	20 $
Autres éléments du résultat global* :	
Gains/(Pertes) sur réévaluation d'actifs corporels	4 $
Gains/(Pertes) latents sur placements évalués à la juste valeur par le biais des autres éléments du résultat global	(2 $)
Résultat global	22 $

* Les impôts relatifs à ces éléments doivent être présentés distinctement.

Exemple 2

Présentation en deux états distincts : état du résultat net et état du résultat global

État du résultat net

Produits	100 $
Coût des ventes	(50 $)
Marge brute	50 $
Coûts commerciaux et charges administratives	(20 $)
Résultat avant impôts	30 $
Impôts	(10 $)
Résultat net	20 $

État du résultat global

Résultat net	20 $
Autres éléments du résultat global* :	
Gains/(Pertes) sur réévaluation d'actifs corporels	4 $
Gains/(Pertes) latents sur placements évalués à la juste valeur par le biais des autres éléments du résultat global	(2 $)
Résultat global	22 $

* Les impôts relatifs à ces éléments doivent être présentés distinctement.

En plus des postes figurant dans l'exemple précédent, l'entreprise est tenue de présenter, en tant qu'affectations du résultat de la période, les postes suivants :

- Résultat net de la période attribuable :
  - aux propriétaires de la société mère ;
  - à des participations ne donnant pas le contrôle (intérêts minoritaires).
- Résultat global de la période attribuable :
  - aux propriétaires de la société mère ;
  - à des participations ne donnant pas le contrôle (intérêts minoritaires).

En ce qui concerne la présentation de l'information dans l'état du résultat net, l'entreprise a le choix entre deux méthodes : le regroupement des charges par nature ou le regroupement des charges par fonction.

- Le regroupement des charges par **nature** consiste à classer les charges selon qu'elles désignent des consommations de matières premières, des salaires, des amortissements, etc. (voir l'**exemple 3**).

Exemple 3

État du résultat net selon la méthode des charges par nature

Produit des activités ordinaires	X $
Autres produits	X $
Variations des stocks de produits finis et des travaux en cours	X $
Matières premières et consommables utilisées	(X $)
Coût des avantages du personnel	(X $)
Amortissements	(X $)
Autres charges	(X $)
Total des charges	(X $)
Résultat avant impôts	X $
Impôts sur le résultat	(X $)
Résultat net	X $

Le regroupement des charges par **fonction** (parfois appelé « **présentation selon le coût des ventes** ») consiste à ventiler les charges selon leur usage au sein de l'entreprise (voir l'**exemple 4**). Ainsi, le coût des ventes regroupe toutes les charges, quelle que soit leur nature, directement engagées pour réaliser des ventes, alors que les charges administratives regroupent toutes les charges ayant servi à l'administration de l'entreprise.

La méthode des charges par fonction est la plus utilisée au Canada. Les entreprises qui optent pour cette présentation doivent aussi ventiler certaines de leurs charges (présentées par fonction dans l'état du résultat net) d'après leur nature à l'aide de notes aux états financiers (c'est le cas pour les amortissements, par exemple).

Exemple 4

État du résultat net selon la méthode des charges par fonction

Produit des activités ordinaires	X $
Coût des ventes	(X $)
Marge brute	X $
Autres produits	X $
Coûts commerciaux	(X $)
Charges administratives	(X $)
Autres charges	(X $)
Résultat avant impôts	X $
Impôts sur le résultat	(X $)
Résultat net	X $

Évidemment, quel que soit le mode de présentation retenu, le résultat net présenté est le même.

Finalement, il convient d'indiquer que les sociétés ouvertes (qui émettent des actions sur le marché public) doivent présenter le résultat de base et le résultat dilué[6] par action (voir le chapitre 9) dans l'état du résultat net.

Dans l'**illustration 6.3**, la SAQ a choisi de présenter en un seul état financier, appelé « État consolidé du résultat global » le résultat net et les autres éléments du résultat global. Dans cet état, les charges sont présentées par fonction. Des informations additionnelles sur ces postes apparaissent dans les notes aux états financiers (par exemple, voir les notes 7 et 9)

ILLUSTRATION 6.3 État du résultat net et des autres éléments du résultat global de la SAQ, et extraits de notes afférentes pour l'exercice clos le 28 mars 2015

État consolidé du résultat global

Exercice clos le 28 mars 2015
(en milliers de dollars canadiens)

	2015	2014
VENTES (note 7)	**3 006 277 $**	2 934 911 $
COÛT DES PRODUITS VENDUS (note 7)	**1 406 021**	1 380 457
BÉNÉFICE BRUT (note 7)	**1 600 256**	1 554 454
Frais de vente et mise en marché et distribution	**502 903**	477 524
Frais d'administration	**124 747**	122 991
Revenus publicitaires, promotionnels et divers	**(66 424)**	(58 032)
RÉSULTAT OPÉRATIONNEL	**1 039 030**	1 011 971
Charge de financement nette des produits de financement (note 9)	**1 737**	1 892
Dévaluation d'une participation dans une coentreprise (notes 10 et 11)	**3 820**	–
Quote-part du résultat net des participations comptabilisées selon la méthode de la mise en équivalence (notes 10 et 11)	**(217)**	7 037
RÉSULTAT NET DE L'EXERCICE	**1 033 690**	1 003 042
AUTRES ÉLÉMENTS DU RÉSULTAT GLOBAL		
Élément qui ne sera pas reclassé ultérieurement en résultat net :		
Réévaluation au titre des prestations définies du régime de retraite (note 19)	**963**	1 060
RÉSULTAT GLOBAL DE L'EXERCICE	**1 032 727 $**	1 001 982 $

6. On calcule le résultat dilué par action en tenant compte des effets potentiels de la conversion d'instruments convertibles (par exemple, des obligations convertibles en actions) ou de l'exercice d'options d'achat d'actions.

Notes afférentes aux états financiers consolidés
Exercice clos le 28 mars 2015
(en milliers de dollars canadiens pour les tableaux)

7

Ventes, coût des produits vendus et bénéfice brut

	2015			2014		
	Succursales et centres spécialisés	**Grossistes-épiciers**	**Total**	Succursales et centres spécialisés	Grossistes-épiciers	Total
Ventes	**2 683 815 $**	**322 462 $**	**3 006 277 $**	2 621 913 $	312 998 $	2 934 911 $
Coût des produits vendus	**1 243 812**	**162 209**	**1 406 021**	1 222 455	158 002	1 380 457
Bénéfice brut	**1 440 003 $**	**160 253 $**	**1 600 256 $**	1 399 458 $	154 996 $	1 554 454 $

9

Charge de financement nette des produits de financement

	2015	2014
Intérêts sur les emprunts contractés auprès de la Caisse de dépôt et placement du Québec, un organisme du gouvernement exerçant des opérations fiduciaires	**461 $**	696 $
Autres intérêts sur les emprunts à court terme	**378**	619
	839	1 315
Intérêts nets relatifs aux passifs et à l'actif découlant des régimes d'avantages du personnel	**1 183**	1 016
	2 022	2 331
Moins produits financiers :		
Produits d'intérêts sur les placements contractés auprès de la Caisse de dépôt et placement du Québec au cours de l'exercice	**(114)**	(17)
Produits d'intérêts sur la trésorerie	**(171)**	(422)
	(285)	(439)
	1 737 $	1 892 $

Dans la section qui suit, nous décrivons les principales composantes du résultat global selon le regroupement des charges par fonction.

6.3.2 Les composantes de l'état du résultat net et des autres éléments du résultat global

A Les produits des activités ordinaires

Les produits des activités ordinaires sont les sommes que l'entreprise gagne en poursuivant son objet commercial principal (voir les critères de comptabilisation au chapitre 3). Ainsi, lorsque cet objet est la vente de biens, seuls les montants gagnés en échange des biens vendus sont présentés dans les produits des activités ordinaires. Si l'entreprise a gagné d'autres sommes, par exemple en louant des locaux inutilisés, ces produits sont généralement inscrits sous le poste Autres produits. Les produits des activités ordinaires sont généralement appelés Ventes ou Chiffre d'affaires dans les états financiers.

Quand l'entreprise reprend des marchandises qu'elle avait vendues (rendus sur ventes) ou consent des rabais sur le prix de vente initial (rabais sur ventes), elle doit réduire le montant des ventes brutes (produits bruts) afin d'en dégager les ventes nettes (produits nets).

Par ailleurs, lorsque l'entreprise perçoit les taxes (comme la TPS et la TVQ) sur la vente de biens ou de services, elle ne doit pas les inclure dans le montant des ventes, puisque ces sommes sont finalement remises aux gouvernements.

B Le coût des ventes (ou coût des marchandises vendues)

Le poste Coût des ventes (ou coût des marchandises vendues) correspond au coût rattaché aux biens vendus par une entreprise commerciale (voir la section sur les stocks au chapitre 4). Ce coût comprend le prix initial d'achat des biens, majoré des frais de transport, de dédouanement (dans le cas de biens importés), etc. Si l'entreprise a obtenu des rabais de ses fournisseurs (par exemple, sur des biens endommagés ou en raison de la quantité achetée), elle doit soustraire le montant de ces rabais du coût des ventes.

Dans le cas d'une entreprise industrielle, le coût des ventes correspond plutôt au coût de fabrication, qui comprend tous les coûts directs engagés dans la fabrication des produits, tels que les matières premières, la main-d'œuvre directe ainsi que les frais généraux de fabrication (loyer, électricité, etc.).

C La marge brute

On obtient le montant de la marge brute en soustrayant uniquement le coût des ventes aux ventes. La marge brute est un indicateur qu'il est intéressant de comparer d'une période à l'autre ou d'une entreprise à l'autre. Les gestionnaires ont généralement l'objectif de maintenir cette marge à un niveau relativement stable ou, mieux encore, de l'améliorer. En cas de baisse, ils peuvent se questionner sur la hausse des coûts d'achat ou encore sur la baisse des prix de vente. Il n'y a pas de niveau de marge brute « idéal » ; il dépend du secteur d'activité. La marge brute dans le secteur du luxe est plus élevée que la marge brute dans le secteur des produits de grande consommation : dans le premier cas, la stratégie est généralement de vendre à prix élevé, alors que dans l'autre, l'objectif est de vendre le plus grand volume possible.

D Les autres produits

Le poste Autres produits se compose des produits liés aux autres activités de l'entreprise. Ceux-ci comprennent notamment :

- les intérêts et les dividendes résultant de placements ;
- les gains sur la vente d'actifs (placements, immobilisations corporelles et incorporelles) ;
- les loyers, lorsque l'entreprise loue des locaux (généralement dans ses propres bâtiments) ;
- les redevances sur les brevets et les procédés de fabrication détenus par l'entreprise.

E Les coûts commerciaux

Le poste Coûts commerciaux réunit les coûts associés aux efforts de vente, tels que les commissions et les salaires versés aux vendeurs et au personnel du service des ventes, les charges sociales, les frais de publicité, les frais de déplacement et de représentation des vendeurs, etc. Ce poste inclut la partie des créances dont le recouvrement est incertain (créances douteuses).

Les coûts commerciaux comprennent également tous les frais liés à l'entreposage, à la manutention, à l'expédition et à l'étalage des biens destinés à la vente, comme les salaires versés au personnel chargé de la distribution et de l'expédition, le loyer, les assurances, les coûts d'entretien et de réparation des immobilisations utilisées pour la vente (entrepôt, magasin, matériel, véhicules, etc.), les coûts des fournitures d'emballage, etc.

F Les charges administratives

Les charges administratives correspondent aux coûts engagés dans la fonction administrative. Il s'agit notamment des salaires et des avantages sociaux du personnel administratif, de la papeterie et des fournitures de bureau, ainsi que de tous les coûts liés à la détention, à l'entretien et à la réparation des immobilisations utilisées pour effectuer des tâches administratives (terrains, bâtiments, mobilier, matériel de bureau, etc.). Sans en dresser une liste exhaustive, signalons que les charges administratives comprennent également les impôts fonciers, les assurances, le coût des services de télécommunications, etc.

G Les autres charges

Le poste Autres charges est relié aux activités autres que l'activité principale de l'entreprise. Il peut comprendre notamment :

- Les charges financières reliées aux frais de financement, comme les intérêts sur les emprunts ;
- Les pertes sur la vente d'actifs.

H Les impôts sur le résultat

Le montant des impôts sur le résultat échappe théoriquement à l'entreprise, puisqu'il varie selon les juridictions (pays ou paliers de gouvernement). De ce fait, et parce qu'ils constituent habituellement une somme importante, les impôts sur le résultat sont présentés dans un poste distinct à l'état du résultat net et des autres éléments du résultat global. La notion d'impôt sur le résultat est différente de la notion d'impôt différé et est abordée plus en détail dans le chapitre 7.

I Les activités abandonnées

Il arrive qu'une entreprise décide de se départir d'une unité d'exploitation ou de la fermer, parce qu'elle n'est plus rentable ou que ses activités ne cadrent plus avec son orientation ou sa stratégie de diversification. Les résultats des unités d'exploitation abandonnées ont un effet direct sur le résultat net de l'exercice. En revanche, ces résultats ne permettent pas d'évaluer le rendement futur de l'entreprise. On doit donc pouvoir distinguer les résultats des unités qui sont toujours en exploitation de ceux des unités abandonnées.

Les résultats attribuables aux activités abandonnées, diminués des impôts sur le résultat applicables, doivent être présentés comme une composante distincte du résultat net, tant pour la période considérée que pour les périodes antérieures.

J La quote-part dans le résultat des entreprises associées et des coentreprises comptabilisées selon la méthode de la mise en équivalence

La quote-part dans le résultat des entreprises associées et des coentreprises comptabilisées selon la méthode de la mise en équivalence représente la part du résultat tiré des activités exercées par ces entités (voir le chapitre 7). Le fait de présenter cette quote-part distinctement permet à l'utilisateur des états financiers de connaître la proportion du résultat attribuable aux activités dans des entreprises associées et des coentreprises.

K Les autres éléments du résultat global

Les autres éléments du résultat global, constitués de gains et de pertes latents, ne sont pas pris en compte pour déterminer le résultat net. Toutefois, ces éléments sont intégrés dans les autres éléments du résultat global afin de refléter un certain enrichissement (ou appauvrissement) global de l'entreprise. Ce mode de présentation relève principalement d'un choix de normalisation comptable sur la manière de définir le résultat net tout en tenant compte d'autres éléments, dont les valeurs varient. Ils sont présentés par nature, afin que les utilisateurs des états financiers puissent évaluer ces effets latents.

Les principaux éléments qui constituent les autres éléments du résultat global sont les variations de justes valeurs sur les actifs financiers évalués à la juste valeur (voir le chapitre 4), les réévaluations d'immobilisations (voir le chapitre 4), les réévaluations des passifs sur les régimes de retraite (voir le chapitre 7) et les écarts de change des filiales consolidées (voir le chapitre 7).

Les entreprises doivent présenter les autres éléments du résultat global en deux catégories selon qu'ils sont susceptibles d'avoir un impact ou non sur le résultat net dans le futur.

6.4 LES NOTES AUX ÉTATS FINANCIERS

Les notes aux états financiers sont une composante à part entière des états financiers. Elles permettent aux entreprises de fournir aux lecteurs des renseignements particuliers qui complètent les données chiffrées présentées dans les autres états financiers. L'**illustration 6.4** dresse la liste des notes aux états financiers de la SAQ, dont certaines sont décrites plus loin.

ILLUSTRATION 6.4 Liste des notes aux états financiers de la SAQ pour l'exercice clos le 28 mars 2015

1. Généralités, statuts et nature des activités
2. Exercice financier
3. Principales méthodes comptables
4. Modifications des normes comptables
5. Normes, modifications et interprétations futures
6. Utilisation d'estimations comptables et de jugements critiques
7. Ventes, coût des produits vendus et bénéfice brut
8. Rémunération du personnel
9. Charge de financement nette des produits de financement
10. Participations dans des coentreprises comptabilisées selon la méthode de mise en équivalence
11. Disposition de participations
12. Comptes clients et autres débiteurs
13. Stocks
14. Immobilisations corporelles
15. Immobilisations incorporelles
16. Emprunts
17. Comptes fournisseurs et autres charges à payer
18. Provisions et passifs éventuels
19. Actif et passif au titre des avantages du personnel
20. Capitaux propres
21. Gestion du capital
22. Engagements et charges locatives
23. Informations sur le tableau consolidé des flux de trésorerie
24. Juste valeur des actifs et passifs financiers
25. Gestion des risques découlant des instruments financiers
26. Opérations entre parties liées
27. Reclassement

Les notes couvrent généralement des informations, fournies séparément ou regroupées, sur la nature générale des activités de l'entité, le mode de présentation des états financiers, les estimations comptables, les principales conventions comptables, ainsi que des détails sur les divers postes des états financiers.

6.4.1 L'information générale

La note relative à l'information générale permet de décrire l'entreprise et le type d'activités qu'elle exerce. Elle met en contexte l'ensemble des états financiers. L'**illustration 6.5** en montre un exemple.

ILLUSTRATION **6.5** Extrait de la note sur l'information générale de la SAQ pour l'exercice clos le 28 mars 2015

1

Généralités, statuts et nature des activités

La Société des alcools du Québec (la Société mère) est constituée en vertu de la Loi sur la Société des alcools du Québec (RLRQ, c. S-13). Son siège social est situé au 905, avenue De Lorimier, à Montréal, Québec, Canada. La Société mère et sa filiale (collectivement la Société) ont pour mandat de faire le commerce de boissons alcooliques. À titre de société d'État, la Société est exonérée de l'impôt sur les bénéfices.

6.4.2 Le mode de présentation

La note portant sur le mode de présentation permet d'identifier le référentiel comptable[7] utilisé pour élaborer les états financiers. Les IFRS sont le référentiel servant à établir les états financiers de la SAQ, tel que décrit à l'**illustration 6.6**.

ILLUSTRATION **6.6** Extrait de la note sur le mode de présentation de la SAQ pour l'exercice clos le 28 mars 2015

3

Principales méthodes comptables

Mode de présentation et déclaration de conformité

Les présents états financiers consolidés ainsi que les notes afférentes ont été préparés conformément aux Normes internationales d'information financière (IFRS).

6.4.3 Les estimations comptables

Dans la préparation des états financiers, de nombreux choix reliés à l'exercice du jugement sont nécessaires. Qu'ils traitent de la provision pour créances douteuses, des durées

7. Parfois, on y fait référence avec l'expression « principes comptables généralement reconnus ». Cette expression à connotation légale nécessite de préciser le référentiel comptable utilisé pour produire les états financiers (pour les entreprises à but lucratif, IFRS ou NCECF – voir le chapitre 1).

d'utilisation des immobilisations ou encore du taux d'actualisation pour les contrats de location, les préparateurs des états financiers doivent chaque fois faire appel à leur jugement lors du choix des options, des données ou des hypothèses. La note sur les estimations comptables précise ces choix. Les **illustrations 6.7 et 6.8** donnent un aperçu des estimations et de hypothèses formulées par les préparateurs des états financiers de la SAQ.

6.4.4 Les principales méthodes comptables

Dans les notes aux états financiers, on trouve également un résumé des principales méthodes comptables utilisées par l'entreprise. Cette information est d'autant plus nécessaire qu'elle permet d'interpréter de manière adéquate les états financiers. Habituellement, ce résumé est accompagné d'une description des nouvelles normes comptables adoptées, dont il faut anticiper l'impact sur les états financiers futurs même si elles ne sont pas encore en vigueur. Cette note couvre généralement l'ensemble des postes des états financiers et est donc souvent volumineuse. L'illustration 6.8 contient un extrait de la note sur les principales méthodes comptables de la SAQ, pour les immobilisations corporelles uniquement (note 3).

6.4.5 Les explications des postes des états financiers

Après les notes sur les méthodes comptables viennent généralement les notes qui expliquent les postes apparaissant dans les états financiers. Plusieurs exemples de ce type de notes ont été présentés dans les chapitres précédents. L'illustration 6.8 contient un extrait de la note expliquant ce que contient un poste particulier, à savoir les Immobilisations corporelles de la SAQ (note 14).

Parfois, des notes additionnelles donnent au lecteur des états financiers des informations qui peuvent être significatives dans la compréhension et l'analyse de la situation de la société. Certaines de ces notes sont décrites au chapitre 7.

ILLUSTRATION 6.7 Extrait de la note sur les estimations comptables et sur les jugements critiques de la SAQ pour l'exercice clos le 28 mars 2015

6

Utilisation d'estimations comptables et de jugements critiques

La préparation des états financiers consolidés conformément aux IFRS exige que la direction exerce son jugement dans l'application des méthodes comptables et qu'elle utilise des hypothèses et des estimations qui ont une incidence sur les montants de l'actif et du passif comptabilisés et sur la présentation des éléments d'actifs et de passifs éventuels à la date des états financiers consolidés ainsi que sur les montants comptabilisés des produits et des charges au cours de l'exercice.

Les estimations et leurs hypothèses sous-jacentes sont passées en revue régulièrement, et l'incidence de toute modification est immédiatement comptabilisée. Ces estimations et leur hypothèses reposent sur l'expérience, la conjoncture économique et les tendances générales, ainsi que les conjectures à l'égard de l'issue probable de ces questions. Les résultats réels pourraient différer des résultats estimatifs.

ILLUSTRATION 6.8 Extraits des notes concernant les immobilisations corporelles de la SAQ pour l'exercice clos le 28 mars 2015

3. Principales méthodes comptables (suite)

Immobilisations corporelles

Ces actifs sont amortis, à compter de la date où ils sont prêts à être mis en service, c'est-à-dire dès qu'ils se trouvent à l'endroit et dans l'état nécessaires pour pouvoir les exploiter de la manière prévue par la direction, sur leur durée d'utilité attendue selon la méthode de l'amortissement linéaire. Les valeurs résiduelles, les durées d'utilité et le mode d'amortissement sont réexaminés à chaque fin de période de présentation de l'information financière. Les périodes d'amortissement sont les suivantes :

Bâtisses :	
Structures et enveloppes des bâtisses	75 ans
Toitures et systèmes électromécaniques	20 ans
Aménagements intérieurs et extérieurs	10 et 15 ans
Améliorations locatives	5 à 15 ans
Mobilier et équipement	3 à 20 ans
Matériel roulant	8 à 10 ans

L'amortissement des immobilisations corporelles est réparti entre les « Frais de vente et mise en marché et distribution » et les « Frais d'administration ».

6. Utilisation d'estimations comptables et de jugements critiques (suite)

Durée d'utilité des actifs amortissables

La direction examine les durées d'utilité des actifs amortissables à la fin de chaque période de présentation de l'information financière. Les incertitudes concernant ces estimations sont liées à l'obsolescence technique, qui pourrait modifier les durées d'utilité. Au 28 mars 2015, la direction a évalué que les durées d'utilité correspondaient à l'utilité attendue des actifs de la Société.

14

Immobilisations corporelles

	Terrains	Bâtisses	Améliorations locatives	Mobilier et équipement	Matériel roulant	Total[1]
Coût						
Solde au 30 mars 2013	28 532 $	142 196 $	60 194 $	139 738 $	20 047 $	390 707 $
Acquisitions	–	6 333	2 530	6 789	2 142	17 794
Sorties	–	–	(3 079)	(6 050)	(707)	(9 836)
Transferts	–	19	(719)	694	–	(6)
Solde au 29 mars 2014	28 532	148 548	58 926	141 171	21 482	398 659
Acquisitions	–	3 190	2 224	4 694	2 965	13 073
Sorties	(135)	(643)	(6 459)	(6 760)	(1 370)	(15 367)
Transferts	–	–	138	(93)	–	45
Solde au 28 mars 2015	**28 397 $**	**151 095 $**	**54 829 $**	**139 012 $**	**23 077 $**	**396 410 $**
Amortissements cumulés						
Solde au 30 mars 2013	– $	23 261 $	38 953 $	91 938 $	12 930 $	167 082 $
Amortissements	–	8 753	3 447	10 610	1 308	24 118
Sorties	–	1	(3 041)	(5 881)	(707)	(9 628)
Solde au 29 mars 2014	–	32 015	39 359	96 667	13 531	181 572
Amortissements	–	8 520	3 558	10 308	1 556	23 942
Sorties	–	(191)	(6 230)	(6 483)	(1 370)	(14 274)
Solde au 28 mars 2015	**– $**	**40 344 $**	**36 687 $**	**100 492 $**	**13 717 $**	**191 240 $**
Valeur comptable nette						
Solde au 29 mars 2014	28 532 $	116 533 $	19 567 $	44 504 $	7 951 $	217 087 $
Solde au 28 mars 2015	**28 397 $**	**110 751 $**	**18 142 $**	**38 520 $**	**9 360 $**	**205 170 $**

L'amortissement des immobilisations corporelles a été réparti comme suit dans l'état consolidé du résultat global :

	2015	2014
Frais de vente et mise en marché et distribution	**18 951 $**	19 021 $
Frais d'administration	**4 991**	5 097
	23 942 $	24 118 $

CONCLUSION

Ce chapitre nous a permis de déterminer les diverses composantes des capitaux propres ainsi que les éléments constituant le résultat net et les autres éléments du résultat global. Ce dernier point est particulièrement important pour la personne qui analyse les états financiers puisque, rappelons-le, il permet de situer la performance de l'entreprise.

CHAPITRE 7

CERTAINS POSTES PARTICULIERS : COMPTABILISATION ET INTERPRÉTATION

SOMMAIRE

Dans ce chapitre, nous examinons quelques postes et notes des états financiers qui impliquent souvent des questionnements comptables complexes, mais tellement communs qu'ils doivent être abordés dans cet ouvrage. Ces postes et notes sont les suivants :

1. Les frais de recherche et de développement ;
2. La rémunération fondée sur des actions ;
3. Les contrats de location ;
4. L'impôt sur le résultat ;
5. Les avantages du personnel ;
6. Les participations dans d'autres entités ;
7. Les effets des variations du cours des monnaies étrangères ;
8. Les secteurs opérationnels ;
9. Les entités liées ;
10. Les événements postérieurs à la date de clôture.

7.1 LES FRAIS DE RECHERCHE ET DE DÉVELOPPEMENT

Dans le chapitre 4, nous avons notamment abordé la comptabilisation des dépenses en capital (apparaissant à l'actif) et des dépenses d'exploitation (apparaissant dans les charges). Qu'en est-il de cette notion pour la comptabilisation des frais de recherche et de développement ? Les gestionnaires des sociétés désignent souvent la recherche et le développement par l'expression « R et D », laissant penser que les deux éléments sont indissociables. Pourtant, les frais de recherche et les frais de développement sont traités différemment d'un point de vue comptable. Alors que les frais de recherche sont considérés comme des charges d'exploitation, les frais de développement représentent, sous certaines conditions, des dépenses en capital.

Les normes internationales définissent ainsi les activités de recherche et de développement.

- Recherche : investigation originale et programmée, entreprise en vue d'acquérir une compréhension et des connaissances scientifiques ou techniques nouvelles.
- Développement : application des résultats de la recherche ou d'autres connaissances à un plan ou à un modèle en vue de la production de matériaux, de dispositifs, de produits, de procédés, de systèmes ou de services nouveaux ou substantiellement améliorés, avant le commencement de leur production commerciale ou de leur utilisation.

Le traitement comptable des frais liés à la recherche et au développement comporte deux difficultés : d'une part, la mesure proprement dite des frais de recherche et de développement ; d'autre part, la répartition de ces coûts selon qu'ils relèvent de la recherche ou du développement.

Le coût des frais de recherche et de développement doit comprendre tous les frais directement engagés pour mener à bien ces activités, qu'il s'agisse des salaires des chercheurs et des concepteurs, du coût du laboratoire (ou plutôt son amortissement), etc.

La répartition entre frais de recherche et frais de développement repose sur les avantages qui peuvent en découler. Il est impossible de déterminer avec précision les fruits de la recherche et le moment où ils se matérialiseront : tous les frais de recherche doivent donc être passés en charges au moment où ils sont engagés.

En revanche, il est possible de mesurer les avantages futurs de frais de développement, car l'entreprise les engage pour mettre au point la commercialisation d'un bien ou d'un service. On peut donc « capitaliser » les frais de développement dans l'actif de l'état de la situation financière (comme une immobilisation incorporelle), mais seulement si *toutes* les conditions suivantes (tirées des normes IFRS) sont respectées :

1. Faisabilité technique de l'achèvement de l'immobilisation incorporelle en vue de sa mise en service ou de sa vente ;
2. Intention d'achever l'immobilisation incorporelle et de la mettre en service ou de la vendre ;
3. Capacité à mettre en service ou à vendre l'immobilisation incorporelle ;
4. Façon dont l'immobilisation incorporelle générera des avantages économiques futurs probables (l'entité doit notamment démontrer l'existence d'un marché pour la production découlant de l'immobilisation incorporelle ou pour l'immobilisation incorporelle elle-même, ou, si celle-ci doit être utilisée en interne, son utilité) ;
5. Disponibilité de ressources techniques, financières et autres ressources appropriées pour achever le développement et mettre en service ou vendre l'immobilisation incorporelle ;
6. Capacité d'évaluer de façon fiable les dépenses attribuables à l'immobilisation incorporelle au cours de son développement.

Lorsque les frais de développement remplissent ces six conditions, ils doivent d'abord être inscrits dans l'état de la situation financière à titre d'actifs, puis imputés aux résultats en tant que charges (par le mécanisme de l'amortissement), dès que la société commence à en tirer des avantages, c'est-à-dire quand elle inscrit les ventes liées au bien ou au service développé. Ainsi, quand tous les critères précédemment mentionnés sont respectés, on considère que les « coûts » engagés pour le développement du produit permettront de générer des avantages économiques (des ventes). On capitalise alors ces « coûts » en attendant la commercialisation. Les frais de développement capitalisés ne peuvent excéder le montant des avantages que l'entreprise croit pouvoir en tirer lors des exercices à venir. Si les avantages futurs sont trop incertains, les frais de développement doivent être passés en charges dans l'exercice où ils ont été engagés.

7.2 LA RÉMUNÉRATION FONDÉE SUR DES ACTIONS

Les dirigeants occupant des postes clés reçoivent souvent une partie de leur rémunération sous la forme d'actions de la société. Cette pratique vise à motiver les cadres. Le fait que le montant de la rémunération des dirigeants soit lié au rendement des actions contribue effectivement à aligner les intérêts des dirigeants sur ceux des actionnaires. Les deux parties ont alors un objectif commun : l'augmentation du cours des actions. La forme de rémunération la plus courante fondée sur des actions est l'option d'achat d'actions, ou « option sur actions » (*stock-option*, en anglais).

Quand elle octroie une option d'achat d'actions à un employé, l'entreprise lui donne le droit, dans une période fixée d'avance, d'acheter des actions à un prix prédéterminé qui correspond généralement au cours du titre au moment de l'octroi. Par conséquent, si le cours augmente, l'employé pourra acheter les titres à un prix inférieur à leur cours, d'où un gain pour lui. Voyons ce qui se produit à l'aide de l'**exemple 1**.

Exemple 1

Option d'achat d'actions

Le 4 janvier 2016, une société octroie à un employé le droit d'acheter 10 de ses actions à la fin de l'année, soit le 30 décembre 2016, au cours en vigueur le 4 janvier 2016, c'est-à-dire 2,50 $. Le 30 décembre 2016, si le cours est de 3,00 $, l'employé pourra acquérir 10 actions pour 25 $ (10 × 2,50 $), alors qu'elles valent en réalité 30 $ (10 × 3,00 $).

Comment cette forme de rémunération apparaît-elle dans les états financiers d'une société ? Les normes comptables internationales obligent les sociétés qui octroient des options d'achat d'actions à comptabiliser, à la date d'octroi, une charge liée à la rémunération. Cette charge doit correspondre à la juste valeur des instruments de capitaux propres attribués, c'est-à-dire à celle de l'option d'achat d'actions. Pour estimer cette juste valeur, les entreprises utilisent des modèles financiers plutôt complexes (par exemple, le modèle de Black et Scholes qui permet de valoriser des options). Ainsi, pour une option d'achat d'actions qui aurait une juste valeur de 0,40 $ sur le marché au 4 janvier 2016, on doit enregistrer à ce moment dans l'état du résultat net une charge de 4 $ (10 × 0,40 $), ce qui réduit le résultat net de 4 $; en contrepartie, il faut augmenter d'autant les capitaux propres (dans le compte de surplus d'apports, par exemple). Dans l'équation fondamentale, cette opération se traduit de la manière suivante :

Actif	+	Charges	=	Capitaux propres	+	Passif	+	Produits
		↓		↓				
		4 $		4 $				

Au 30 décembre 2016, si l'employé décide d'acheter les 10 actions à 2,50 $, il verse un montant de 25 $ à la société, ce qui se traduit ainsi :

Actif	+	Charges	=	Capitaux propres	+	Passif	+	Produits
↓				↓				
25 $				25 $				

Les normes comptables obligent également les sociétés ayant mis en place des régimes d'options d'achat d'actions à décrire par voie de notes complémentaires aux états financiers les modalités des régimes en vigueur. Ces notes doivent indiquer, entre autres, le nombre d'options attribuées qui sont exercées au cours de la période et le nombre de celles qui sont en circulation à la fin de la période.

7.3 LES CONTRATS DE LOCATION

On pourrait penser que les biens loués par une entreprise ne font pas partie de son actif, puisque le locataire (preneur) des biens n'en est pas le propriétaire légal. Dans cette hypothèse, la somme des loyers futurs exigibles aux termes du bail ne serait pas immédiatement considérée comme une dette de l'entreprise, dans la mesure où chacun de ces loyers ne devient légalement exigible qu'au fur et à mesure que le droit faisant l'objet du loyer est cédé au locataire.

Or, au fil des années, on a vu apparaître, parmi les entreprises, une tendance à considérer la location comme un outil de financement. Au lieu d'acquérir un bien à crédit et d'acquitter les remboursements y afférents, certaines entreprises préfèrent louer le bien et en assumer les loyers périodiques, car la location procure plusieurs avantages fiscaux et financiers, comme la possibilité d'obtenir un financement intégral.

Dès lors, est-il pertinent de comptabiliser différemment un achat d'actif à crédit par remboursements périodiques et une location d'actif ? En considérant le principe de prééminence de la substance sur la forme, la réponse est clairement négative.

7.3.1 Le contrat de location-financement

Lorsqu'un bail transfère au preneur la quasi-totalité des risques et des avantages découlant de la détention d'un bien, le preneur comptabilise l'opération comme un achat à crédit. L'objectif est de comptabiliser le contrat selon sa substance économique (une forme de financement pour l'acquisition d'un bien) plutôt que selon sa forme juridique (contrat de location). Le bien est donc inclus dans l'actif de l'état de la situation financière et une dette correspondante est enregistrée dans son passif. Une telle opération est appelée « contrat de location-financement », tant pour le preneur que le bailleur. Les loyers que le preneur paie par la suite sont considérés comme un remboursement progressif de la dette (y compris les intérêts).

Cependant, tous les contrats de location ne transfèrent pas au preneur les risques et les avantages découlant de la détention d'un bien. Pour être considéré comme un contrat de location-financement, un bail à long terme doit remplir cette condition générale, qui est généralement respectée dans les situations suivantes (tirées des normes IFRS) :

- Le preneur deviendra le propriétaire légal du bien à l'échéance du bail (par exemple, lorsque le preneur bénéficie d'une option d'achat à un prix préférentiel à l'échéance du bail) ;
- Le bail couvre la majeure partie de la durée de vie économique du bien ;
- Le bail donne la possibilité au preneur, au terme du contrat, d'acheter le bien loué à un prix inférieur à la juste valeur du bien à cette date ultérieure ;
- La somme actualisée des loyers échelonnés sur la durée du bail correspond à la quasi-totalité de la valeur marchande du bien au début du bail ;
- L'actif loué possède des caractéristiques si spécifiques que seul le preneur peut l'utiliser sans que des modifications majeures soient apportées au bien en question.

7.3.2 Le contrat de location simple

Lorsqu'un contrat de location ne peut pas être considéré comme un contrat de location-financement, on parle alors de « contrat de location simple », lequel s'applique souvent à la location de locaux. Dans cette situation, l'entreprise utilise des actifs sans avoir à en faire l'acquisition. Les états financiers ne font apparaître ni actif ni dette dans le cadre de cet engagement. Toutefois, dans les notes aux états financiers, l'entreprise doit indiquer les sommes qu'elle devra payer à titre de loyer pour les cinq prochaines années. En effet, même s'il s'agit de contrats de location simple, ces derniers demeurent tout de même des engagements que l'entreprise a envers de tierces parties. Un utilisateur des états financiers averti se renseignera donc également sur les sommes dues en vertu des contrats de location simple avant de pouvoir juger du fonds de roulement d'une entreprise, puisque cette information n'est pas contenue dans l'état de la situation financière.

Illustrons par deux exemples simples les effets de ces deux types de contrats de location sur les états financiers du preneur. Commençons par la présentation des montants relatifs au contrat de location-financement (voir l'**exemple 2**).

Exemple 2

Contrat de location-financement

Le bail, qui prend effet le 1er janvier 2016, comporte les caractéristiques suivantes :

Type de bien	Photocopieur
Valeur marchande du bien au 1er janvier 2016	3 500 $
Loyer mensuel (payé à la fin du mois)	100 $
Durée du bail	36 mois
Durée de vie économique du bien	10 ans
Taux d'intérêt pour le preneur	9 %
Option d'achat	1 $
Valeurs actualisées des paiements minimums en vertu du contrat de location	3 144 $

Ce bail est un contrat de location-financement, car il y a transfert des risques et avantages du bailleur au preneur. En particulier, compte tenu du prix de l'option d'achat (1 $), le preneur se prévaudra sûrement de son droit d'acquérir le photocopieur.

Il en découle les conséquences suivantes :

- Même si, d'un point de vue juridique, le bien n'appartient pas au preneur, il doit être inclus dans son actif (immobilisations corporelles) dans l'état de la situation financière.
- Le solde qui figure dans l'actif correspond au montant qu'il aurait fallu emprunter à un taux de 9 % pour être assujetti à 36 paiements mensuels de 100 $ (y compris les intérêts). Dans cet exemple, ce solde s'élève à 3 144 $. Autrement dit, si le preneur avait emprunté à la banque 3 144 $ au taux de 9 %, il aurait eu à rembourser mensuellement 100 $ pendant 36 mois, intérêts compris. En fait, les 3 144 $ représentent le coût réel du photocopieur pour le preneur. On comptabilise à 3 144 $ puisque ce montant est inférieur à la juste valeur du photocopieur, qui est de 3 500 $.
- La somme de 3 144 $ apparaît également dans le passif non courant de l'état de la situation financière, au poste Obligation en vertu du contrat de location-financement.
- Chaque loyer de 100 $ versé par le preneur se répartit en intérêts et en capital. Durant l'année 2016, le preneur aura acquitté la somme de 1 200 $ en loyers. Sur ce montant, environ 245 $ représentent les intérêts ; le solde, soit 955 $, est appliqué au remboursement du capital de la dette, ramené de 3 144 $ à 2 189 $.
- Le bien loué, comme toutes les autres immobilisations (sauf les terrains), doit être amorti comme décrit au chapitre 4. L'amortissement annuel serait probablement de 314 $ (3 144 $/10 ans).

Les extraits suivants de l'état de la situation financière et de l'état du résultat net permettent de résumer la situation.

Extrait de l'état de la situation financière au 31 décembre 2016

ACTIF NON COURANT	
Immobilisations corporelles – Matériel de bureau	3 144 $
Amortissement cumulé – Matériel de bureau	(314 $)
	2 830 $
PASSIF NON COURANT	
Obligation en vertu d'un contrat de location-financement	2 189 $

Extrait de l'état du résultat net pour l'exercice terminé le 31 décembre 2016

Charge d'intérêts	245 $
Amortissement – Matériel de bureau	314 $

Poursuivons avec l'**exemple 3**, qui nous permet de comparer la présentation des montants relatifs au contrat de location-financement avec celle des montants relatifs au contrat de location simple.

Exemple 3

Contrat de location simple

Reprenons le bail de l'exemple précédent, en enlevant la clause d'option d'achat au prix de 1 $ à l'échéance. Comme le bail ne correspond pas à une situation de transfert des risques et avantages du bailleur au preneur, il s'agit fort probablement d'un contrat de location simple. Le preneur rendra le photocopieur à son propriétaire (le bailleur) à l'échéance. Aucun bien ne doit alors être comptabilisé dans l'actif du preneur, ni aucune dette dans le passif. La totalité du loyer est passée en charges dans l'état du résultat net du preneur.

Le **tableau 7.1** illustre les inscriptions à faire dans les différents postes de l'état de la situation financière et de l'état du résultat net, selon qu'il s'agit d'un contrat de location-financement ou de location simple.

TABLEAU 7.1 Comparaison entre la comptabilisation des différents contrats de location (postes des états financiers du preneur)

ÉTAT DE LA SITUATION FINANCIÈRE au 31 décembre 2016		
	Location-financement	**Location simple**
ACTIF NON COURANT		
Immobilisations corporelles – Matériel de bureau (net)	2 830 $	s. o.
PASSIF NON COURANT		
Obligation en vertu d'un contrat de location-financement	2 189 $	s. o.
ÉTAT DU RÉSULTAT NET de l'exercice terminé le 31 décembre 2016		
Loyer	s. o.	1 200 $
Charge d'intérêts	245 $	s. o.
Amortissement – Matériel de bureau	314 $	s. o.

Pour la durée d'utilité du bien (10 ans), les charges totales imputées à l'état du résultat net sont équivalentes, quelle que soit la catégorie du bail. Comme le montre le **tableau 7.2**, une charge totale de 3 600 $ est imputée à l'état du résultat net sur 10 ans dans les deux exemples de location.

TABLEAU 7.2 Comparaison entre les charges relatives aux contrats de location (en dollars)

CONTRATS / CHARGES	Location-financement					Location simple			
	2016	2017	2018	2019 à 2025	**Total**	2016	2017	2018	**Total**
Intérêts	245	155	56	—	**456**	—	—	—	—
Amortissement	314	314	314	2 202	**3 144**	—	—	—	—
Loyer	—	—	—	—	—	1 200	1 200	1 200	**3 600**
Total	559	469	370	2 202	**3 600**	1 200	1 200	1 200	**3 600**

Il est essentiel de comprendre que le fait de comptabiliser un actif et une dette supplémentaires dans l'état de la situation financière modifie l'image financière de la société. Lorsqu'une société loue une part importante de ses immobilisations, la catégorisation des baux a des répercussions évidentes sur les ratios financiers, notamment sur le ratio d'endettement.

Pour le bailleur, les critères de classification des baux sont sensiblement les mêmes que pour le preneur. Généralement, lorsque le bail est considéré comme une location simple pour le preneur, il en va de même pour le bailleur. Le bien demeure ainsi dans l'actif de l'état de la situation financière du bailleur, qui n'enregistre alors aucun prêt. Il inscrit des loyers (attention, ces derniers sont des produits) et un amortissement dans l'état du résultat net.

7.3.3 L'évolution des normes : une nouvelle façon d'analyser les contrats de location

De nombreux analystes ont critiqué la façon de comptabiliser les contrats de location. Les critiques ont porté non pas sur le recours au principe de prééminence de la substance économique sur la forme juridique, mais plutôt sur la possibilité qu'un contrat de location puisse parfois être considéré comme une location simple (et non systématiquement comme une location-financement). De plus, pour certains, la location simple pouvait être mal présentée dans les états financiers car, en ne considérant qu'une analyse technique, certaines sociétés évitaient d'avoir à comptabiliser une dette et un actif correspondant au contrat de location.

Le normalisateur international a donc émis une nouvelle norme qui devrait mieux prendre en compte l'ensemble des contrats de location. Le principe de l'application est simple : tous les contrats de location donnent lieu à la comptabilisation d'une dette et d'un actif. La seule exception concerne les contrats de location de courte durée (inférieure à 12 mois) ou de faible valeur. L'idée générale derrière la nouvelle norme est que tout contrat de location correspond à un droit d'utiliser un actif (le droit d'en contrôler l'utilisation). On considère alors que le locataire obtient la quasi-totalité des avantages économiques découlant de l'utilisation du bien pendant la période d'utilisation (si ce n'est pas le cas, il ne s'agit pas d'un contrat soumis aux exigences de la norme). C'est ce droit d'utilisation qui est comptabilisé et qui donne lieu à un actif et à un passif (une dette de location). L'entrée en vigueur de la nouvelle norme (IFRS 16) est prévue le 1er janvier 2019. Les modalités d'application sont semblables à celles que nous avons décrites précédemment.

7.4 L'IMPÔT SUR LE RÉSULTAT

Comptabiliser la charge d'impôts ne se résume pas à inscrire le montant à payer selon les déclarations fiscales d'une société pour un exercice donné. Les règles comptables étant différentes des règles fiscales, il est nécessaire d'effectuer des rajustements.

L'impôt sur le revenu des sociétés est calculé en multipliant le revenu imposable par le taux d'imposition auquel l'entreprise est assujettie. Or, le revenu imposable, même s'il est calculé à partir du résultat avant impôts apparaissant dans l'état du résultat net, n'égale pas le résultat obtenu en appliquant les règles comptables. Afin de rendre ce résultat comptable conforme à la législation fiscale, il faut effectuer certains rajustements[1]. Il existe en effet des différences entre les règles fiscales et les normes comptables relatives au calcul du résultat, car les objectifs des législateurs fiscaux (équité entre contribuables, incitations à investir ou à épargner, etc.) diffèrent de ceux des comptables (comparabilité, neutralité, utilité à la prise de décisions, etc.). Ces redressements entraînent donc des différences entre le résultat avant impôts présenté dans l'état du résultat net et le revenu imposable calculé dans la déclaration fiscale.

Pour traiter ces différences dans les états financiers, on tient notamment compte du fait que les différences entre la valeur comptable – calculée à partir des règles comptables – et la valeur fiscale – calculée à partir des règles fiscales – d'un élément se résorbent avec le temps. L'écart temporel qui peut exister entre le moment où une charge est déductible fiscalement et le moment où elle est enregistrée dans l'état du résultat net donne lieu à l'inscription d'impôts dits différés dans l'état de la situation financière. Ainsi, un passif d'impôts différés est créé chaque fois qu'on prévoit un paiement d'impôts dans l'avenir. Ce passif d'impôts différés apparaît lorsque l'entreprise bénéficie plus rapidement de déductions sur le plan fiscal que sur le plan comptable. Inversement, lorsqu'elle bénéficie de déductions plus lentes d'un point de vue fiscal, un actif d'impôts différés est créé puisqu'une économie d'impôts est prévue.

Pour calculer les impôts différés, on compare la valeur comptable avec la valeur fiscale de chacun des actifs et des passifs à la date de l'établissement des états financiers. Ensuite, on détermine les différences temporelles imposables et les différences temporelles déductibles, puis on calcule les impôts différés en fonction du taux d'imposition en vigueur à cette date. En résumé :

- différences temporelles imposables × taux d'imposition = passifs d'impôts différés
- différences temporelles déductibles × taux d'imposition = actifs d'impôts différés

---

1. Par exemple, certaines charges comptables ne sont pas déductibles aux fins de l'impôt, de la même façon que certains produits ne sont pas imposables. Dans ce cas, elles sont ajoutées au résultat comptable ou en sont déduites aux fins du calcul de l'impôt exigible.

La différence temporelle la plus fréquente a trait à l'amortissement des immobilisations. Les règles fiscales liées à l'amortissement diffèrent souvent des règles admises en comptabilité. Cependant, qu'il s'agisse de fiscalité ou de comptabilité, le montant total de l'amortissement sur la durée d'utilité économique du bien est le même. Seule varie la répartition de ce montant global entre les exercices, d'où l'emploi de l'expression « différence temporelle ».

Par exemple, si une entreprise achète au prix de 30 000 $ un camion dont la durée d'utilité est estimée à 10 ans, et qu'on utilise le mode de l'amortissement linéaire, la charge d'amortissement annuelle figurant dans les états financiers est de 3 000 $. D'un point de vue fiscal, si le même camion doit être amorti selon le mode de l'amortissement dégressif au taux de 30 % sur le solde non amorti, alors l'amortissement calculé à des fins fiscales est différent de l'amortissement calculé à des fins comptables, et ce, chaque année pendant 10 ans (et, par conséquent, la valeur comptable et la valeur fiscale du camion diffèrent pendant cette période). Le **tableau 7.3** illustre la différence annuelle entre l'amortissement comptable et l'amortissement fiscal, ainsi que la nature temporelle de cette différence.

TABLEAU 7.3 Comparaison entre l'amortissement comptable et l'amortissement fiscal

	Amortissement		Différence
Année	**comptable**	**fiscal**	**temporelle**
1	3 000 $	9 000 $*	(6 000 $)
2	3 000 $	6 300 $**	(3 300 $)
3	3 000 $	4 410 $	(1 410 $)
4	3 000 $	3 087 $	(87 $)
5	3 000 $	2 161 $	839 $
6	3 000 $	1 513 $	1 487 $
7	3 000 $	1 059 $	1 941 $
8	3 000 $	741 $	2 259 $
9	3 000 $	519 $	2 481 $
10	3 000 $	363 $	2 637 $
Suivantes	0 $	847 $	(847 $)
Total	**30 000 $**	**30 000 $**	**0 $**

* 30 % × 30 000 $
** 30 % × (30 000 $ – 9 000 $)

Quel est le lien entre les différences temporelles et la charge totale d'impôts présentée dans l'état du résultat net ? La charge d'impôts figurant dans les états financiers est constituée de deux montants : les impôts payables au cours de l'exercice, appelés « impôts exigibles », et les impôts différés résultant des différences temporelles (voir l'**exemple 4**).

Exemple 4

Impôts sur le résultat

Voici quelques données concernant une société sur une période de trois ans.

	2015	2016	2017
Résultat avant impôts dans l'état du résultat net	200 000 $	200 000 $	200 000 $
Amortissement comptable	20 000 $	20 000 $	20 000 $
Amortissement fiscal	27 000 $	21 000 $	12 000 $
Charge non déductible	5 000 $	5 000 $	5 000 $
Taux d'imposition effectif	40 %	40 %	40 %

Supposons que la société a acquis ses immobilisations au coût de 100 000 $ au début de l'exercice 2015, et qu'elle n'a fait aucune autre acquisition par la suite.

- En 2015, le revenu imposable de cette société s'élève à 98 000 $.

	2015	2016	2017
Résultat avant impôts	200 000 $	200 000 $	200 000 $
Plus : Charge non déductible	5 000 $	5 000 $	5 000 $
Résultat avant impôts ajusté, avant différences temporelles	205 000 $	205 000 $	205 000 $
Plus : Amortissement comptable	20 000 $	20 000 $	20 000 $
Moins : Amortissement fiscal	(27 000 $)	(21 000 $)	(12 000 $)
Revenu imposable	198 000 $	204 000 $	213 000 $
Impôts exigibles (40 %)	79 200 $	81 600 $	85 200 $

- En 2015, la différence de 2 000 $ entre le résultat comptable de 200 000 $ et le revenu imposable de 198 000 $ s'explique comme suit :

  5 000 $ différence attribuable à la charge non déductible sur le plan fiscal ;

  (7 000 $) différence temporelle attribuable à la différence entre les amortissements comptable et fiscal.

La charge d'impôts exigibles pour l'exercice 2015, c'est-à-dire le montant à verser aux autorités fiscales, est donc de 79 200 $, soit 198 000 $ × 40 %. Dans le calcul de la charge totale d'impôts, on doit également tenir compte des différences imposables ou déductibles temporelles donnant lieu aux impôts différés. En 2015, l'entreprise a droit, sur le plan fiscal, à une déduction pour amortissement de 27 000 $ alors que, sur le plan comptable, l'amortissement s'élève à 20 000 $. La valeur comptable des immobilisations est donc supérieure de 7 000 $ à leur valeur fiscale.

	Valeur fiscale	Valeur comptable
Coût	100 000 $	100 000 $
Moins : Amortissement comptable	(20 000 $)	
Moins : Déduction pour amortissement		(27 000 $)
Valeur nette	80 000 $	73 000 $

Dans notre exemple, l'entreprise bénéficie d'une déduction fiscale plus rapide lors des deux premières années de vie des immobilisations. Cela signifie qu'elle ne bénéficie d'un avantage fiscal que de manière temporaire et qu'après les deux premières années, elle inclura dans le calcul de son revenu imposable un montant d'amortissement comptable (non déductible) supérieur au montant d'amortissement fiscal (déductible).

Ainsi, pour l'exercice de 2015, l'entreprise paie 2 800 $ de moins en impôts que s'il n'y avait eu aucune différence entre les valeurs comptable et fiscale des immobilisations [(80 000 $ – 73 000 $) × 40 %]. Mais puisque cette diminution résulte de la différence temporelle entre le traitement comptable et le traitement fiscal de l'amortissement, l'entreprise devra dans le futur verser les sommes qu'elle n'a pas payées en 2015, d'où l'obligation de comptabiliser un passif (c'est-à-dire une dette) d'impôts différés de 2 800 $.

La charge totale d'impôts présentée au compte de résultat de 2015 sera donc de 82 000 $.

Charge d'impôts exigibles	79 200 $
Plus : Impôts différés	2 800 $
Charge d'impôts	82 000 $

Le même raisonnement s'applique aux deux exercices suivants. Le processus d'établissement du passif différé est le suivant :

	Valeur comptable	Valeur fiscale	Différence temporelle	Taux d'imposition	Passif d'impôts différés
Coût d'acquisition	100 000 $	100 000 $	0 $		
Amortissement – 2015	20 000 $	27 000 $	7 000 $		
Valeur nette – 2015	80 000 $	73 000 $	7 000 $	40 %	2 800 $
Amortissement – 2016	20 000 $	21 000 $	1 000 $		
Valeur nette – 2016	60 000 $	52 000 $	8 000 $	40 %	3 200 $
Amortissement – 2017	20 000 $	12 000 $	(8 000 $)		
Valeur nette – 2017	40 000 $	40 000 $	0 $	40 %	0 $

Il en découle la présentation des éléments suivants dans les états financiers :

	2015	2016	2017
Résultat avant impôts	200 000 $	200 000 $	200 000 $
Revenu imposable	198 000 $	204 000 $	213 000 $
Charge (économie) d'impôts :			
Impôts exigibles (revenu imposable × 40 %)	79 200 $	81 600 $	85 200 $
Impôts différés	2 800 $	400 $*	(3 200 $)**
Charge d'impôts totale	82 000 $	82 000 $	82 000 $
Solde des passifs d'impôts différés (état de la situation financière)	2 800 $	3 200 $	0 $

* Passifs d'impôts différés 2016 – Passifs d'impôts différés 2015 = 3 200 $ – 2 800 $
** Passifs d'impôts différés 2017 – Passifs d'impôts différés 2016 = 0 $ – 3 200 $

Les tableaux précédents permettent de noter les faits suivants :

- Dans l'état du résultat net, la charge totale d'impôts est restée constante pour les trois années, bien que les impôts exigibles aient crû sur la même période ;
- Dans l'état de la situation financière, le solde des impôts différés est nul après la troisième année, puisque les différences sont temporelles, c'est-à-dire qu'elles se résorbent avec le temps.

Comme nous venons de le voir, les impôts différés peuvent être créés par les différences entre les façons de traiter certains éléments selon l'angle de la comptabilité ou d'un point de vue fiscal. Il existe une autre source d'impôts différés : le report de pertes fiscales.

Une entité qui réalise une perte au cours d'une période n'est pas assujettie à l'impôt. De plus, dans une telle situation, les autorités fiscales peuvent lui permettre de récupérer des impôts payés dans le passé ou de réduire les impôts qu'elle devra payer à l'avenir. C'est ce qu'on appelle le « report de pertes ». Au Canada, les autorités fiscales permettent aux entreprises de reporter une perte fiscale jusqu'à 3 ans dans le passé et jusqu'à 20 ans dans l'avenir. L'**exemple 5** illustre un cas de report de pertes fiscales.

Exemple 5

Report de pertes fiscales

Une entité canadienne enregistre une perte fiscale de 20 000 $ au cours de sa troisième année d'existence. Elle est normalement assujettie à un taux d'imposition de 25 %. Au cours des deux années précédentes, ses revenus imposables ont été de 5 000 $ et de 10 000 $, respectivement. Elle peut donc recouvrer les impôts qu'elle a versés au gouvernement au cours des deux derniers exercices, soit 3 750 $ (25 % × 15 000 $). Dans son état de la situation financière, elle inscrit donc un actif d'impôts à recevoir de 3 750 $, également constaté dans son état du résultat net à la rubrique Recouvrement d'impôts dû à un report en arrière de perte. Ayant réalisé une perte fiscale de 20 000 $ et ayant reporté 15 000 $ dans le passé, il lui reste la possibilité de reporter 5 000 $ dans l'avenir. Elle ne peut constater un actif d'impôts différés et un produit correspondant à un recouvrement d'impôts dû à un report dans l'avenir seulement dans la mesure où il est probable qu'elle pourra disposer de revenus imposables dans le futur. Dans le cas où l'entité estime improbable qu'elle dispose de bénéfices futurs sur lesquels ses pertes fiscales pourront être imputées, elle doit attendre que les bénéfices fiscaux se réalisent.

7.5 LES AVANTAGES DU PERSONNEL

Le régime d'avantages du personnel relève d'une entente conclue entre la société et ses salariés, en vertu de laquelle celle-ci s'engage, en échange des services rendus par les salariés, à leur procurer des avantages après leur période d'emploi.

Pour l'entreprise, ces avantages constituent des charges importantes. Dans les états financiers, elle doit les imputer aux exercices pendant lesquels les salariés ont rendu les services leur donnant droit aux avantages futurs (conformément au principe de rattachement des charges aux produits) et ainsi constater une charge (et une augmentation de passif) durant chacun des exercices en question. En substance, les régimes d'avantages du personnel font partie de la rémunération du salarié.

En vertu de certains de ces régimes, l'entité est tenue de fournir au salarié, au cours d'exercices financiers ultérieurs, des avantages en contrepartie de services rendus durant l'exercice courant. Le coût relatif à ces avantages futurs est constaté dans les exercices au cours desquels le salarié les gagne, étant donné que l'obligation de verser les prestations se constitue à mesure que le salarié rend les services.

Selon les normes comptables, les avantages du personnel sont constitués des quatre composantes suivantes:

1. Les avantages à court terme, comme les salaires et les cotisations de sécurité sociale, les congés payés et les congés de maladie, l'intéressement et les primes (si elles sont payables dans les 12 mois suivant la fin de la période) ainsi que les avantages non pécuniaires (comme l'assistance médicale, le logement, les voitures et les biens ou services gratuits ou subventionnés) dont bénéficient les membres du personnel en activité ;
2. Les avantages postérieurs à l'emploi, comme les pensions et autres prestations de retraite, l'assurance vie postérieure à l'emploi et l'assistance médicale postérieure à l'emploi ;
3. Les autres avantages à long terme, comme les congés liés à l'ancienneté ou les congés sabbatiques, les jubilés et autres avantages liés à l'ancienneté, les indemnités pour invalidité de longue durée et, s'ils sont payables 12 mois ou plus après la fin de la période, l'intéressement, les primes et les rémunérations différées ;
4. Les indemnités de fin de contrat de travail.

Parmi tous ces avantages, les éléments liés aux prestations de retraite entraînent certaines difficultés de comptabilisation. De nombreuses sociétés ont instauré des régimes de retraite au profit de leurs employés. Ces régimes servent à accumuler des fonds provenant de cotisations du personnel, de l'employeur (la société) ou des deux, dans le but de verser à l'employé une rente, appelée « prestations », lorsqu'il atteindra l'âge de la retraite. On distingue deux types de régimes de retraite, selon qu'ils sont à « cotisations définies » ou à « prestations définies ».

7.5.1 Les régimes à cotisations définies

Un régime de retraite à cotisations définies est une entente contractuelle qui oblige l'employeur à verser chaque année une cotisation généralement égale à un pourcentage fixé d'avance du salaire annuel de chaque employé. Selon le régime, l'employé peut aussi être amené à cotiser ; on parle alors de « régime contributif ». Les cotisations sont confiées à un fiduciaire, qui les fait fructifier pour le compte de l'employé. Au moment de sa retraite, ce dernier reçoit le solde de son compte ou, s'il préfère, peut acheter en contrepartie de ce solde une rente viagère dont l'importance est en grande partie proportionnelle au solde.

Dans ce type de régime, l'employé court un risque : la rente de retraite est établie en fonction des intérêts (dividendes, gains de capital) générés par le fonds durant ses années de service. Ainsi, un krach boursier pourrait diminuer sa rente de retraite. Inversement, dans des circonstances très favorables, l'employé peut tirer profit des rendements exceptionnels de son fonds.

7.5.2 Les régimes à prestations définies

Dans un régime à prestations définies, ce ne sont pas les cotisations qui sont fixées d'avance, mais les rentes (ou prestations) de retraite versées aux salariés. Par exemple, le régime peut garantir une rente de retraite annuelle équivalant à 2 % du salaire moyen gagné durant les trois années de service au cours desquelles l'employé a été le mieux rémunéré, multiplié par le nombre total d'années de service. Ainsi, un employé ayant travaillé 30 ans et reçu un salaire moyen de 50 000 $ les trois dernières années bénéficiera d'une rente de retraite annuelle de 30 000 $ (30 × 2 % × 50 000 $).

Dans les régimes à prestations définies, l'employeur ne s'engage pas à payer des cotisations, mais des prestations. Souvent, la date de paiement de ces prestations étant très éloignée, la charge de retraite annuelle n'égale pas le montant cotisé au régime. Plus simplement, cette charge est plutôt égale au coût actualisé de la proportion de la rente que l'employé a gagnée par son travail durant l'exercice. En d'autres termes, la charge annuelle équivaut à la somme qu'il faudrait investir aujourd'hui pour que le fonds dispose d'assez d'argent pour payer annuellement, à compter du départ à la retraite de l'employé, la portion de rente qu'il a gagnée durant l'année, et ce, jusqu'à son décès. Ce montant est estimé par un actuaire, à partir des hypothèses qu'il juge les plus probables en matière de taux de rendement des actifs, de taux de croissance des salaires, de taux de mortalité, de roulement du personnel de l'entreprise, etc. (voir l'**exemple 6**).

Exemple 6

Valeur actuarielle des prestations définies

La société XYZ a un seul employé, qui compte 10 ans d'ancienneté. Il prendra sa retraite dans 15 ans, et le régime de retraite à prestations définies de l'entreprise lui garantit une rente de retraite égale à 2 % de son salaire de fin de carrière multiplié par le nombre d'années de service. L'actuaire prévoit que cet employé vivra 12 ans après son départ à la retraite, que le taux d'intérêt à long terme sera de 10 % et que l'employé gagnera un salaire de 50 000 $ au moment de sa retraite.

La valeur actuarielle des prestations définies à ce jour correspond donc au coût actualisé de la proportion des rentes déjà acquise par l'employé. La rente déjà acquise par l'employé est de 10 000 $ (10 ans × 2 % × 50 000 $). Il est donc assuré d'une rente de retraite de 10 000 $ par an. Puisque son espérance de vie est de 12 ans après son départ à la retraite et que le taux d'intérêt est de 10 %, le coût actualisé de cette proportion des rentes s'élève à 16 345 $. Théoriquement, cela signifie que, si le fonds de retraite renferme aujourd'hui 16 345 $ (investis à un taux de 10 %), il contiendra dans 15 ans des sommes suffisantes pour verser à l'employé 10 000 $ par an pendant 12 ans.

Le régime de retraite donne lieu à la constitution d'actifs et de passifs reliés au régime. D'une part, les fonds cumulés dans le régime de retraite forment ses actifs ; ceux-ci sont évalués à la juste valeur. D'autre part, un passif est constitué : il s'agit de l'obligation au titre de prestations futures ; cette obligation correspond au coût actualisé de la proportion des rentes cumulée par les employés depuis leur date d'embauche jusqu'à celle de l'état de la situation financière. La différence entre la valeur des actifs (Actif) et l'obligation constituée (Passif) est présentée à l'état de la situation financière de l'entreprise au titre d'actif net ou de passif net du régime de l'entreprise. Finalement, les réévaluations de juste valeur d'actif et de passif du régime peuvent donner lieu à des écarts entre ce qui était constitué et les nouvelles valeurs. Ces variations[2] (parce qu'elles sont semblables à des variations de juste valeur sur des placements[3]) figurent dans les autres éléments du résultat global.

7.6 LES PARTICIPATIONS DANS D'AUTRES ENTITÉS

Pour une entreprise qui souhaite prendre de l'expansion, une des stratégies de développement consiste à acquérir des participations dans d'autres entreprises. Il existe différents types de participations, classés selon le degré d'influence qu'exerce l'entité (l'investisseur) qui fait l'acquisition de participations. Ce degré d'influence dépend principalement du pourcentage d'actions avec droit de vote détenu. Par exemple, un investisseur détenant plus de 50 % des actions avec droit de vote est présumé exercer un contrôle. Dans ce cas, l'entité, dans laquelle la participation est détenue, est considérée comme sa filiale (et l'investisseur est considéré comme la société mère). Cela peut également être le cas lorsque l'investisseur détient moins de 50 % des actions avec droit de vote, si le degré d'influence qu'il exerce est tel qu'il a le contrôle dans les faits. Il importe donc de déterminer si d'autres facteurs que la détention d'actions avec droit de vote permettent à l'investisseur d'exercer une influence.

Par ailleurs, il arrive que l'investisseur influe sur les politiques financières et opérationnelles de la société dans laquelle il détient une participation, sans toutefois exercer un contrôle sur celle-ci. Une entreprise détenant plus de 20 % (mais moins de 50 %) des droits de vote est présumée avoir une influence notable. Bien sûr, le degré d'influence peut être important en deçà de ce seuil si l'investisseur exerce dans les faits un pouvoir décisionnel significatif sur la société dans laquelle il détient une participation. Ces types de placements sont également désignés comme étant des placements stratégiques, par opposition aux placements non stratégiques (ou de portefeuille) traités dans le chapitre 4.

---

2. Uniquement pour certains types d'écarts, comme ceux provenant des changements dans les hypothèses, ou pour certains écarts de rendement.

3. Voir le chapitre 4.

Du point de vue de la comptabilité, c'est principalement le degré d'influence (contrôle ou influence notable) qui détermine la méthode de comptabilisation de la participation détenue. Selon le degré d'influence de l'investisseur, on distingue les catégories de participation suivantes :

- Participation dans une société associée : l'investisseur exerce une influence notable (présumée, s'il possède entre 20 et 50 % des actions avec droits de vote) sur la société dans laquelle il détient une participation ;
- Participation dans une filiale : l'investisseur détient le contrôle (présumé, s'il possède plus de 50 % des actions avec droit de vote) de la société dans laquelle il détient une participation ;
- Participation dans un partenariat : deux parties ou plus conviennent, en vertu d'un accord contractuel, d'exercer une activité économique sous contrôle conjoint. La participation dans un partenariat peut prendre différentes formes, selon la substance des droits et des obligations des participants :
  - Participation dans une coentreprise : les parties (les coentrepreneurs) ont des droits sur une quote-part de l'actif net et du résultat net de la coentreprise. Généralement, une coentreprise est structurée selon une forme juridique distincte (séparation entre les entités des parties et la coentreprise elle-même).
  - Participation dans une entreprise commune : les parties (les coparticipants) ont des droits sur les actifs et des obligations au titre des passifs de l'entreprise commune. Dans ce cas, la forme juridique, ou la nature de l'accord entre les coparticipants, fait en sorte qu'il n'y a pas séparation entre le coparticipant et l'entreprise commune.

L'organigramme de la **figure 7.1** permet de présenter les différentes formes de participations et le mode de comptabilisation à appliquer dans chacune des situations.

FIGURE 7.1 Formes de participations et modes de comptabilisation

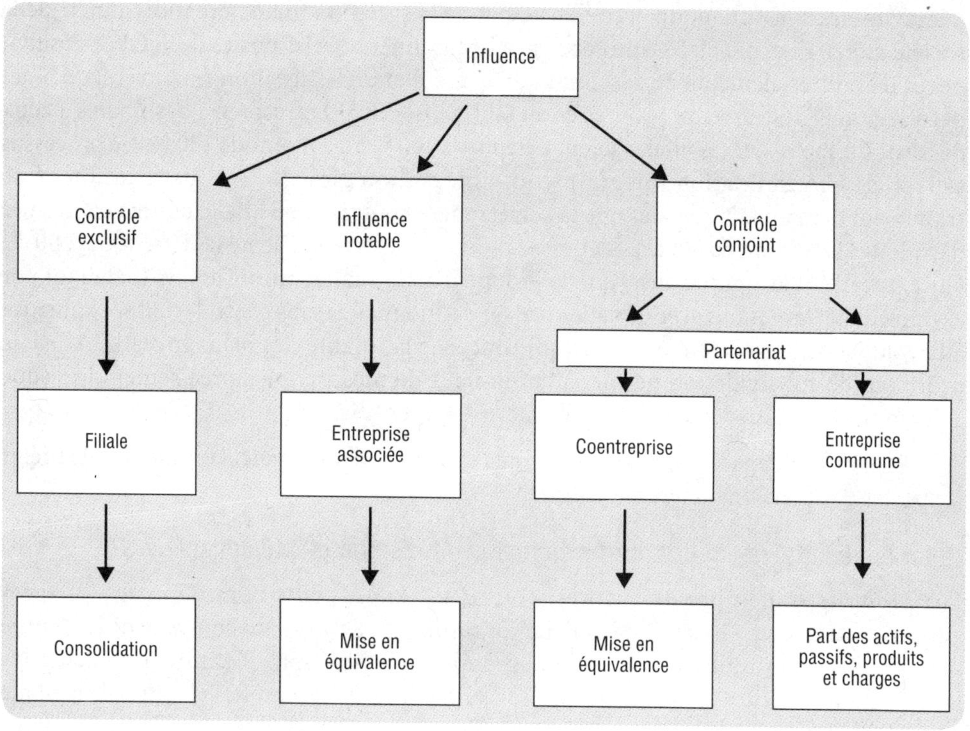

7.6.1 La comptabilisation d'une participation dans une filiale

Dans le cas d'une participation dans une filiale, l'investisseur (encore appelé « société mère ») est considéré comme ayant le contrôle de la société acquise (filiale), parce que la société mère contrôle la majorité des droits de vote rattachés aux actions de la filiale en question ou, si elle détient moins de 50 % des actions avec droit de vote, parce qu'elle exerce un contrôle de fait. Légalement, les deux sociétés subsistent. Aucune ressource ne change de propriétaire légal ; seules les actions de la société acquise font l'objet d'un transfert entre les détenteurs précédents et l'acquéreur.

Pour traduire le contrôle, les normes comptables prescrivent la consolidation. En quelques mots, rappelons que la consolidation consiste à regrouper en un seul jeu les états financiers de toutes les filiales et ceux de la société mère puisque, dans les faits, tous les actifs et passifs des filiales sont sous le contrôle de cette dernière. Ainsi, en vertu du principe de la primauté de la substance sur la forme, même si les entreprises demeurent indépendantes d'un point de vue légal (puisque, en substance, la filiale est contrôlée par la société mère par la détention d'actions), on présente un seul jeu d'états financiers consolidés.

Dans les états financiers consolidés, les participations dans les filiales disparaissent (alors qu'elles constituent un actif dans l'état de la situation financière individuelle de la société mère). Le principe de base consiste à additionner tous les postes de l'état du résultat net et des autres éléments du résultat global, de l'état de la situation financière, de l'état des variations des capitaux propres et du tableau des flux de trésorerie des filiales à ceux de la société mère, que les filiales soient détenues à 100 % ou à moins de 100 %. Ce processus est appelé « consolidation intégrale » ou « intégration globale ». La justification de ce traitement tient au fait que, dès que la société mère contrôle une filiale, elle est en mesure d'exploiter la totalité de ses actifs et de ses activités, même si elle ne la détient qu'à 80 %, par exemple. Cela signifie aussi que le groupe d'actionnaires minoritaires (détenant par exemple 20 % des actions avec droit de vote) ou d'actionnaires sans contrôle doit se soumettre à la volonté de la société mère en ce qui concerne la totalité des biens investis. Ainsi, le processus de consolidation permet à l'utilisateur de mesurer plus précisément le risque associé aux participations de la société mère dans ses filiales.

Sans entrer dans le processus technique de consolidation, voici comment interpréter les postes des états financiers consolidés.

L'état du résultat net et des autres éléments du résultat global consolidé

Les produits et les charges (ventes, coût des ventes, coûts commerciaux, charges administratives, etc.) inscrits dans l'état du résultat net consolidé constituent la somme de ces postes pour toutes les sociétés du groupe consolidé, après l'élimination de toutes les opérations internes (entre les entreprises du groupe). Par exemple, les ventes de la filiale à la société mère sont exclues des ventes consolidées. De même, les dividendes que la société mère reçoit de ses filiales ne figurent pas dans l'état du résultat net consolidé. En somme, on ne présente dans cet état que les opérations effectuées avec des intervenants externes, le groupe de sociétés étant considéré comme une seule entité économique.

Il serait faux de dire d'une société mère détenant moins de 100 % des actions d'une de ses filiales qu'elle possède 100 % de ses résultats. C'est pourquoi les postes Participation ne donnant pas le contrôle, Part des actionnaires sans contrôle ou Intérêts minoritaires doivent figurer dans l'état du résultat net et d'autres éléments du résultat global. Il s'agit de la part des résultats qui revient aux actionnaires minoritaires des filiales.

L'état de la situation financière consolidé

Pour la consolidation de l'état de la situation financière, il faut additionner la totalité des actifs et des passifs (trésorerie, stocks, immobilisations, fournisseurs, dettes non courantes, etc.) de l'état de la situation financière des filiales à ceux de la société mère et éliminer les dettes vis-à-vis d'une autre société du groupe ou les montants à recevoir de celle-ci.

Dans le cas d'une filiale détenue à moins de 100 %, notons que les actifs et les passifs sont repris en totalité dans l'état de la situation financière consolidé et qu'il faut alors reconnaître la quote-part des éléments de l'état de la situation financière n'appartenant pas au groupe consolidé. Cette quote-part apparaît dans le poste Participation ne donnant pas le contrôle, Part des actionnaires sans contrôle ou Intérêts minoritaires. Ce poste, qui représente la part des actifs nets (actifs moins passifs) du groupe consolidé appartenant aux actionnaires minoritaires, apparaît généralement dans la section des capitaux propres de l'état de la situation financière.

7.6.2 La comptabilisation d'une participation dans une entreprise associée

Un investisseur détient une participation dans une société associée lorsqu'il est en mesure d'exercer une influence notable sur cette société, c'est-à-dire de participer aux décisions de politiques financières et opérationnelles d'une activité économique, sans toutefois exercer un contrôle, ou un contrôle conjoint, sur ces politiques. On considère habituellement que l'investisseur qui possède entre 20 et 50 % des actions avec droit de vote en circulation de la société dans laquelle il détient une participation est en mesure d'exercer une influence notable. Ces pourcentages servent toutefois de balises. Il ne faut pas uniquement considérer ces points de repère, mais également analyser l'ensemble des rapports existants pour évaluer l'influence globale qu'il exerce. Lorsqu'un investisseur est en mesure d'exercer une influence notable sur une société dans laquelle il détient une participation pour en faire une entreprise associée, il doit comptabiliser cette participation selon la méthode de la mise en équivalence.

Selon cette méthode, on comptabilise d'abord le coût d'acquisition de la participation dans l'état de la situation financière de l'investisseur, au poste Participation dans une entreprise associée. On ajuste ensuite la valeur de la participation, dans un premier temps, en ajoutant la quote-part de son résultat global (positif ou négatif) au coût d'acquisition de la participation dans la société associée et, dans un second temps, en diminuant la valeur de la participation de la quote-part des dividendes déclarés (s'il y en a, évidemment) revenant à l'investisseur. Précisons que le dividende déclaré par l'entreprise associée n'est alors pas considéré comme un revenu de placement. Le revenu de placement provenant de la participation dans une entreprise associée correspond à la quote-part du résultat net de l'entreprise associée revenant à l'investisseur. L'**exemple 7** illustre cette dernière méthode.

Exemple 7

Méthode de la mise en équivalence

Un investisseur, la société A, achète 30 % des actions avec droit de vote de la société B. Le coût d'acquisition de sa participation est de 50 000 $. À la fin du premier exercice, la société B réalise un résultat net de 10 000 $ et déclare un dividende de 1 000 $.

Dans les états financiers de la société A, le poste Participation dans la société associée B sera de 52 700 $:

Coût d'acquisition de la participation	50 000 $
Plus : Quote-part du résultat net de la société B (30 % × 10 000 $)	3 000 $
Moins : Dividende déclaré par la société B à la société A (30 % × 1 000 $)	(300 $)
	52 700 $

Nous faisons ici l'hypothèse qu'il n'y a aucune incidence des autres éléments du résultat global de l'entreprise associée. S'il y en avait une, la valeur de la participation serait affectée.

7.6.3 La comptabilisation d'une participation dans un partenariat

Un partenariat est une entente contractuelle par laquelle plusieurs personnes ou entités s'associent selon des modalités diverses. Par cet accord, elles s'engagent à mener en coopération une activité industrielle ou commerciale, ou décident de mettre en commun leurs ressources et d'exercer un contrôle commun sur cette activité ou ces ressources en vue d'atteindre un objectif particulier, tout en prévoyant partager les frais et les résultats. Les décisions concernant les activités du partenariat se prennent sur la base d'un consentement unanime. On distingue deux formes de partenariat : la coentreprise et l'entreprise commune, chacune impliquant un mode de comptabilisation propre, compte tenu de leur mode de fonctionnement différent.

A La coentreprise

Lorsque le partenariat est structuré sous une forme juridique distincte (séparation juridique entre les investisseurs et la coentreprise elle-même) et que les parties (coentrepreneurs) ont des droits sur une quote-part de l'actif net et du résultat global de l'entreprise (et non sur chacun des actifs et des passifs), on parle de coentreprise.

Dans ce cas, on utilise la méthode de la mise en équivalence pour comptabiliser la participation des coentrepreneurs reflétant le droit dans l'actif net et le résultat global. Techniquement, la comptabilisation s'effectue de la même façon que la comptabilisation d'une entreprise associée (voir plus haut).

B L'entreprise commune

Le partenariat peut prendre la forme d'une entreprise commune. Les parties (coparticipants) ont alors des droits sur les actifs et des obligations au titre des passifs de l'entreprise commune. Souvent, une entreprise commune n'est pas structurée sous une forme juridique distincte. Cependant, pour déterminer s'il s'agit d'une entreprise commune, il faut non seulement examiner la forme juridique (distincte ou non), mais aussi les stipulations de l'accord entre les parties. Le traitement comptable de la participation dans une entreprise commune consiste, pour chacun des coparticipants, à intégrer dans ses états financiers la part qui lui revient dans les actifs et les passifs, les produits et les charges relatifs à l'entreprise commune. Cette comptabilisation permet à chacun des coparticipants de rendre compte de la nature de sa participation : son droit à l'actif et au passif, ainsi qu'aux produits et charges. Cela revient à considérer que les postes des états financiers du coparticipant et la part qui lui revient des postes de la coentreprise relèvent d'une seule entité.

Pour expliquer les participations dans d'autres entités, nous présentons dans l'**illustration 7.1** des extraits des états financiers d'Alimentation Couche-Tard. Pour être en mesure de comprendre l'organisation d'Alimentation Couche-Tard, il faut examiner la note 1, qui décrit la nature des activités de l'entreprise. On y distingue la nature de ses activités ainsi que les endroits où elle les exerce. En termes comptables, la note 3 explique les principes de consolidation suivis pour les entités du groupe. C'est dans la note 6 qu'on trouve la valeur comptable des participations dans des coentreprises et des entreprises associées : elle s'élève à 75,6 millions en 2015. Cette note permet également d'obtenir de l'information sur la quote-part du résultat des coentreprises et des entreprises associées – un montant de 21,9 millions en 2015 – incluse dans le résultat net consolidé, d'un montant total de 933,7 millions pour 2015.

ILLUSTRATION 7.1 Participations dans d'autres entités – extraits des états financiers d'Alimentation Couche-Tard

1. STATUTS ET NATURE DES ACTIVITÉS

Alimentation Couche-Tard Inc. (la « société ») est régie par la Loi sur les sociétés par action (Québec). Le siège social de la société est situé à Laval, au 4204 Boulevard Industriel, Québec, Canada.

Au 26 avril 2015, la société exploite un réseau de sites corporatifs et d'affiliés regroupant 10 078 magasins d'accommodation en Amérique du Nord, en Scandinavie (Norvège, Suède, Danemark), en Pologne, dans les pays baltes (Estonie, Lettonie et Lituanie) et en Russie dont 7 787 sont exploités par la société et génère des revenus provenant principalement de la vente de produits du tabac, d'articles d'épicerie, de boissons, de produits frais, y compris la restauration rapide, de services de lave-auto, d'autres produits et services au détail, de carburant pour le transport routier, de l'énergie stationnaire, du carburant pour le secteur maritime, des lubrifiants et des produits chimiques.

De plus, quelque 4 700 magasins sont exploités par des opérateurs indépendants sous la marque Circle K dans 12 autres pays ou régions du monde (Chine, Guam, Honduras, Hong Kong, Indonésie, Japon, Macao, Malaisie, Mexique, Philippines, Vietnam et Émirats arabes unis), ce qui porte à plus de 14 700 le nombre de magasins dans notre réseau mondial.

3. CONVENTIONS COMPTABLES

Principes de consolidation

Les états financiers consolidés incluent les comptes de la société et ceux de ses filiales, lesquelles sont généralement détenues en propriété exclusive. Ils comprennent également la quote-part des résultats de ses coentreprises et de ses entreprises associées qui est comptabilisée selon la méthode de la mise en équivalence. Toutes les transactions et tous les soldes intersociétés ont été éliminés lors de la consolidation.

Les filiales sont des entités sur lesquelles la société exerce le contrôle, soit le pouvoir de diriger les politiques financières et opérationnelles. La société possède généralement, directement ou indirectement, 100 % des droits de vote dans ses filiales. Ces critères sont analysés de façon régulière et les filiales sont entièrement consolidées à compter de la date où leur contrôle est acquis par la société et cessent d'être consolidées dès que le contrôle n'est plus exercé.

La société détient des contrats avec des franchisés. Ceux-ci assument la gestion de leur établissement, en plus de veiller au marchandisage et au financement de leurs stocks. Les états financiers des établissements franchisés ne sont pas inclus dans les états financiers consolidés de la société.

6. PARTICIPATION DANS DES COENTREPRISES ET DES ENTREPRISES ASSOCIÉES

	2015	2014
	$	$
Participation dans des coentreprises	**73,9**	72,9
Participation dans des entreprises associées	**1,7**	2,5
	75,6	75,4

Le placement de la société dans ses coentreprises et entreprises associées est comptabilisé selon la méthode de la mise en équivalence. Les montants suivants représentent la quote-part de la société dans le bénéfice net et le résultat global de ses coentreprises et entreprises associées :

	2015	2014
	$	$
Coentreprises		
Bénéfice net et résultat global	**21,9**	22,0
Entreprises associées		
Bénéfice net et résultat global	**-**	0,7
	21,9	22,7

7.7 LES EFFETS DES VARIATIONS DU COURS DES MONNAIES ÉTRANGÈRES

La participation dans une entité peut entraîner un autre enjeu comptable lorsque l'entité concernée utilise une monnaie différente de celle de sa société mère pour exercer et rendre compte de ses activités. En effet, pour être en mesure de préparer des états financiers consolidés, il est nécessaire de convertir dans une même monnaie les états financiers des filiales, des entreprises associées ou des partenariats libellés dans une autre monnaie que celle choisie par l'entité publiante.

La question de la conversion se pose également dans les cas d'opérations effectuées en monnaies étrangères. En effet, il est fréquent qu'une entité effectue des opérations en devises étrangères pour acheter ou vendre des biens ou des services, et ce, même si elle ne possède pas de filiales à l'étranger.

Les états financiers doivent rendre compte de manière uniforme de la consolidation d'états financiers d'entités opérant en monnaies étrangères, ainsi que des opérations effectuées en devises étrangères. Pour ce faire, il existe des normes comptables sur la conversion de monnaies, que nous présentons brièvement ci-dessous.

Une entreprise est tenue d'enregistrer toutes ses transactions dans une même monnaie afin d'être en mesure de dresser des états financiers. Elle doit donc convertir en monnaie dite « fonctionnelle » toutes ses transactions effectuées en monnaies étrangères. La monnaie fonctionnelle est celle de l'environnement économique primaire dans lequel l'entreprise évolue. La monnaie retenue est normalement celle dans laquelle la plus grande partie des transactions se négocient. Pour déterminer la monnaie fonctionnelle, une entité tient compte de divers facteurs, notamment :

- La monnaie dans laquelle les ventes sont libellées et réglées ;
- La monnaie dans laquelle les charges sont libellées et payées ;
- La monnaie dans laquelle l'entreprise a reçu son financement

7.7.1 La conversion de transactions effectuées en monnaies étrangères

Une entreprise effectue des transactions en monnaies étrangères lorsqu'elle utilise une monnaie autre que sa monnaie fonctionnelle. Par exemple, une entreprise canadienne dont la monnaie fonctionnelle est le dollar canadien effectue une transaction dans une monnaie étrangère si elle vend des biens en dollars américains.

Lorsqu'une entreprise effectue de telles transactions (achat, vente, paiement, recette, déboursé, emprunt, prêt, etc.), elle doit les enregistrer initialement dans la monnaie fonctionnelle, en appliquant au montant en monnaie étrangère le cours de change comptant entre la monnaie fonctionnelle et la monnaie étrangère à la date de la transaction, c'est-à-dire le cours de change à la date de la transaction. Ultérieurement, à la date de fin d'exercice, l'entreprise doit convertir les actifs et les passifs résultant de ces transactions selon que ceux-ci sont des éléments monétaires ou des éléments non monétaires.

Dans l'état de la situation financière, les éléments comme la trésorerie, les comptes clients et les dettes diverses sont considérés comme des éléments monétaires. Un élément est dit monétaire si le nombre d'unités de monnaie qui y est associé est fixé d'avance par contrat ou autrement. Les postes monétaires doivent être convertis au cours de change en vigueur à la date de fin d'exercice. Exprimée en dollars canadiens, la valeur de tels postes varie dans le temps en fonction des cours de change. Le fait de régulariser périodiquement la valeur de ces postes pour tenir compte d'un nouveau cours de change amène à constater des gains ou des pertes de change. Ceux-ci représentent la différence entre le montant converti en monnaie fonctionnelle à la date de la transaction et le montant calculé en résultat net dans l'état du résultat net et des autres éléments du résultat global à la date de fin d'exercice.

Les stocks et les immobilisations sont considérés comme des éléments non monétaires, car le nombre d'unités de monnaie (dollars canadiens, par exemple) associé à ces éléments n'est pas fixé d'avance. Ces éléments sont convertis en dollars canadiens en fonction du cours de change en vigueur au moment de leur acquisition ou de leur fabrication (taux historique). Ce traitement sert à exprimer en dollars canadiens le coût historique réel des stocks et des immobilisations, comme si ceux-ci avaient été achetés ou produits directement au Canada en dollars canadiens. L'écart de change est dans ce cas nul, étant donné que ce type de transactions a été enregistré à l'origine en fonction du cours de change à la date de la transaction.

7.7.2 La conversion d'états financiers en monnaies étrangères

Lorsqu'une entreprise intègre ses états financiers dans ceux de l'entité soumettant les états financiers par voie de consolidation ou de mise en équivalence, elle doit convertir ses états financiers en monnaie de présentation, qui se définit comme la monnaie utilisée pour présenter les états financiers, à l'aide des procédures suivantes :

- Conversion de tous les postes d'actifs et de passifs de l'état de la situation financière au cours de change en vigueur à la fin de l'exercice ;
- Conversion des postes de produits et de charges au cours de change en vigueur aux dates de transactions ou au cours moyen en vigueur durant l'exercice ;
- Présentation de tous les écarts de change (ou écarts de conversion) dans le poste Gains et pertes de change latents sur conversion des états financiers dans les autres éléments du résultat global.

7.8 LES SECTEURS OPÉRATIONNELS

Il n'est pas rare qu'une entreprise œuvre dans plusieurs secteurs d'activités ou dans plusieurs zones géographiques. Elle peut offrir des biens et services variés ou effectuer des ventes dans divers pays. Afin de mieux informer les utilisateurs sur sa performance financière, une telle entreprise est tenue de donner des informations pour ses principaux secteurs d'activités ou ses principales zones géographiques, car les états financiers d'une entreprise révèlent sa situation financière et ses résultats d'exploitation de façon globale seulement. Ces informations apparaissent dans les notes aux états financiers.

Selon les normes IFRS, les entreprises doivent fournir des renseignements pour les secteurs opérationnels significatifs[4]. Un secteur opérationnel est une composante d'une entité :

- qui se livre à des activités à partir desquelles elle est susceptible d'acquérir des produits des activités ordinaires et d'engager des charges (y compris des produits et des charges découlant de transactions avec d'autres composantes de la même entité) ;
- dont les résultats opérationnels sont régulièrement examinés par le principal décideur opérationnel de l'entité en vue de prendre des décisions en matière de ressources à affecter au secteur et à évaluer sa performance ;
- pour laquelle des informations financières isolées sont disponibles. (En fait, un secteur opérationnel reflète la façon de gérer d'une entreprise. Pour qu'un gestionnaire puisse prendre de bonnes décisions, il a besoin d'informations sur les opérations dont il est responsable. L'entreprise a le devoir de communiquer une partie de cette information par voie de note aux états financiers.)

Pour se conformer aux normes en vigueur, l'entreprise doit notamment fournir les informations suivantes relativement à chaque secteur opérationnel :

- Les produits des activités ordinaires provenant de clients externes ;
- Les produits des activités ordinaires provenant de transactions avec d'autres secteurs opérationnels de la même entité ;
- Les produits d'intérêts ;
- Les charges d'intérêts ;
- Les amortissements d'actifs corporels et incorporels ;
- Les éléments significatifs de produits et de charges ;

4. Des seuils quantitatifs sont utilisés pour déterminer les secteurs opérationnels à présenter séparément : par exemple, 10 % des produits des activités ordinaires ou 10 % des actifs (IFRS 8). Les secteurs opérationnels doivent constituer au moins 75 % des produits des activités ordinaires (IFRS 8).

- La quote-part de l'entité dans le résultat des entités associées et des coentreprises comptabilisées selon la méthode de la mise en équivalence;
- La charge ou le produit d'impôts sur le résultat;
- Les éléments significatifs sans contrepartie en trésorerie, autres que les amortissements sur actifs corporels et incorporels.

Quant au degré de détail des informations à fournir, il doit, dans la mesure du possible, correspondre à l'information financière utilisée dans les états financiers de l'entreprise. Il va de soi que la somme des renseignements sectoriels doit correspondre au total des postes apparaisant dans les états financiers de l'entreprise.

L'**illustration 7.2** présente un exemple d'information sur les secteurs opérationnels à partir des extraits des états financiers d'Alimentation Couche-Tard. On y distingue les principales catégories de produits de même que l'information d'ordre géographique.

ILLUSTRATION 7.2 Secteurs opérationnels – extraits des états financiers d'Alimentation Couche-Tard

31. INFORMATION SECTORIELLE

La société exploite des magasins d'accommodation aux États-Unis, en Europe et au Canada. Elle exerce essentiellement ses activités dans un seul secteur isolable, soit la vente de produits de consommation immédiate, la vente de carburant pour le transport routier et la vente d'autres produits, essentiellement par l'entremise de magasins corporatifs et de franchises. L'exploitation des magasins d'accommodation et de vente de carburant pour le transport routier se fait principalement sous quatre bannières, soit Circle K, Statoil, Kangaroo Express, Couche-Tard et Mac's. Les produits de clients externes proviennent principalement de trois catégories, soit les marchandises et les services, le carburant pour le transport routier et les autres revenus.

Le tableau suivant fournit de l'information sur les principales catégories de produits ainsi que de l'information d'ordre géographique :

				2015				2014
	États-Unis	**Europe**	**Canada**	**Total**	États-Unis	Europe	Canada	Total
	$	**$**	**$**	**$**	$	$	$	$
Produits de clients externes [(a)]								
Marchandises et services	**5 311,0**	**990,4**	**1 974,4**	**8 275,8**	4 821,7	1 048,4	2 082,7	7 952,8
Carburant pour le transport routier	**14 599,0**	**7 111,0**	**2 571,9**	**24 281,9**	15 493,3	8 824,9	2 890,6	27 208,8
Autres	**16,0**	**1 955,7**	**0,5**	**1 972,2**	14,7	2 784,7	1,1	2 800,5
	19 926,0	**10 057,1**	**4 546,8**	**34 529,9**	20 329,7	12 658,0	4 974,4	37 962,1
Marge brute								
Marchandises et services	**1 748,4**	**408,2**	**649,2**	**2 805,8**	1 575,8	434,2	689,3	2 699,3
Carburant pour le transport routier	**1 093,3**	**870,9**	**164,4**	**2 128,6**	796,1	928,8	163,5	1 888,4
Autres	**16,0**	**317,1**	**0,5**	**333,6**	14,7	384,6	1,1	400,4
	2 857,7	**1 596,2**	**814,1**	**5 268,0**	2 386,6	1 747,6	853,9	4 988,1
Total de l'actif à long terme [(b)]	**4 686,2**	**2 773,6**	**556,6**	**8 016,4**	2 862,2	3 769,9	591,2	7 223,3

7.9 LES ENTITÉS LIÉES

Une entreprise peut effectuer des opérations avec des personnes morales ou physiques, appelées « parties liées », c'est-à-dire avec lesquelles elle entretient des liens de dépendance. Même si ces opérations sont effectuées dans des conditions normales, elles doivent être présentées de manière distincte dans les états financiers. Selon les normes IFRS, les parties liées rencontrées le plus fréquemment sont les suivantes :

- Une société mère et sa filiale ;
- Deux sociétés contrôlées par la même société ou par la même personne ;
- Une coentreprise et ses coentrepreneurs ;
- Une personne et ses proches parents, et la société qu'ils contrôlent ;
- Les membres de la direction et leurs proches parents respectifs, et la société qu'ils dirigent ;
- Un particulier et la société sur laquelle il exerce une influence notable ou un contrôle conjoint ;
- Une société gestionnaire et une société gérée unies par un contrat de gestion ou d'administration.

Les opérations entre parties liées peuvent être effectuées dans des conditions avantageuses pour l'une ou l'autre des parties. Des normes comptables établissent les règles quant à la mesure de telles opérations et aux renseignements à fournir à leur sujet. Habituellement, une note décrit l'étendue de telles opérations et les modalités dont elles sont assorties. En ce qui concerne l'information relative aux parties liées, il convient de souligner que l'entreprise doit indiquer par voie de note la rémunération de ses principaux dirigeants. L'**illustration 7.3** présente la note des états financiers d'Alimentation Couche-Tard décrivant la rémunération des principaux dirigeants de l'entreprise.

ILLUSTRATION 7.3 Rémunération des principaux dirigeants - extraits des états financiers d'Alimentation Couche-Tard

9. RÉMUNÉRATION DES PRINCIPAUX DIRIGEANTS

	2015	2014
	$	$
Salaires et autres avantages à court terme	**9,2**	10,5
Rémunération et autres paiements fondés sur des actions	**7,6**	4,4
Avantages sociaux futurs (note 27)	**2,4**	3,3
	19,2	18,2

Les principaux dirigeants comprennent les membres du conseil d'administration et de la haute direction.

7.10 LES ÉVÉNEMENTS POSTÉRIEURS À LA DATE DE CLÔTURE

Il arrive que des événements survenus entre la date de la fin de l'exercice et la date de l'autorisation de publication des états financiers (généralement donnée par le conseil d'administration) aient des conséquences financières importantes pour l'entreprise. Il peut s'agir du remboursement de la dette non courante, de la modification du capital-actions, de l'acquisition ou de la cession d'actifs, du regroupement d'entreprises, etc. Si de tels événements découlent de situations qui sont antérieures à la fin de l'exercice et qui viennent les confirmer, la rectification des états financiers est nécessaire[5]. Dans le cas contraire, une note complémentaire aux états financiers devra décrire la nature de ces événements et leur incidence financière.

À l'**illustration 7.4**, nous donnons un exemple d'événements postérieurs à la date de clôture, à partir des extraits des états financiers d'Alimentation Couche-Tard. Dans cette illustration, les événements postérieurs à la date de clôture sont des acquisitions d'entreprises et des déclarations de dividendes.

ILLUSTRATION 7.4 Événements postérieurs à la date de clôture - extraits des états financiers d'Alimentation Couche-Tard

32. ÉVÉNEMENTS SUBSÉQUENTS

Acquisition

Le 2 juin 2015, la société a fait l'acquisition, auprès de Cinco J Inc., Tiger Tote Food Stores, Inc. et ses affiliés de 21 magasins corporatifs opérant dans les États du Texas, du Mississippi et de la Louisiane aux États-Unis. La société est propriétaire du terrain et de la bâtisse pour 18 sites et loue les terrains et est propriétaire des immeubles pour les trois autres sites. Dans le cadre de cette entente, la société a également fait l'acquisition de 141 contrats d'approvisionnement en carburant pour le transport routier et de cinq lots à développer et a acquis les relations client de 124 sites.

Dividendes

Lors de sa réunion du 14 juillet 2015, le conseil d'administration de la société (le « conseil ») a déclaré et approuvé le paiement d'un dividende de 0,055 $ CA par action aux actionnaires inscrits au 23 juillet 2015, payable le 6 août 2015.

5. Par exemple, la déclaration de faillite d'un débiteur, dont l'entreprise prend connaissance après la fin d'exercice, concernant un compte qui existait en fin d'exercice. Cet événement viendra alors modifier la provision pour créances douteuses en fin d'exercice.

CHAPITRE 8

LE TABLEAU DES FLUX DE TRÉSORERIE

SOMMAIRE

Comme nous l'avons annoncé dans le chapitre 2, nous consacrons tout le chapitre 8 au tableau des flux de trésorerie. Cet état financier complète les états financiers étudiés précédemment, à savoir l'état de la situation financière, qui présente globalement ce que l'entreprise possède et ce qu'elle doit, l'état du résultat net[1], qui permet de connaître la performance de l'entreprise pour un exercice donné, et l'état des variations des capitaux propres, qui indique les opérations ayant influé sur les capitaux propres entre le début et la fin de l'exercice. Certaines informations utiles pour les lecteurs des états financiers ne ressortent pas de façon évidente de ces divers états.

Prenons l'exemple de l'état de la situation financière. Bien que celui-ci établisse la liste des actifs et des passifs de l'entreprise à la fin de l'exercice courant (et habituellement, à titre comparatif, à la fin de l'exercice précédent), il ne précise pas comment ceux-ci ont été gérés durant l'exercice. En d'autres termes, cet état financier ne permet pas de savoir quelles opérations (notamment l'acquisition et la vente d'actifs non courants, l'obtention de nouveaux prêts et le remboursement d'emprunts) ont eu un effet sur les actifs et les passifs durant l'exercice, ni de connaître l'incidence de ces opérations sur la trésorerie.

De son côté, l'état du résultat net présente les produits engendrés et les charges engagées – enregistrés selon le principe de la comptabilité d'engagement – dans le cadre des activités opérationnelles, des activités d'investissement et des activités de financement. L'objectif de cet état n'est pas de rendre compte des entrées et sorties de trésorerie liées à ces activités. Ces entrées et sorties de trésorerie, appelées « flux de trésorerie », sont un indice précieux de la viabilité à court terme de l'entreprise. Elles permettent d'évaluer la solvabilité de l'entreprise, qui est au cœur du processus décisionnel des investisseurs et des créanciers. La direction a donc intérêt à fournir, dans ses états financiers, des renseignements sur la manière dont elle gère la trésorerie et assure la survie immédiate de l'entreprise. C'est pour répondre à ce besoin que les dirigeants ajoutent normalement aux trois premiers états financiers un état portant exclusivement sur la gestion de la trésorerie, appelé « tableau des flux de trésorerie », qui détaille les entrées et sorties de trésorerie et les équivalents de trésorerie au cours de la période. Le tableau des flux de trésorerie explique la variation de la trésorerie et des équivalents de trésorerie[2] entre le début et la fin de la période.

Dans ce chapitre :

- Nous analysons le lien entre les divers états financiers et le tableau des flux de trésorerie ;
- Nous détaillons comment calculer les divers types de flux de trésorerie (activités opérationnelles, activités d'investissement ou activités de financement) ;
- Nous expliquons comment peut se présenter un tableau des flux de trésorerie.

---

1. Dans un souci de simplification, nous utilisons ici « état du résultat net » plutôt que « état du résultat net et des autres éléments du résultat global », comme nous le faisons ailleurs dans l'ouvrage.
2. La trésorerie comprend les fonds en caisse – ou encaisse – et les dépôts à vue, alors que les équivalents de trésorerie incluent les placements à court terme, très liquides, facilement convertibles en un montant connu de trésorerie et soumis à un risque négligeable de changement de valeur.

8.1 LES FLUX DE TRÉSORERIE – LIENS AVEC LES DIVERS ÉTATS FINANCIERS

8.1.1 Les flux de trésorerie

Les flux de trésorerie correspondent aux entrées (encaissements) et aux sorties (décaissements) de trésorerie. L'encaissement peut découler de plusieurs types d'opérations, comme la réception d'une somme payable par un client, l'octroi d'un emprunt par une banque ou la vente d'un actif non courant. Ces opérations se traduisent par une augmentation de la trésorerie.

Le décaissement découle de plusieurs types d'opérations, comme le remboursement du capital et le paiement des intérêts d'un emprunt, le paiement par chèque d'une facture à un fournisseur ou encore l'acquisition au comptant d'immobilisations ou de biens destinés à la vente. Peu importe la nature économique de l'opération, le décaissement constitue toujours une sortie de fonds qui fait diminuer la trésorerie.

8.1.2 La comptabilité d'engagement (et la notion de spécialisation ou d'indépendance des exercices)

Comme nous l'avons vu au chapitre 3, la comptabilité d'engagement et la notion d'indépendance (ou de spécialisation) des exercices exigent que les produits et les charges d'un exercice donné soient comptabilisés dans les états financiers portant sur cet exercice précis, peu importe le moment où se produisent les encaissements et les décaissements correspondants.

Revoyons ce principe à l'aide d'une opération et faisons le lien avec les flux de trésorerie. Considérons une société appelée Les Entreprises LMM, dont l'activité consiste à acheter et à revendre en l'état des marchandises et qui clôture son exercice financier le 31 mai. Imaginons que, le 25 mai 2017, Les Entreprises LMM vend à crédit des marchandises pour un montant de 5 000 $ à l'un de ses clients, livraison comprise. Elle pose comme condition de crédit que le client en question puisse payer son achat dans un délai d'un mois suivant la vente, soit le 25 juin 2017.

Voici comment la société enregistre cette opération : elle inscrit dans ses registres comptables une vente en date du 25 mai 2017 et, au même moment, elle inscrit que le client lui doit une somme de 5 000 $, qu'il doit régler avant le 25 juin 2017.

Lorsqu'elle établit ses états financiers au 31 mai 2017, soit à la fin de son exercice financier, elle y inclut un montant de 5 000 $ dans le compte Clients à l'état de la situation financière, d'une part, et dans ses ventes à l'état du résultat net, d'autre part.

Le 25 juin 2017, la société Les Entreprises LMM reçoit le chèque du client. Elle inscrit alors l'encaissement des 5 000 $ en question et annule le montant initialement inscrit dans le compte Clients. La vente est donc enregistrée dans l'état du résultat net pour l'exercice financier terminé le 31 mai 2017, bien que l'encaissement n'ait eu lieu qu'au cours de l'exercice suivant, débutant le 1er juin 2017 et se terminant le 31 mai 2018.

Illustrons maintenant ces notions dans le cadre d'un exercice complet. Reprenons l'exemple des Entreprises LMM. L'état du résultat net de cette société, présenté dans le **tableau 8.1**, montre qu'elle a inscrit des ventes totalisant 1 800 000 $ durant l'exercice se terminant le 31 mai 2017. Quel montant a-t-elle réellement encaissé relativement aux ventes de l'exercice ?

Puisque le poste Clients de l'état de la situation financière à la fin de 2017 présente un montant de 130 000 $, cela implique qu'il faut soustraire des 1 800 000 $ de ventes les 130 000 $ du compte Clients (correspondant à des sommes encore non réglées par les clients) afin de déterminer les encaissements. En revanche, le poste Clients de 2016 comportait un montant de 80 000 $, somme vraisemblablement encaissée en 2017 et devant donc être ajoutée au calcul qui permet de déterminer les encaissements effectués en 2017. Ainsi, les encaissements totaux pour 2017 se calculent comme suit :

1 800 000 $ (ventes 2017) + 80 000 (clients 2016) − 130 000 (clients 2017) = 1 750 000 $

TABLEAU 8.1 État du résultat net des Entreprises LMM

LES ENTREPRISES LMM INC. – ÉTAT DU RÉSULTAT NET de l'exercice terminé le 31 mai 2017		
Ventes		1 800 000 $
Coût des ventes		990 000 $
Marge brute		810 000 $
Coûts commerciaux		
Salaires et avantages sociaux	90 000 $	
Publicité	20 000 $	
Livraisons	40 000 $	
Amortissement des immobilisations	50 000 $	200 000 $
Coûts administratifs		
Salaires et avantages sociaux	115 000 $	
Assurances et taxes	70 000 $	
Papeterie et impression	50 000 $	
Télécommunications	55 000 $	
Entretien des immobilisations	15 000 $	
Amortissement des immobilisations	150 000 $	455 000 $
		655 000 $

Résultat avant autres produits et charges et impôts		155 000 $
Autres produits et charges		
Gain à la vente d'immobilisations	(5 000) $	
Charge d'intérêts	68 000 $	63 000 $
Résultat avant impôts		92 000 $
Charge d'impôts		16 000 $
Résultat net		76 000 $

8.1.3 L'utilisation de l'état du résultat net et de l'état de la situation financière pour obtenir les flux de trésorerie

Nous venons de voir que les ventes sont comptabilisées au moment même où elles ont lieu, qu'elles aient été réglées ou non. La consultation de l'état de la situation financière nous permet de comprendre qu'une partie des ventes figurant dans l'état du résultat net est encore impayée puisqu'elle apparaît dans le poste Clients de l'état de la situation financière.

Bien sûr, l'exemple examiné pour illustrer ce principe est relativement simple. Il nous permet cependant de constater qu'il est possible de calculer les flux de trésorerie à partir des éléments de l'état du résultat net et de l'état de la situation financière. Ainsi, même si les états financiers étudiés ne donnent pas directement des flux de trésorerie, ils permettent de les reconstituer. Voyons à présent comment procéder pour déterminer l'ensemble des flux de trésorerie liés à un exercice financier.

8.2 L'ÉTABLISSEMENT DES FLUX DE TRÉSORERIE

L'objectif du tableau des flux de trésorerie est de renseigner le lecteur sur les variations de la trésorerie et des équivalents de trésorerie ou, autrement dit, sur la façon dont des flux de trésorerie ont été générés ou utilisés au cours de la période. Pour ce faire, il est pertinent de regrouper les activités de l'entité en trois catégories distinctes : les activités opérationnelles, ou activités d'exploitation, les activités d'investissement et les activités de financement.

Il est raisonnable de penser que le lecteur des états financiers veut, en premier lieu, juger de la capacité de l'entreprise à générer des flux de trésorerie à partir de son activité, mesurée par le résultat net figurant à l'état du résultat net (tableau 8.1). Il faut ainsi déterminer, pour chacun des postes à l'état du résultat net, quels flux de trésorerie générés ou utilisés sont liés aux produits et charges de l'exercice. Les normes comptables proposent deux méthodes pour présenter les flux de trésorerie liés aux activités opérationnelles, soit la méthode directe et la méthode indirecte. Ces deux méthodes sont décrites plus loin. Nous nous concentrons dans un premier temps sur le calcul de ces flux de trésorerie.

Après avoir déterminé les flux de trésorerie liés aux activités opérationnelles, le lecteur veut savoir dans quelle mesure la variation de la trésorerie peut s'expliquer, d'un côté, par les investissements effectués au cours de l'exercice et, d'un autre côté, par l'évolution des sources de financement. Ce sont respectivement les flux de trésorerie liés aux activités d'investissement et ceux liés aux activités de financement qui informent le lecteur sur ces deux types de décisions. Illustrons le tout par l'**exemple 1**.

Exemple 1

Illustration des flux de trésorerie

Supposons que la société BIX génère des flux de trésorerie liés aux activités opérationnelles de 250 000 $. BIX décide d'investir 400 000 $ en achetant de nouvelles immobilisations. Puisque l'entreprise a généré 250 000 $ de trésorerie à partir de ses activités, il lui manque 150 000 $ pour financer ses acquisitions d'immobilisations. BIX décide de contracter un prêt pour la moitié du montant des immobilisations, soit 200 000 $, auprès d'une institution financière. Voici un tableau résumant les flux de trésorerie.

Flux liés aux activités opérationnelles	250 000 $
Flux liés aux activités de financement	200 000 $
Flux liés aux activités d'investissement	(400 000 $)
Trésorerie à la fin*	**50 000 $**

* Dans l'hypothèse où la trésorerie a un solde de zéro au début.

Dans ce qui suit, nous expliquons d'abord comment calculer chacune des trois composantes du tableau des flux de trésorerie en présentant les éléments des autres états financiers utilisés pour déterminer les flux de trésorerie liés aux activités opérationnelles, aux activités d'investissement et aux activités de financement.

8.2.1 Les flux de trésorerie liés aux activités opérationnelles

Les flux de trésorerie survenus dans le cadre de l'exploitation de l'entreprise peuvent être liés à des produits générés par les activités de production, de vente et de livraison de biens ou de prestation de services, ou à des charges engendrées par ces activités. Comme les activités opérationnelles sont généralement traduites dans l'état du résultat net et qu'elles donnent lieu à l'enregistrement d'actifs et de passifs courants figurant dans l'état de la situation financière, nous nous reportons à ces postes pour reconstituer les flux de trésorerie liés aux activités opérationnelles.

A Les ventes et les clients

Revenons à la société Les Entreprises LMM que nous avons vu à la section 8.1.2. Son état de la situation financière (voir le **tableau 8.2**) présente un montant de 80 000 $ pour les clients au 31 mai 2016, soit au début de l'exercice 2017, contre 130 000 $ un an plus tard, soit à la fin de l'exercice 2017. Comme nous l'avons vu au tableau 8.1, les ventes de l'exercice terminé le 31 mai 2017 se sont établies à 1 800 000 $. Nous pouvons donc calculer les encaissements de l'exercice à l'aide de la formule suivante :

Clients au début de l'exercice + **Ventes** − **Clients à la fin** = **Encaissements de l'exercice**

Appliquons cette formule à nos données :

Clients au début de l'exercice	80 000 $
Plus : Ventes de l'exercice	1 800 000 $
Total possible des encaissements	1 880 000 $
Moins : Clients à la fin de l'exercice	130 000 $
Encaissements de l'exercice	1 750 000 $

En ajoutant les ventes de l'exercice terminé le 31 mai 2017 au poste Clients au 31 mai 2016, nous obtenons un total de 1 880 000 $ (80 000 $ + 1 800 000 $), soit le montant maximal qui aurait pu être encaissé des clients au cours de l'exercice 2017. En soustrayant de cette somme les 130 000 $ enregistrés dans le poste Clients au 31 mai 2017, nous obtenons le total des encaissements effectués au cours de l'exercice, soit 1 750 000 $.

TABLEAU 8.2 État de la situation financière des Entreprises LMM

LES ENTREPRISES LMM INC. – ÉTAT DE LA SITUATION FINANCIÈRE
au 31 mai 2017

ACTIF	2017	2016
Actif courant		
Trésorerie	**19 000 $**	60 000 $
Clients	**130 000 $**	80 000 $
Stocks de marchandises	**160 000 $**	200 000 $
Charges payées d'avance	**15 000 $**	10 000 $
	324 000 $	350 000 $
Immobilisations corporelles (note 1)	**1 190 000 $**	1 110 000 $
	1 514 000 $	1 460 000 $

PASSIF		
Passif courant		
Fournisseurs	**120 000 $**	170 000 $
Impôt à payer	**15 000 $**	11 000 $
Tranche de la dette non courante échéant à moins d'un an	**41 000 $**	27 000 $
	176 000 $	208 000 $
Dette non courante (note 2)	**620 000 $**	640 000 $
	796 000 $	848 000 $
CAPITAUX PROPRES		
Capital-actions (note 3)	**210 000 $**	150 000 $
Résultats non distribués	**508 000 $**	462 000 $
	718 000 $	612 000 $
	1 514 000 $	1 460 000 $

	Coût	Amortissement cumulé	Valeur nette 2017	Valeur nette 2016
1. Immobilisations corporelles				
Terrain	300 000 $		**300 000 $**	300 000 $
Bâtiment	800 000 $	320 000 $	**480 000 $**	520 000 $
Matériel roulant	200 000 $	105 000 $	**95 000 $**	100 000 $
Mobilier et agencements	600 000 $	285 000 $	**315 000 $**	190 000 $
	1 900 000$	710 000 $	**1 190 000 $**	1 110 000 $

2. Dette non courante	2017	2016
Emprunt hypothécaire, 9,5 %, remboursable par versements mensuels de 7 400 $, y compris les intérêts, échéant en 2020	**640 000 $**	667 000 $
Emprunt, 10 %, garanti par nantissement commercial sur du matériel roulant, remboursable par versements mensuels de 960 $, y compris les intérêts, échéant en 2020	**21 000 $**	
	661 000 $	667 000 $
Tranche échéant à moins d'un an	**41 000 $**	27 000 $
	620 000 $	640 000 $

3. Capital-actions		
1 100 actions de catégorie A participatives avec droit de vote, sans valeur nominale (1 000 actions en 2016)*	**160 000 $**	100 000 $
350 actions de catégorie B à dividendes non cumulatifs de 10 %, sans valeur nominale	**50 000 $**	50 000 $
	210 000 $	150 000 $

* Au cours de l'exercice, l'entreprise a émis 100 actions de catégorie A en contrepartie de 60 000 $ en espèces.

B Les achats, les stocks et les fournisseurs

Cette fois, nous voulons connaître le montant des flux de trésorerie affectés aux achats, c'est-à-dire les sommes décaissées durant l'exercice pour régler les achats de la société, peu importe le moment où ceux-ci ont été réalisés. Comme nous l'avons vu au tableau 8.1, le coût des ventes pour l'exercice terminé le 31 mai 2017 se chiffre à 990 000 $.

En partant du coût des ventes, le calcul lié aux décaissements pour les achats se fait en deux étapes. Premièrement, il faut trouver le montant des achats effectués au cours de l'exercice. Ensuite, il faut calculer les décaissements en considérant la variation des fournisseurs dans l'état de la situation financière, entre le début et la fin de l'exercice, comme nous l'avons fait ci-dessus pour les clients.

Les achats sur lesquels reposent nos calculs sont compris dans le coût des ventes. Le lien entre les achats et le coût des ventes se fait par les stocks (comme nous l'avons expliqué au chapitre 4). Le niveau des stocks se lit dans l'état de la situation financière, sous le poste Stocks de marchandises. À partir d'ici, pour déterminer les flux de trésorerie affectés aux achats, on reconstitue le montant des achats.

Si

Coût des ventes = Stocks au début + Achats – Stocks à la fin

alors

Coût des ventes – Stocks au début + Stocks à la fin = Achats

Appliquons la formule aux données de notre exemple.

Coût des ventes	990 000 $
Moins : Stocks au début	200 000 $
	790 000 $
Plus : Stocks à la fin	160 000 $
Achats de l'exercice	950 000 $

Une fois le montant des achats connu, il est possible de déterminer le total des décaissements.

La société a effectué des achats pour un montant de 950 000 $ au cours de l'exercice se terminant le 31 mai 2017. Elle devait déjà 170 000 $ à ses fournisseurs au début de cet exercice, relativement à des achats effectués au cours d'exercices précédents. Si elle avait voulu tous les régler au cours de l'exercice terminé le 31 mai 2017, elle aurait dû décaisser 1 120 000 $. Or, à la fin de l'exercice 2017, elle devait toujours 120 000 $ à ses fournisseurs. En fait, elle ne leur a versé qu'un total de 1 000 000 $ (1 120 000 $ – 120 000 $) au cours de l'exercice terminé le 31 mai 2017, comme le démontre la formule suivante :

Fournisseurs au début de l'exercice	+	**Achats**	–	**Fournisseurs à la fin de l'exercice**	=	**Décaissements**

Appliquons cette formule à nos données, comme suit :

Fournisseurs au début de l'exercice	170 000 $
Plus : Achats de l'exercice	950 000 $
Total possible des décaissements	1 120 000 $
Moins : Fournisseurs à la fin de l'exercice	120 000 $
Décaissements de l'exercice	1 000 000 $

C Les autres charges, les charges payées d'avance et les autres créditeurs

Nous souhaitons maintenant connaître les flux de trésorerie de l'exercice qui ont été affectés au règlement des autres charges, c'est-à-dire les décaissements ayant servi à payer des frais autres que les achats. Notre exemple porte sur les coûts commerciaux et administratifs. En règle générale, une partie de ces autres charges est reliée à des sommes impayées en fin d'exercice (par exemple, les créditeurs autres que les fournisseurs qui figurent au passif de l'état de la situation financière) ou encore à des sommes payées d'avance (enregistrées dans le poste Charges payées d'avance à l'actif de l'état de la situation financière). Puisque, en général, les états financiers ne donnent pas le détail des autres créditeurs et des charges payées d'avance, c'est l'ensemble de ces charges que l'on convertit en décaissements. Il faut souligner que les décaissements servant à payer les intérêts et l'impôt font l'objet d'une communication distincte dans le tableau des flux de trésorerie. Nous les traitons donc séparément.

Dans notre exemple des Entreprises LMM, l'état de la situation financière du tableau 8.2 ne fait apparaître aucun poste de créditeurs autres que les fournisseurs.

L'actif de l'état de la situation financière présente un montant de 15 000 $ de charges payées d'avance à la fin de l'exercice 2017. Cette somme a été décaissée dans l'exercice 2017, mais ne figure pas dans les charges à l'état du résultat net puisqu'elle est à priori liée à des activités du prochain exercice. Il faut donc, pour reconstituer les décaissements, additionner cette somme aux autres charges de l'exercice figurant dans le compte de résultat du tableau 8.1. Nous obtenons le décaissement maximal lié aux autres charges que la société aurait pu faire durant l'exercice 2017, soit 470 000 $. De ce total, 10 000 $ ont en fait été décaissés avant l'exercice 2017, puisqu'ils figuraient dans les charges payées d'avance au 31 mai 2016. Par conséquent, nous devons soustraire ce montant pour obtenir le total des décaissements durant l'exercice 2017, soit 460 000 $, comme l'indique la formule suivante :

Charges payées d'avance à la fin + **Autres charges de l'exercice** – **Charges payées d'avance au début** = **Décaissements de l'exercice**

Charges payées d'avance à la fin	15 000 $
Plus : Autres charges de l'exercice (coûts commerciaux + coûts administratifs – amortissements) (200 000 $ + 455 000 $ – 200 000 $)	455 000 $
	470 000 $
Moins : Charges payées d'avance au début	10 000 $
Décaissements de l'exercice	460 000 $

À ce stade, il importe de noter que certains postes de produits ou de charges de l'état du résultat net ne seront pas considérés dans les encaissements ni dans les décaissements, puisqu'ils ne constituent pas une entrée ou une sortie de trésorerie.

Ainsi, dans notre exemple, l'amortissement des immobilisations, présenté dans les coûts commerciaux et administratifs, ainsi que le gain à la vente d'immobilisations ne font pas partie de l'analyse des flux de trésorerie liés aux activités opérationnelles. L'amortissement ne constitue pas une sortie d'argent, mais une répartition du coût des immobilisations sur la durée d'utilité prévue par l'entité. Quant au gain enregistré lors de la vente d'immobilisations, il ne correspond pas à une entrée d'argent puisqu'il est le résultat de la différence entre le prix de vente et la valeur comptable des immobilisations vendues. Les encaissements et les décaissements liés aux opérations sur les immobilisations (acquisitions ou cessions) apparaissent dans la rubrique consacrée aux flux de trésorerie liés aux activités d'investissement, un peu loin.

D Les intérêts

Des frais d'intérêts de 68 000 $ figurent dans le résultat net au tableau 8.1. L'état de la situation financière ne présente aucun intérêt à payer dans le passif courant. Les décaissements relatifs aux intérêts équivalent donc à la charge présentée dans l'état du résultat net. En pareil cas, aucun ajustement des éléments provenant de l'état du résultat net n'est requis. S'il y avait eu des intérêts à payer, la formule suivante aurait été utilisée :

Intérêts à payer au début + **Charge d'intérêts** − **Intérêts à payer à la fin** = **Décaissements liés aux intérêts**

Les normes IFRS précisent que les intérêts et les dividendes versés et reçus peuvent être présentés avec les activités liées aux activités opérationnelles. Toutefois, les entités peuvent choisir de les classer dans les flux de trésorerie de financement (versés) ou encore d'investissement (reçus) si les intérêts ou les dividendes représentent respectivement le coût d'obtention de ressources financières ou des rendements sur investissements.

E L'impôt

À combien se chiffrent les décaissements affectés au paiement des impôts en 2017 ? L'état du résultat net présente une charge d'impôts de 16 000 $. Pour les fins de notre illustration, nous supposons qu'il s'agit de l'impôt « exigible » (voir le chapitre 7). L'état de la situation financière indique un impôt à payer de 11 000 $ au début de l'exercice 2017. La formule suivante permet de connaître le décaissement réel de l'exercice relativement à l'impôt :

Impôt à payer au début + **Charge d'impôts de l'exercice** − **Impôt à payer à la fin** = **Décaissement de l'exercice**

Appliquons la formule à notre exemple :

Impôt à payer au début de l'exercice	11 000 $
Plus : Charge d'impôts exigibles de l'exercice	16 000 $
	27 000 $
Moins : Impôt à payer à la fin de l'exercice	15 000 $
Décaissement de l'exercice	12 000 $

Nous constatons que le montant maximal d'impôts qui aurait pu être décaissé durant l'exercice 2017 s'élève à 27 000 $. Étant donné qu'il reste 15 000 $ d'impôt à payer au 31 mai 2017, nous pouvons en déduire que le décaissement réellement effectué durant l'exercice se chiffre à 12 000 $.

Dans la situation où des impôts différés sont enregistrés (voir le chapitre 7), il faut déduire la charge d'impôts différés de la charge totale d'impôts, cette dernière n'ayant pas d'incidence sur les flux de trésorerie.

F Le résultat net

Le **tableau 8.3** résume les calculs effectués précédemment et illustre de quelle façon les différents éléments du résultat net peuvent être convertis en flux de trésorerie. Dans la colonne Ajustements, nous constatons que les encaissements sur les ventes sont inférieurs de 50 000 $ aux ventes inscrites à l'état du résultat net, alors que les décaissements sont inférieurs de 184 000 $ aux charges inscrites.

À la lecture de ce tableau, il apparaît que les efforts consentis par la société pour son exploitation durant l'exercice 2017 se sont traduits par un résultat net de 76 000 $ et des entrées nettes de trésorerie de 210 000 $. Étant donné que l'état de la situation financière présente une trésorerie de 60 000 $ au 31 mai 2016, ces entrées nettes auraient dû porter la trésorerie à 270 000 $ au 31 mai 2017. Or, celle-ci se chiffre à 19 000 $ seulement. Nous pouvons en déduire que Les Entreprises LMM ont effectué d'autres opérations ayant occasionné une diminution nette de la trésorerie. Ces opérations s'inscrivent dans les activités d'investissement et de financement, que nous abordons dans la section suivante.

TABLEAU **8.3** La conversion du résultat net en flux de trésorerie

LES ENTREPRISES LMM INC. – ÉTAT DU RÉSULTAT NET
de l'exercice terminé le 31 mai 2017

		Ajustements			
	Résultats selon la comptabilité d'engagement	Éléments influant sur les flux de trésorerie liés aux activités opérationnelles*	Éléments sans effet sur les flux de trésorerie liés aux activités opérationnelles	Flux de trésorerie	
Ventes (voir la section A)	1 800 000 $	80 000 $ (130 000 $) (50 000 $)		1 750 000 $	Encaissements provenant des ventes aux clients
Coût des ventes (voir la section B)	990 000 $	170 000 $ (120 000 $) 160 000 $ (200 000 $)		1 000 000 $	Décaissements relatifs aux achats auprès de fournisseurs
Charges autres que amortissement (voir la section C)	455 000 $	15 000 $ (10 000 $)		460 000 $	Décaissements relatifs aux autres charges
Amortissement des immobilisations	200 000 $		(200 000 $)		
Gain à la vente d'immobilisations	(5 000 $)		5 000 $		
Intérêts débiteurs (voir la section D)	68 000 $			68 000 $	Décaissements relatifs aux frais d'intérêt
Impôt (voir la section E)	16 000 $	11 000 $ (15 000 $)		12 000 $	Décaissements relatifs à l'impôt
	1 724 000 $	11 000 $	(195 000 $)	1 540 000 $	
Résultat net	76 000 $	(61 000 $)	195 000 $**	210 000 $	Entrées nettes de trésorerie

* Voir également le tableau 8.7.

** Dans ce tableau, le retrait d'une charge se transforme en une addition au résultat.

8.2.2 Les flux de trésorerie liés aux activités d'investissement et de financement

Jusqu'ici, toutes les « conversions » ne visaient qu'à calculer la variation de trésorerie liée aux activités opérationnelles de l'entreprise, mais d'autres opérations engendrent aussi des flux de trésorerie. Il s'agit des opérations liées aux activités d'investissement, comme l'acquisition d'immobilisations, ou aux activités de financement, comme l'émission de capital-actions.

Alors que le calcul des flux de trésorerie liés aux activités opérationnelles faisait appel à l'actif et au passif courants de l'état de la situation financière, celui des flux de trésorerie liés aux activités d'investissement et de financement fait appel à l'actif et au passif non courants et aux capitaux propres de l'état de la situation financière. Les activités d'investissement relèvent de l'acquisition et de la cession d'actifs non courants, ainsi que des placements ne faisant pas partie des équivalents de trésorerie. Quant aux activités de financement, elles se rapportent à des activités qui modifient l'ampleur et la composition des capitaux propres et des capitaux empruntés par l'entreprise.

A Opérations liées aux activités d'investissement

Le poste Immobilisations corporelles comprend les actifs non courants qu'une société utilise dans le cours normal de ses affaires. Ainsi, si la société Les Entreprises LMM acquiert au comptant 20 000 $ de nouvelles immobilisations corporelles le 1er juin 2016, elle inscrit dans ses registres comptables à cette date, d'une part, un décaissement de 20 000 $ et, d'autre part, une augmentation du poste Immobilisations corporelles (dans le chapitre 2, nous avons expliqué que l'entreprise inscrit ses immobilisations corporelles dans l'état de la situation financière, car celles-ci procurent des avantages sur plusieurs exercices). Dans le résultat net, seul l'amortissement est inscrit comme charge annuelle, laquelle ne correspond pas au décaissement total de 20 000 $ effectué lors de l'acquisition.

En somme, bien que le décaissement ait eu lieu le 1er juin 2016 pour le montant total de l'immobilisation, l'utilisation de l'immobilisation va se traduire par une charge annuelle d'amortissement pendant plusieurs exercices. Pour ce type d'opération, il y a donc un décalage entre le flux de trésorerie et l'impact sur le résultat.

À la lecture du tableau 8.2, nous voyons que le montant net du poste Immobilisations corporelles des Entreprises LMM est passé de 1 110 000 $ à 1 190 000 $ durant l'exercice, soit une augmentation de 80 000 $. Cette augmentation nette ne représente pas nécessairement les dépenses en immobilisations engagées durant l'exercice 2017. D'autres renseignements, dont les flux de trésorerie liés à cette augmentation, sont nécessaires à notre compréhension des opérations qui se sont déroulées au cours de l'exercice. Il est possible d'obtenir ces renseignements en consultant les notes complémentaires aux états financiers, en comparant les soldes et en s'adressant aux représentants de l'entreprise. Pour les besoins de notre exemple, nous ajoutons les renseignements suivants :

- la société a acheté un camion d'une valeur de 35 000 $ au moyen d'un emprunt de 30 000 $;
- la société a vendu 20 000 $ de mobilier dont la valeur nette s'élevait à 15 000 $;
- la société a réaménagé ses bureaux et fait l'acquisition de mobilier pour une somme de 260 000 $.

En ce qui concerne la deuxième opération, il convient de souligner que le gain de 5 000 $ provenant de cette vente et inclus dans le résultat net ne constitue pas l'entrée de trésorerie, puisque l'encaissement lié à la vente du mobilier est de 20 000 $.

À la suite de ces trois transactions, la diminution nette de la trésorerie se chiffre à 275 000 $, soit le montant total des acquisitions (35 000 $ + 260 000 $) moins le prix de vente de 20 000 $, si l'on exclut l'encaissement résultant d'un emprunt de 30 000 $ traité plus loin.

La prise en compte des renseignements présentés ci-dessus et de la charge d'amortissement (qui a évidemment un impact sur le montant net des immobilisations puisque la valeur nette, ou valeur comptable, des immobilisations équivaut au coût d'acquisition moins l'amortissement cumulé) nous permet de faire le rapprochement complet de la variation du montant net des immobilisations durant l'exercice.

	Variation des immobilisations corporelles	Encaissements (décaissements)
Valeur nette au début de l'exercice	1 110 000 $	
Plus : Acquisitions de l'exercice		
Camion	35 000 $	(35 000 $)
Mobilier et agencement	260 000 $	(260 000 $)
	1 405 000 $	
Moins : Ventes de l'exercice		
Mobilier (valeur nette)	15 000 $	20 000 $
Amortissement de l'exercice (50 000 + 150 000)	200 000 $*	
	215 000 $	
Valeur nette à la fin de l'exercice	1 190 000 $	
Diminution nette de la trésorerie		(275 000 $)

* Dans l'état du résultat net et le compte de résultat, on retrouve 50 000 $ dans les coûts commerciaux et 150 000 $ dans les charges administratives.

B Opérations liées aux activités de financement

B.1 La dette non courante

En analysant les passifs courants lors du calcul des flux de trésorerie liés aux activités opérationnelles à partir du résultat net, nous n'avons pas tenu compte de la tranche de la dette non courante échéant à moins d'un an, car ce passif n'est pas lié aux activités opérationnelles, mais au financement de l'entreprise. On connaît les répercussions des variations de ce passif sur la trésorerie en étudiant les opérations qui se rapportent à la dette non courante.

La note 2 du tableau 8.2 indique que la dette non courante est passée de 667 000 $ à 661 000 $ durant l'exercice 2017, soit une diminution nette de 6 000 $. Cette diminution découle d'abord des versements de capital sur l'emprunt hypothécaire de 27 000 $[3], soit la tranche échéant au cours de l'exercice qui se termine le 31 mai 2017.

Ensuite, la société a emprunté 30 000 $ pour l'achat du camion. Les versements de capital inhérents à cette dette se chiffrent à 9 000 $, puisqu'un solde de 21 000 $ subsiste.

Dette non courante au début de l'exercice		667 000 $
Plus :	Emprunt de l'exercice	30 000 $
		697 000 $
Moins :	Remboursements de capital de l'exercice (27 000 + 9 000)	36 000 $
Dette non courante à la fin de l'exercice		661 000 $

Nous observons que la diminution de la trésorerie relative aux remboursements de capital de la dette à long terme se chiffre à 6 000 $, soit les remboursements de 36 000 $ moins l'emprunt de 30 000 $. Quant aux intérêts versés, nous en avons déjà tenu compte dans la sous-section 8.2.1 D, lors de la conversion du résultat net en flux de trésorerie.

3. Nous constatons que la diminution de la dette ne correspond pas aux sommes réellement payées durant l'exercice. Si tous les versements mensuels de 7 400 $ ont été effectués, le décaissement total se chiffre à 88 800 $. La différence de 61 800 $ représente les intérêts versés sur l'emprunt, lesquels sont compris dans les charges de l'état du résultat net. En effet, la dette enregistrée dans l'état de la situation financière représente toujours le capital de l'emprunt. Les intérêts correspondent à la rémunération versée par l'emprunteur au prêteur pour la jouissance du capital et ne constituent une dette qu'au moment où le versement périodique (en capital et intérêts) arrive à échéance. Les intérêts débiteurs d'un exercice donné impayés à la fin de l'exercice figurent généralement dans le passif courant et font l'objet d'un poste distinct.

B.2 Les postes de capitaux propres

L'augmentation du capital-actions est expliquée dans la note 3 du tableau 8.2. L'émission de 100 actions de catégorie A a entraîné une augmentation de la trésorerie de 60 000 $.

La lecture de l'état du résultat net du tableau 8.1 montre que le résultat net de 76 000 $ a contribué à l'augmentation des résultats non distribués. Au 31 mai 2017, les résultats non distribués devraient donc s'élever à 538 000 $, si aucune distribution de dividendes n'a été effectuée. Pour vérifier les variations survenues au cours de l'exercice, examinons le **tableau 8.4**, qui présente l'état des variations des capitaux propres.

TABLEAU 8.4 État des variations des capitaux propres

LES ENTREPRISES LMM INC. – ÉTAT DES VARIATIONS DES CAPITAUX PROPRES

	Capital-actions		Résultats non distribués	Total de capitaux propres
	Catégorie A	Catégorie B		
Solde au 1er juin	100 000 $	50 000 $	462 000 $	612 000 $
Résultat net de l'exercice			76 000 $	76 000 $
Dividendes			(30 000 $)	(30 000 $)
Émission d'actions	60 000 $	0 $		60 000 $
Total	**160 000 $**	**50 000 $**	**508 000 $**	**718 000 $**

Nous voyons que la société a déclaré 30 000 $ de dividendes durant l'exercice 2017, réduisant ainsi ses résultats non distribués à 508 000 $. Notons que la déclaration de dividendes ne signifie pas forcément que les dividendes ont été versés durant l'exercice. Pour valider le paiement, il faut examiner le passif courant de l'état de la situation financière. En effet, si les dividendes n'ont pas été versés durant l'exercice, le poste Dividendes à payer apparaîtra alors dans le passif courant. Chez Les Entreprises LMM, le passif courant n'indique aucun dividende à payer au 31 mai 2017. Nous pouvons donc en déduire que tous les dividendes déclarés ont été versés, ce qui a entraîné une diminution équivalente de la trésorerie.

Nous avons passé en revue l'ensemble des postes qui peuvent être convertis en flux de trésorerie. Le moment est enfin venu de traiter de la présentation du tableau des flux de trésorerie.

8.3 LA PRÉSENTATION DU TABLEAU DES FLUX DE TRÉSORERIE

Le tableau des flux de trésorerie sert à montrer l'effet des activités de l'entreprise sur sa trésorerie. Plus particulièrement, il aide les utilisateurs des états financiers à évaluer la trésorerie et les équivalents de trésorerie, la solvabilité de l'entreprise, de même que sa capacité à s'autofinancer et à distribuer des dividendes à ses actionnaires.

Avant d'étudier le contenu et la présentation du tableau des flux de trésorerie, rappelons en quoi consiste la trésorerie.

8.3.1 La trésorerie et les équivalents de trésorerie

La trésorerie et les équivalents de trésorerie comprennent les espèces et les quasi-espèces, c'est-à-dire les actifs dont l'entreprise peut disposer facilement. Ces espèces et quasi-espèces se composent notamment des fonds en caisse, des dépôts à vue et des placements à court terme facilement monnayables et soumis à un risque négligeable de changement de valeur, comme les dépôts à terme (lorsque ceux-ci peuvent être retirés en tout temps sans pénalité).

Les éléments qui composent la trésorerie et les équivalents de trésorerie varient d'une entreprise à l'autre, selon la nature de l'actif et de l'activité. Il revient à la direction de l'entreprise de déterminer, dans certaines circonstances, les actifs possédant les caractéristiques requises pour être considérés comme de la trésorerie ou des équivalents de trésorerie. C'est pourquoi les éléments qui composent la trésorerie ou les équivalents de trésorerie doivent être précisés dans le tableau des flux de trésorerie. Dans l'exemple choisi pour illustrer ce chapitre, il n'y a aucun équivalent de trésorerie, et la trésorerie est le seul élément dont il faut expliquer la variation.

8.3.2 La présentation des composantes du tableau des flux de trésorerie

Le tableau des flux de trésorerie comprend, comme nous l'avons déjà mentionné, les trois rubriques suivantes : Activités opérationnelles, Activités de financement et Activités d'investissement. La présentation des flux liés à ces activités permet de déterminer les variations de trésorerie et des équivalents de trésorerie au cours de l'exercice.

Notons que les entreprises doivent présenter la rubrique Activités opérationnelles en premier lieu, mais qu'elles peuvent produire les deux autres dans l'ordre de leur choix.

A Les activités opérationnelles

Les renseignements figurant dans la rubrique Activités opérationnelles visent à aider les utilisateurs à évaluer dans quelle mesure l'entreprise peut générer de la trésorerie à partir de ses opérations, et donc financer ses activités – qu'elles soient relatives aux opérations ou aux investissements – sans recourir à des sources de financement externes. En d'autres termes, ils permettent aux utilisateurs d'estimer si les flux de trésorerie produits par l'exploitation suffisent à couvrir ceux qui sont utilisés pour remplacer des actifs, effectuer de nouveaux investissements, rembourser des dettes et verser des dividendes.

Les flux de trésorerie liés aux activités opérationnelles peuvent être présentés de deux façons : la méthode directe et la méthode indirecte.

A.1 La méthode directe

La méthode directe a pour but de renseigner le lecteur sur les entrées et les sorties de trésorerie liées aux principales catégories d'activités opérationnelles. Cette méthode donne plus d'informations pour estimer les flux de trésorerie futurs que la méthode indirecte, qui ne permet pas une analyse aussi détaillée des flux liés aux activités opérationnelles. Le **tableau 8.5** illustre la façon de présenter les activités opérationnelles en utilisant la méthode directe. Tous les calculs préalablement effectués figurent au tableau 8.3 ; ils permettent de déterminer les entrées de trésorerie provenant des ventes (1 750 000 $) et les sorties de trésorerie liées aux achats (1 000 000 $), aux autres charges (460 000 $), aux intérêts versés (68 000 $) et aux impôts payés (12 000 $) et donc d'obtenir les flux de trésorerie provenant des activités opérationnelles pour un montant de 210 000 $.

TABLEAU 8.5 Flux de trésorerie liés aux activités opérationnelles des Entreprises LMM établis selon la méthode directe

LES ENTREPRISES LMM INC. – EXTRAIT DU TABLEAU DES FLUX DE TRÉSORERIE de l'exercice terminé le 31 mai 2017	
Activités opérationnelles (voir le calcul au tableau 8.3)	
Entrées de trésorerie – ventes	1 750 000 $
Sorties de trésorerie – achats	(1 000 000 $)
Sorties de trésorerie – autres charges	(460 000 $)
Intérêts versés	(68 000 $)
Impôts payés	(12 000 $)
Flux de trésorerie provenant des activités opérationnelles	210 000 $

A.2 La méthode indirecte

La méthode indirecte (voir le **tableau 8.6**) est dérivée de la méthode directe. C'est le montant du résultat net, et non chacune de ses composantes, qui sert de point de départ et qui est ensuite ajusté pour refléter les flux de trésorerie générés à partir des activités opérationnelles de l'entreprise. Selon cette méthode, on obtient les flux de trésorerie provenant des activités opérationnelles en ajustant le résultat net 1) aux éléments n'ayant pas d'impact sur la trésorerie (par exemple, l'amortissement) et 2) aux variations survenues au cours de l'exercice sur les postes du fonds de roulement hors trésorerie liés aux activités opérationnelles. Quelle que soit la méthode utilisée, les flux de trésorerie générés par les activités opérationnelles donnent le même montant. Dans notre exemple, Les Entreprises LMM ont généré 210 000 $ de flux de trésorerie provenant des activités opérationnelles pour l'exercice terminé le 31 mai 2017. Les calculs servant à obtenir ce montant ont déjà été effectués au tableau 8.3. Cependant, nous obtenons ici l'effet global apparaissant à la dernière ligne du tableau 8.3.

TABLEAU 8.6 Flux de trésorerie liés aux activités opérationnelles des Entreprises LMM établis selon la méthode indirecte

LES ENTREPRISES LMM INC. – EXTRAIT DU TABLEAU DES FLUX DE TRÉSORERIE
de l'exercice terminé le 31 mai 2017

Activités opérationnelles	
Résultat net	76 000 $
Éléments sans effet sur la trésorerie liés aux activités opérationnelles	
Amortissement des immobilisations corporelles	200 000 $
Gain à la vente d'immobilisations corporelles*	(5 000 $)
	271 000 $
Variation nette des éléments du fonds de roulement hors trésorerie liés aux activités opérationnelles**	(61 000 $)
Flux de trésorerie provenant des activités opérationnelles	210 000 $

* Se reporter au tableau 8.3, p. 198.
** Voir le **tableau 8.7** à la page suivante.

TABLEAU 8.7 Ajustement du résultat net des éléments liés aux activités opérationnelles : variation nette des éléments du fonds de roulement hors trésorerie liés aux activités opérationnelles

	Effets sur la trésorerie*		
Augmentation des clients	– 50 000 $	31 mai 2017	130 000 $
		31 mai 2016	80 000 $
Diminution des stocks de marchandises	+ 40 000 $	31 mai 2017	160 000 $
		31 mai 2016	200 000 $
Augmentation des charges payées d'avance	– 5 000 $	31 mai 2017	15 000 $
		31 mai 2016	10 000 $
Diminution des créditeurs	– 50 000 $	31 mai 2017	120 000 $
		31 mai 2016	170 000 $
Augmentation de l'impôt à payer	+ 4 000 $	31 mai 2017	15 000 $
		31 mai 2016	11 000 $
Variation nette des éléments du fonds de roulement hors trésorerie liés aux activités opérationnelles	– 61 000 $		

* Voir également le tableau 8.3, p. 198.

Nous pouvons donc résumer les particularités de la méthode indirecte.

- **Le résultat net.** Le calcul commence par le résultat net présenté dans l'état du résultat net, soit un montant de 76 000 $.
- **Les éléments sans effet sur la trésorerie.** Puisque le point de départ est le résultat net, il faut s'assurer que les postes de produits et de charges qui ne constituent jamais des entrées ou des sorties de trésorerie sont éliminés pour reconstituer les éléments de trésorerie. Ainsi, dans notre exemple, l'amortissement (50 000 $ + 150 000 $) est une charge qui réduit le résultat net. Cependant, puisqu'elle n'a pas d'effet sur la trésorerie, elle doit être ajoutée au résultat net. Le traitement inverse est appliqué au gain découlant de la vente d'immobilisations corporelles. Ce gain de 5 000 $, qui a augmenté le résultat net, n'a pas modifié la trésorerie et est donc soustrait du résultat net pour reconstituer la trésorerie ou les flux de trésorerie. En plus, ce gain est lié à une opération concernant les immobilisations, dont l'effet sur la trésorerie apparaît dans la rubrique Activités d'investissement. D'autres postes, qui ne représentent pas des entrées ou des sorties de trésorerie, font l'objet de redressements à la baisse ou à la hausse dans cette section pour déterminer les flux de trésorerie liés aux activités opérationnelles.
- **La variation nette des éléments du fonds de roulement hors trésorerie liés aux activités opérationnelles.** Ces éléments sont constitués de tous les postes de l'actif

et du passif courants liés à l'exploitation autres que la trésorerie ou les équivalents de trésorerie (cela exclut, par exemple, des postes comme les emprunts courants, reliés au financement). Les tableaux 8.3 et 8.7 présentent les ajustements globaux de 61 000 $ effectués lors de la conversion des éléments du résultat net en flux de trésorerie. Ces renseignements indiquent notamment que, durant l'exercice 2017, l'entreprise a « investi » de la trésorerie dans les postes suivants : Clients, Charges payées d'avance et Fournisseurs. Au lieu de considérer individuellement chacun de ces postes, on présente, en général, l'effet sur le résultat net de façon globale.

- **Les flux de trésorerie liés aux intérêts et aux impôts.** On constate que l'utilisation de la méthode indirecte ne permet pas de distinguer les sommes versées par Les Entreprises LMM en intérêts et en impôts. Précisons que l'information portant sur les sorties de trésorerie liées aux intérêts et sur les entrées et sorties de trésorerie relatives aux impôts peut être utile aux lecteurs d'états financiers. Elle doit donc leur être présentée séparément.

Le **tableau 8.8** illustre les différences entre les modes de présentation du tableau des flux de trésorerie liés aux activités opérationnelles, selon qu'on emploie la méthode directe ou la méthode indirecte.

TABLEAU 8.8 Flux de trésorerie liés aux activités opérationnelles* : comparaison entre la méthode directe et la méthode indirecte

Méthode directe		Méthode indirecte
Conversion des produits du compte de résultat en encaissements Conversion des charges du compte de résultat en décaissements		Résultat net ± Éléments sans effet sur la trésorerie liée aux activités opérationnelles, inclus dans le résultat net de l'exercice ± Variation nette des éléments du fonds de roulement hors trésorerie liés aux activités opérationnelles
Flux de trésorerie provenant des activités opérationnelles	=	Flux de trésorerie provenant des activités opérationnelles

* Pour les flux de trésorerie liés aux activités de financement et aux activités d'investissement, il n'y a pas de distinction que la méthode utilisée soit directe ou indirecte. La démarche est donc toujours la même, comme nous l'expliquons dans les sections B et C qui suivent.

B Les activités de financement et d'investissement

Les activités de financement et d'investissement sont présentées de la même façon, qu'on ait utilisé la méthode directe ou indirecte pour les activités opérationnelles.

La rubrique Activités de financement sert à montrer dans quelle mesure l'entreprise a eu recours au financement (par dettes ou par capitaux propres) pour augmenter sa trésorerie et l'incidence qu'a la réduction de la dette et du capital-actions sur la trésorerie. Elle comprend donc les encaissements d'emprunts à long terme, d'emprunts bancaires courants et d'émissions d'actions, ainsi que les décaissements servant à rembourser la dette non courante et à financer des opérations portant sur le capital-actions, comme le rachat d'actions. Pour ce qui est des Entreprises LMM, les activités de financement ont donné lieu à des flux de trésorerie de 2 400 $ provenant d'emprunts, d'émissions d'actions et de dividendes (voir la section 8.2.2 A et le tableau 8.8).

Les dividendes payés en espèces s'inscrivent généralement dans les activités de financement, mais peuvent aussi s'inscrire dans les activités opérationnelles.

Quant aux renseignements présentés dans la rubrique Activités d'investissement, ils aident les utilisateurs à évaluer le montant de trésorerie utilisé par l'entreprise pour acquérir des actifs non courants et, inversement, le montant de trésorerie provenant de la vente d'actifs non courants. Cette rubrique comprend donc les entrées et les sorties de trésorerie découlant de la vente et de l'acquisition d'actifs non courants (immobilisations et placements).

Dans le cas des Entreprises LMM, les flux de trésorerie attribuables aux opérations ayant porté sur les actifs non courants sont liés aux immobilisations corporelles (voir la section 8.2.2 B et le tableau 8.8).

C La variation des flux de trésorerie de l'exercice

Comme il a été démontré aux tableaux 8.5 et 8.6, le tableau des flux de trésorerie permet de déterminer que, dans le cas des Entreprises LMM, la trésorerie avait un solde de 60 000 $ en début d'exercice, qui a diminué de 41 000 $ au cours de l'exercice, pour se fixer à 19 000 $ en fin d'exercice. Cette variation provient d'activités opérationnelles qui ont généré 21 000 $ de flux de trésorerie, alors que les activités de financement ont généré 24 000 $ du flux de trésorerie ; mais, à cause d'un investissement net de 275 000 $ dans les immobilisations, la diminution de la trésorerie a été de 41 000 $.

L'ensemble des éléments que nous venons de décrire apparaissent au **tableau 8.9**. On y distingue les trois sections du tableau des flux de trésorerie : les activités opérationnelles (présentées selon la méthode indirecte), les activités de financement et les activités d'investissement.

TABLEAU **8.9** Synthèse des flux de trésorerie des Entreprises LMM

LES ENTREPRISES LMM INC. – TABLEAU DES FLUX DE TRÉSORERIE de l'exercice terminé le 31 mai 2017	
Activités opérationnelles	
Résultat net	76 000 $
Éléments sans effet sur la trésorerie liés aux activités opérationnelles	
Amortissement des immobilisations corporelles	200 000 $
Gain à la vente d'immobilisations corporelles	(5 000 $)
	271 000 $
Variation nette des éléments du fonds de roulement hors trésorerie liés aux activités opérationnelles	(61 000 $)
Flux de trésorerie provenant des activités opérationnelles	210 000 $)
Activités de financement	
Emprunts	30 000 $
Remboursement d'emprunts	(36 000 $)
Émission d'actions	60 000 $
Dividendes	(30 000 $)
Flux de trésorerie provenant des activités de financement	24 000 $
Activités d'investissement	
Vente d'immobilisations corporelles	20 000 $
Acquisition d'immobilisations corporelles	(295 000 $)
Flux de trésorerie provenant des activités d'investissement	(275 000 $)
Diminution de la trésorerie	41 000 $
Trésorerie au début de l'exercice	60 000 $
Trésorerie à la fin de l'exercice	19 000 $

... CONCLUSION

Dans ce chapitre, nous avons présenté le tableau des flux de trésorerie, ses composantes et son fonctionnement. Cet état financier, qui nous permet de juger de la provenance et de l'utilisation des flux de trésorerie pour un exercice donné, s'avère précieux pour les investisseurs et les créanciers puisqu'il permet de porter un jugement sur la santé financière de l'entreprise du point de vue de sa trésorerie. Dans le chapitre 9, nous proposons une analyse plus détaillée de l'interprétation des composantes du tableau des flux de trésorerie.

CHAPITRE 9

L'ANALYSE DES ÉTATS FINANCIERS

SOMMAIRE

Les états financiers réunissent des données plutôt quantitatives qui renseignent des lecteurs aussi nombreux qu'hétérogènes sur les activités économiques d'une entreprise. Les données publiées servent souvent de base à des prises de décisions. Par exemple, les investisseurs potentiels utilisent les états financiers pour déterminer s'il est dans leur intérêt de devenir actionnaires d'une entreprise, et les institutions financières s'appuient sur les états financiers pour décider si elles vont accorder un prêt. L'interprétation de l'information financière revêt donc une importance considérable et intéresse non seulement les parties directement concernées, mais aussi l'économie dans son ensemble.

Bien que les préparateurs des états financiers, ainsi que les auditeurs qui en attestent la fidélité, soient soumis aux contraintes d'un cadre de normalisation, celui-ci évolue sans cesse. À cela s'ajoutent une sensibilisation accrue des utilisateurs et une amélioration de leurs connaissances. Il n'est donc pas étonnant que l'analyse des états financiers suscite constamment des interrogations chez ceux qui les examinent. Il est toutefois possible de suggérer un modèle général d'analyse que chacun adapterait à ses propres besoins. Ainsi, sans être parfait, le modèle que nous proposons est très flexible.

Il est important de souligner que l'interprétation des états financiers ne saurait être décontextualisée ni absolue. Elle doit se faire sur la base de points de référence propres à l'entreprise et à son secteur d'activité.

L'analyse financière sert des objectifs multiples. Tout d'abord, elle aide à situer l'entreprise dans son contexte financier historique afin de suivre son évolution. Ensuite, elle permet de la définir au sein de son secteur d'activité, pas seulement isolément, mais aussi en fonction des performances et du comportement des autres entreprises qui y évoluent. Enfin, elle contribue à dégager les données nécessaires pour prévoir le comportement futur de l'entreprise observée. Selon ses besoins, l'utilisateur insiste sur un ou plusieurs de ces éléments.

En raison de la diversité des groupes d'utilisateurs, il est impossible de formuler ici des objectifs adaptés à chacun d'eux. Afin de souligner les divers besoins et objectifs des utilisateurs souhaitant approfondir leur examen des états financiers, nous résumons la situation dans le **tableau 9.1**.

TABLEAU 9.1 Les divers utilisateurs des états financiers et leurs besoins

UTILISATEURS / BESOINS	Principaux intérêts économiques	Décisions clés
Actionnaires (actuels et potentiels)	Plus-value de la participation, dividendes	Investissement, vente, conservation
Collectivité	Apport à l'assiette fiscale, responsabilité sociale	Décisions relatives au développement économique et au développement durable
Membres du conseil d'administration	Protection du capital physique, humain et financier, profits	Gestion des risques
Employés	Emplois, sécurité	Objet des négociations
Organismes de réglementation	Conformité, recettes fiscales	Intervention ou non-intervention
Clients et créanciers	Service, viabilité	Opérations à conclure ou non

Source : Adapté de Daniel Blake RUBEINSTEIN et David BARNES, « Un processus de normalisation plus dynamique », *CA Magazine*, novembre 1988, p. 39.

Pour être considéré comme efficace, un modèle d'analyse des états financiers doit fournir des réponses adéquates aux questions de l'analyste, qui varient en fonction de ses besoins. Par exemple, l'analyste peut vouloir apporter une réponse à l'une ou à l'autre des questions suivantes :

- Quelle est la croissance de l'entité ?
- Quelle est la performance de l'entité par rapport à son chiffre d'affaires, à son investissement dans l'actif ou à ses capitaux propres ?
- Quelle est la structure financière (financement par capitaux propres ou par dette) de l'entité ?
- Quelle est la situation de l'entité en matière de solvabilité et de liquidité ?

Ces questions nous amènent à nous interroger sur les sources d'information dont dispose l'analyste (section 9.1), la démarche d'analyse (section 9.2), l'examen des états financiers (section 9.3), l'utilisation des ratios (sections 9.4 et 9.5) et les limites inhérentes à l'analyse des états financiers (section 9.6).

9.1 LES SOURCES D'INFORMATION

La **figure 9.1** donne des exemples de sources d'information utiles à l'analyse. Nous remarquons, d'une part, que les états financiers constituent l'élément central d'un ensemble de données se complétant et, d'autre part, qu'ils servent de point de comparaison afin d'en savoir plus sur une entreprise.

FIGURE 9.1 Les sources d'information

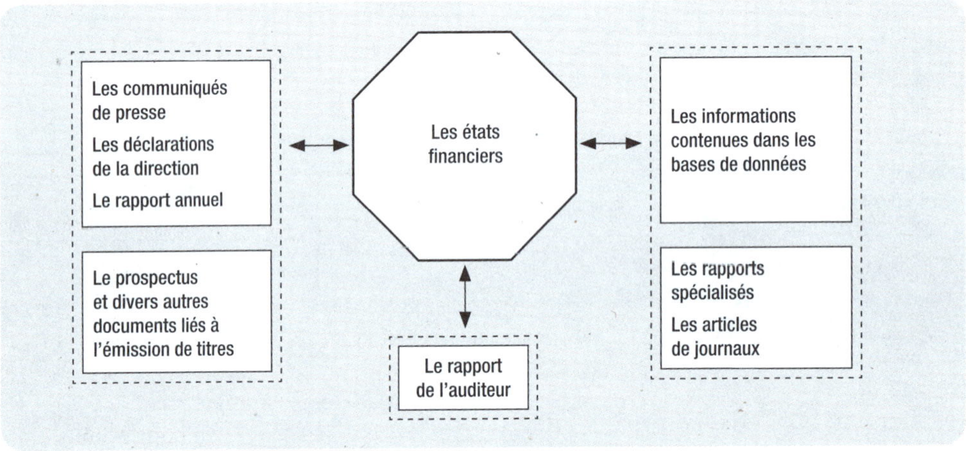

9.1.1 Les communiqués de presse, les déclarations de la direction, le rapport annuel et le prospectus

Au cours de l'exercice, l'entreprise publie de temps à autre des informations sur ses activités par l'entremise de communiqués de presse ou de déclarations de la direction. Pour les sociétés cotées, ce type de publications est réglementé. L'entreprise produit aussi un rapport de gestion contenant des données quantitatives et des informations essentielles qui rendent compte du contexte de ses résultats. Ce rapport de gestion est souvent inséré dans un rapport annuel où l'on trouve notamment le message du président aux actionnaires, une présentation générale de l'entreprise, un résumé des activités principales de l'entreprise, une description des divers secteurs dans lesquels elle évolue, ainsi que les états financiers accompagnés du rapport de la direction et du rapport de l'auditeur.

Lorsqu'une entreprise désire émettre des titres pour obtenir des fonds du public, elle doit au préalable publier un prospectus lié à cette émission publique de titres. Ce document, généralement très complet, décrit en détail les activités de l'entité.

Le lecteur peut obtenir de nombreux documents publiés par les sociétés cotées en consultant le Système électronique de données, d'analyse et de recherche (SEDAR), à l'adresse www.sedar.com. Ce site web est une source d'information facile à utiliser et permet d'accéder aux rapports annuels des sociétés ouvertes ainsi qu'à toute autre information déposée auprès des autorités canadiennes en valeurs mobilières (communiqués de presse, rapports financiers trimestriels, etc.). L'information peut y être recherchée par nom de société, par type de document et par date de dépôt. De plus, ce site fournit les adresses internet de différentes places boursières et d'organismes de réglementation du Canada et des États-Unis. Le pendant américain du SEDAR est l'Electronic Data Gathering, Analysis, and Retrieval system (EDGAR), accessible à l'adresse www.sec.gov/edgar.shtml. Pour la France, le site de l'Autorité des marchés financiers (AMF) peut être consulté à l'adresse www.amf-france.org.

9.1.2 Les états financiers trimestriels et annuels

Comme nous l'avons déjà vu, l'entité publie obligatoirement des états financiers annuels et peut le faire plus souvent (tous les trimestres pour les sociétés cotées).

Dans les états financiers, il est important de bien comprendre les tableaux de chiffres, mais aussi les notes qui les accompagnent, car celles-ci permettent de mieux interpréter les données auxquelles elles se rapportent. Les explications et les tableaux contenus dans ces notes constituent une source essentielle d'information, souvent nécessaire pour tirer des conclusions significatives. On peut y trouver, par exemple, un détail des immobilisations détenues par l'entreprise, des dettes et d'autres engagements financiers à long terme, ou encore une description d'événements significatifs survenus après la date de clôture.

Comme nous l'avons mentionné, il faut analyser et interpréter les états financiers en tenant compte du contexte dans lequel évolue la société étudiée (notamment de son secteur d'activité et des zones géographiques dans lesquelles elle opère). C'est entre autres pour cette raison que, selon les normes comptables internationales, l'information sectorielle – basée sur des renseignements financiers dont disposent les dirigeants pour prendre des décisions opérationnelles – doit faire l'objet d'une note dans les états financiers annuels. Celle-ci permet au lecteur de déterminer d'emblée la nature des activités de l'entreprise et les lieux où elle les exerce. Elle le renseigne également sur la ventilation du chiffre d'affaires et des résultats entre chacune des activités en question.

9.1.3 Le rapport de l'auditeur

Le rapport de l'auditeur vise à offrir une assurance raisonnable que les états financiers, dans leur ensemble, donnent une image fidèle de l'entreprise, conformément au référentiel comptable retenu. Occasionnellement, l'auditeur produit un rapport comprenant des restrictions (accompagnées d'une description des faits qui les justifient), lesquelles peuvent prendre les formes suivantes :

- Une réserve ;
- Une opinion défavorable (si, pour cause de dérogation aux normes comptables, les états financiers sont susceptibles de donner une image faussée) ;
- Une impossibilité d'émettre une opinion (en raison d'une limitation dans le travail de l'auditeur).

Avant d'analyser les états financiers, il est primordial de lire le rapport de l'auditeur. Aucune analyse judicieuse n'est possible sans en prendre connaissance. Il convient également de souligner que le travail de l'auditeur s'inscrit dans le « cadre comptable » et ne porte ni sur l'efficacité de la gestion de l'entreprise ni sur sa survie à long terme (même s'il doit porter un jugement sur la continuité de l'exploitation).

9.1.4 Les bases de données statistiques

Quels que soient les calculs effectués à partir des données contenues dans les états financiers, il est indispensable de disposer de points de référence ou d'éléments de comparaison (ratios d'industries, information financière de sociétés publiques comparables, indices boursiers, taux d'intérêt, etc.) pour interpréter les résultats de façon satisfaisante et valable. Pour ce faire, il est possible de consulter certaines bases de données[1].

Nous ne saurions trop insister sur la nécessité de s'assurer de la pertinence des données comparatives issues de la base consultée. En particulier, les données comparatives doivent correspondre globalement à celles du secteur de l'entité. Il arrive cependant que le choix du secteur ne soit pas si simple à effectuer. Il faut donc bien étudier les entités incluses par l'éditeur de la base de données dans chacun des secteurs. Si aucun des secteurs ne semble pertinent, alors il est probablement plus approprié d'effectuer la comparaison directement avec les états financiers d'un concurrent. De plus, il est nécessaire de vérifier la façon dont certains ratios ont été calculés dans la base de données. En effet, les formules de calcul des ratios peuvent varier d'une base de données à une autre.

9.1.5 Les analyses spécialisées et les articles de journaux

Pour bien ancrer l'analyse de l'entité étudiée, il est essentiel de connaître son secteur d'activité et de savoir ce que font ses concurrents. Pour ce faire, il est possible de consulter les bulletins et les rapports spécialisés publiés par les banques, les grandes maisons de courtage en valeurs mobilières, les cabinets d'experts-comptables, les conseillers, les associations professionnelles, industrielles et commerciales, etc. Il est également utile de se reporter à certaines publications destinées au grand public, comme les revues, les journaux et les autres périodiques consacrés au monde des affaires. On y trouve aussi bien des renseignements d'ordre général sur la situation économique et les tendances des marchés que des données sur des entreprises ou des secteurs d'activité particuliers.

1. Certaines bases de données exigent des frais d'utilisation. Toutefois, dans de nombreux établissements, les étudiants peuvent les consulter gratuitement par l'entremise de leur bibliothèque universitaire.

9.2 LA DÉMARCHE D'ANALYSE

L'analyse financière peut être menée dans des situations très diverses. Il est donc impossible d'exposer de façon détaillée toutes les étapes que devrait comporter la démarche d'analyse. Néanmoins, dans tous les cas, l'objectif général de l'analyse financière est à priori la prise de décision. Pour atteindre cet objectif, une analyse devrait toujours comporter les éléments suivants :

- La définition de l'objectif de l'analyse ;
- La collecte des données ;
- Le traitement des données ;
- L'interprétation des résultats obtenus par le traitement des données.

9.2.1 La définition de l'objectif de l'analyse

L'analyse financière peut être faite pour de multiples raisons. Par exemple, on peut vouloir mesurer la performance des dirigeants, pour estimer le risque de crédit de l'entreprise ou évaluer celle-ci dans le cadre d'une acquisition. De plus, les outils analytiques disponibles (en particulier les ratios) sont nombreux, et le volume des données qui peuvent être traitées est généralement important. Compte tenu de la multiplicité des objectifs, des outils et des données, si l'on veut que l'analyse soit réellement utile (c'est-à-dire qu'elle permette de prendre une décision), il est primordial que l'analyste définisse le plus tôt et le plus clairement possible l'objectif qu'il poursuit. La définition de cet objectif permet notamment de sélectionner correctement les outils à utiliser. L'emploi des ratios est instructif, encore faut-il que ceux qu'on retient soient pertinents.

9.2.2 La collecte des données

La collecte des données doit permettre d'obtenir les informations nécessaires non seulement au traitement des données (qui repose largement sur le calcul de ratios), mais aussi à l'interprétation des résultats obtenus à l'issue de ce traitement. À partir de cette étape, pour la suite de la démarche d'analyse, il convient de rassembler les états financiers ainsi que les données portant sur le contexte économique et le secteur dans lequel l'entreprise évolue.

9.2.3 Le traitement des données

L'étape de traitement des données comprend évidemment une phase calculatoire, à laquelle elle ne saurait cependant se réduire. Avant de se lancer dans les calculs, l'analyste doit prendre connaissance des états financiers de l'entreprise, notamment les notes aux états financiers, lesquelles contiennent des informations nécessaires à une analyse pertinente. Par exemple, il est essentiel que l'analyste sache quelles normes comptables applique l'entreprise (normes IFRS ou normes comptables pour les entreprises à capital fermé), quelles options elle a retenues en ce qui a trait aux méthodes comptables (par exemple, utilise-t-elle le modèle du coût ou le modèle de réévaluation pour évaluer ses immobilisations corporelles ?), quels choix elle a faits pour structurer certaines de ses opérations (par exemple, a-t-elle recours à des contrats de location-financement ?).

Ensuite, l'analyste peut effectuer des calculs, dans le but notamment de comparer les données de l'entreprise dans le temps ou avec les données d'entreprises similaires. En effet, pour effectuer des comparaisons, il est nécessaire de recourir à des ratios et à des taux, car leurs valeurs permettent de relativiser les données figurant dans les états financiers.

Les différences entre les méthodes comptables, au cours du temps ou d'une entreprise à l'autre, peuvent avoir une incidence sur les ratios calculés. Pour que la comparaison ait un sens, il peut donc être nécessaire d'ajuster certains éléments des états financiers.

9.2.4 L'interprétation des résultats obtenus par le traitement des données

La dernière étape de la démarche d'analyse consiste à interpréter les données traitées. Cette phase correspond à l'analyse en tant que telle. Cependant, elle ne peut être menée de manière pertinente qu'à condition que toutes les étapes précédentes aient été effectuées.

Dans toute démarche d'analyse, quelques précautions sont de rigueur. Tout d'abord, il faut indiquer que la nomenclature des ratios fréquemment utilisés n'est pas normalisée. Il est donc fréquent que deux personnes désignent un même ratio en utilisant une terminologie différente. Il arrive également que deux personnes emploient le même nom pour un ratio, mais qu'elles aient utilisé une formule de calcul différente. Ensuite, la démarche d'analyse peut être contrainte par la disponibilité des données. Enfin, l'analyste doit être flexible et ouvert d'esprit dans sa démarche afin de répondre au mieux à l'objectif qu'il s'est fixé.

Différentes techniques permettent d'effectuer une analyse approfondie des états financiers. Nous les examinons en détail dans la suite de ce chapitre.

9.3 L'IMPORTANCE DE L'EXAMEN DES ÉTATS FINANCIERS ET DES ACTIVITÉS DE L'ENTITÉ

Pour bien comprendre la signification des états financiers, il importe d'en observer d'abord le contenu global en s'intéressant aux postes présents et aux méthodes comptables utilisées (qu'on peut comparer avec celles des concurrents de l'entité étudiée). L'analyste doit aussi rapidement faire le lien entre ces états financiers et ce qu'il a appris des activités de l'entité, ainsi qu'avec ce qu'il connaît de l'évolution de l'économie en général.

L'utilisateur peut ensuite passer à l'analyse de chacun des états financiers et à la lecture attentive des notes pour compléter cette prise de contact.

Accorder une attention particulière au tableau des flux de trésorerie

Parce qu'il est mal compris, le tableau des flux de trésorerie est souvent négligé. Il n'en demeure pas moins un état financier important. En effet, de nombreux utilisateurs s'interrogent sur l'incidence que les opérations enregistrées ont sur les liquidités de l'entreprise. Le tableau des flux de trésorerie permet justement de répondre à ce type d'interrogations. L'interprétation de cet état financier constitue donc, en général, une étape cruciale du processus d'analyse, car elle fait apparaître la variation de la trésorerie au cours de l'exercice et en explique les causes.

Les préoccupations de l'utilisateur déterminent l'angle sous lequel il examine les mouvements de trésorerie. Ainsi, le fournisseur, comme le bailleur de fonds, se préoccupe de la capacité de l'entreprise de remplir ses obligations, tandis que l'actionnaire, avant tout soucieux du rendement de son investissement, souhaite s'assurer que les gestionnaires, dans une perspective à plus long terme, savent protéger son capital tout en le faisant fructifier.

L'état de la situation financière et l'état du résultat net et des autres éléments du résultat global ne révèlent pas toujours de façon évidente la solvabilité et la viabilité à court terme d'une entreprise. Une entreprise peut ainsi présenter un résultat net positif (bénéfice), tout en connaissant des problèmes de liquidités. Or, il est essentiel d'avoir un avis sur la situation de l'entreprise en matière de trésorerie puisqu'il a été largement démontré, notamment à la suite de récessions économiques, que le manque de liquidités est un indicateur du risque de faillite d'une entreprise.

Le tableau des flux de trésorerie est toutefois principalement utilisé pour rechercher des renseignements sur la capacité d'une entreprise de respecter ses engagements. En ce sens, le rythme auquel elle produit des liquidités à partir de ses activités courantes est un indice de sa capacité financière actuelle et de ses besoins de financement futurs, surtout à court terme. Par exemple, lorsqu'une entreprise génère depuis plusieurs années un déficit de trésorerie attribuable à ses activités courantes, cela suggère un recours croissant aux sources de financement externes (cette situation ne peut évidemment perdurer).

Comme nous l'avons vu au chapitre 8, l'objectif premier du tableau des flux de trésorerie est d'expliquer la variation de la trésorerie et des équivalents de trésorerie au cours de la période étudiée. Apparaissant normalement en bas de l'état, celle-ci représente l'augmentation ou la diminution du solde de la trésorerie et des équivalents de trésorerie. Elle est décomposée en trois catégories de flux dans le tableau des flux de trésorerie : flux de trésorerie liés aux activités opérationnelles, flux de trésorerie liés aux activités d'investissement et flux de trésorerie liés aux activités de financement. Pour interpréter les informations contenues dans le tableau des flux de trésorerie, nous proposons la démarche décrite dans l'**encadré ci-dessous**.

COMMENT INTERPRÉTER LE TABLEAU DES FLUX DE TRÉSORERIE

1. Repérer les sources de variations de la trésorerie et des équivalents de trésorerie

Le tableau des flux de trésorerie est bâti pour montrer clairement l'origine des variations de la trésorerie et des équivalents de trésorerie. Celle-ci est liée soit aux activités opérationnelles, soit aux activités d'investissement et de financement.

Le lecteur peut ainsi identifier les sources de variations de trésorerie et leurs effets sur le solde des liquidités en fin d'exercice (excédent ou déficit) et mieux comprendre la gestion des liquidités de l'entreprise en apportant des éléments de réponse à des questions telles que :

- Que génère l'entreprise comme liquidités par l'exploitation ?
- Quels investissements a-t-elle effectués ?
- Quels sont les besoins de financement ?
- Comment ces besoins ont-ils été satisfaits ?

2. Repérer, dans les activités opérationnelles, les éléments sans effet sur la trésorerie

Certains éléments compris dans les activités opérationnelles, comme l'amortissement ou les impôts différés, n'ont aucun effet sur les flux de trésorerie. (Ils ne constituent ni des entrées ni des sorties de trésorerie.)

Parmi ces éléments sans incidence sur les liquidités de l'entreprise, l'analyste peut repérer des éléments qui ne sont pas présentés distinctement dans l'état du résultat net, comme des gains ou des pertes sur dispositions d'actifs (les dispositions d'actifs étant reprises dans la section des investissements).

3. Repérer la marge d'autofinancement

La marge d'autofinancement (aussi appelée « fonds autogénérés ») correspond aux flux de trésorerie provenant des activités opérationnelles avant la variation nette des éléments du fonds de roulement hors trésorerie liés aux activités opérationnelles. Il s'agit des liquidités potentielles que pourrait générer l'entité si elle ne devait pas « investir » dans des clients (en leur accordant des délais de paiement), dans des stocks ou dans des fournisseurs (en ne bénéficiant pas de délais de règlement). Il faut interpréter cette marge comme une capacité de générer des liquidités avant de faire intervenir le fonds de roulement.

Quelle est la différence entre le résultat net et ces fonds autogénérés par l'entreprise ? Les fonds autogénérés sont-ils positifs ou négatifs ? Voilà des questions pertinentes qui, intégrées dans l'analyse, lui donnent une plus grande profondeur.

4. Repérer, dans les activités opérationnelles, la variation nette des éléments du fonds de roulement hors trésorerie qui y sont liés

Souvent, cette information est également donnée dans une note aux états financiers, qu'il faut alors consulter. Plus précisément, la variation nette des éléments du fonds de roulement hors trésorerie liés aux activités opérationnelles constitue l'ajustement requis pour transformer le résultat net en flux de trésorerie.

Cependant, et c'est là son aspect important, cette variation révèle comment l'entité a investi ou désinvesti dans le fonds de roulement. Un impact négatif en matière de trésorerie signifie que l'entreprise a « investi », par exemple, dans les clients et dans les stocks (l'argent « investi » dans ces éléments n'est pas disponible pour d'autres fins). L'analyste doit alors aller au-delà de l'élément de rapprochement vers une base de caisse pour s'interroger sur la raison de cette variation. S'agit-il d'un changement de politique ? S'agit-il de changements dans les activités ? Si, au contraire, l'impact est positif sur la trésorerie, cela signifie que l'entreprise a « désinvesti » dans le fonds de roulement. Est-ce dû au fait que l'entreprise a une meilleure maîtrise du recouvrement des comptes clients ou a réussi à négocier des conditions avantageuses avec ses créanciers ? Les variations dans les postes du fonds de roulement liés aux activités opérationnelles donnent des pistes d'analyse qu'il faut corroborer avec les informations liées aux activités de l'entité.

5. Repérer le détail des activités d'investissement

Les éléments qui apparaissent dans cette section renseignent à la fois sur les activités d'investissement (acquisitions d'actifs) et de désinvestissement (dispositions d'actifs) dans les actifs non courants, sous l'angle des flux de trésorerie. L'information qui apparaît ici est importante puisqu'elle permet d'établir que l'entité a acquis des actifs (immobilisations, autres entreprises, etc.) ou généré des créances à long terme. L'analyste doit faire immédiatement un lien avec les activités de l'entité. L'acquisition d'une entreprise, par exemple, augmente ses actifs, ce qui entraîne de nouvelles activités. Quel en est (ou quel en sera) l'effet sur le rendement de l'entité et sur les différents indicateurs qui y sont reliés ? Le détail des activités d'investissement pourrait aussi expliquer une variation dans l'amortissement des immobilisations. De la même façon, des dispositions d'actifs peuvent avoir un effet important (tant positif que négatif) sur les résultats de l'entité. Au-delà de l'effet sur la trésorerie, les éléments associés aux activités d'investissement permettent de mettre en lumière les projets de l'entité. L'interprétation ne peut évidemment se faire sur la seule base des chiffres ; il faut la mettre en rapport avec les activités de l'entité.

À ce stade, il est également possible de dégager les « flux de trésorerie disponibles », c'est-à-dire les flux de trésorerie liés aux activités opérationnelles auxquels on soustrait les activités d'investissement reliées aux immobilisations. On obtient ainsi les flux de trésorerie disponibles (ou libres, souvent désignés par l'équivalent anglais *free cash flows*) pour satisfaire aux exigences des créanciers à long terme et au paiement des dividendes.

Flux de trésorerie générés par les activités opérationnelles	XXX
Moins : Activités d'investissement liées aux immobilisations	XXX
Flux de trésorerie disponibles (*free cash flows*)	XXX

Cette notion de flux de trésorerie disponibles n'est pas normalisée, ce qui amène certaines entreprises à en utiliser des variantes. Par conséquent, les flux de trésorerie disponibles ne sont pas présentés dans les états financiers. Une entreprise qui a recours à ce concept l'explique généralement dans une autre section du rapport annuel.

6. Repérer, dans les activités de financement, le montant des dividendes versés

Normalement, une entité n'emprunte pas à long terme pour payer un dividende courant. L'analyste doit donc faire le lien entre les flux de trésorerie liés aux activités opérationnelles et les flux de trésorerie disponibles afin de déterminer si ces derniers sont suffisants, notamment pour distribuer des dividendes.

7. Repérer le détail des autres activités de financement

L'analyse des éléments qui apparaissent dans la section consacrée aux activités de financement permet de repérer les variations dans le financement externe à long terme et le financement par l'émission de capital-actions. Ces modes de financement influent sur la structure financière de l'entité ainsi que sur les charges ultérieures. L'émission de dettes entraîne une nouvelle charge d'intérêt, mais elle permet d'acheter des actifs générant de nouvelles activités et apportant un résultat additionnel. (L'inverse est aussi vrai dans le cas d'un remboursement de dettes.) Par ailleurs, le financement par émission de capitaux propres (actions) a aussi des effets puisqu'il modifie la structure financière de l'entité. De plus, contrairement aux remboursements de dettes, le dividende est la plupart du temps discrétionnaire. Comme nous l'avons mentionné précédemment, les éléments liés aux activités de financement doivent aussi être rattachés aux activités de l'entité.

Finalement, l'analyse du tableau des flux de trésorerie peut être effectuée séparément ou conjointement avec l'analyse des ratios, expliquée un peu plus loin. Avant de poursuivre avec les aspects techniques de l'analyse des états financiers, nous vous présentons dans le **tableau 9.2** l'entreprise Aux Quatre Vents, dont nous nous servons pour illustrer nos propos tout au long du chapitre.

TABLEAU 9.2 Illustration : états financiers

AUX QUATRE VENTS

Aux Quatre Vents est une entreprise œuvrant dans le secteur de la vente au détail dont les actions se négocient sur le marché public. Elle exploite environ 80 points de vente où prédominent les produits santé et qui comprennent des stations-service se distinguant par leur souci « vert ». Ses succursales offrent des produits de dépannage et de restauration rapide de haute qualité (par exemple, du café équitable et des repas sur le pouce comprenant salades, sushis, etc.) ainsi que du carburant. Les stations-service se démarquent à la fois par leur design architectural, leur gestion et leur respect de l'environnement (réservoirs spéciaux, récupération des vapeurs, distributeurs adaptés, etc.). Les états financiers de l'entreprise Aux Quatre Vents sont présentés ci-dessous.

AUX QUATRE VENTS INC. – ÉTATS CONSOLIDÉS DE LA SITUATION FINANCIÈRE

au 31 mars (en milliers de dollars canadiens)

	Réf. ratio	2017 $	2016 $
ACTIF			
Courant			
Trésorerie et équivalents de trésorerie	B1	3 600	2 362
Placements	B2	1 500	1 200
Clients	B3	4 195	3 317
Stocks	B4	7 408	6 368
Frais payés d'avance	B5	138	225
	B6	16 841	13 472
Immobilisations corporelles	B7	29 138	27 860
Goodwill	B8	6 710	6 710
Autres actifs non courants	B9	2 228	2 283
Impôts différés	B10	427	393
	B11	55 344	50 718
PASSIF			
Courant			
Fournisseurs et charges à payer	B12	14 045	12 338
Impôts sur le résultat à payer	B13	310	777
Tranche de la dette non courante échéant à court terme	B14	20	8
	B15	14 375	13 123
Dette non courante	B16	14 017	14 492
Autres passifs non courants	B17	4 230	4 005
Impôts différés	B18	1 827	1 315
	B19	34 449	32 935
CAPITAUX PROPRES			
Capital-actions	B20	5 813	5 705
Résultats non distribués	B21	14 177	11 448
Cumul des autres éléments du résultat global	B22	905	630
	B23	20 895	17 783
	B24	55 344	50 718

AUX QUATRE VENTS INC. – ÉTATS CONSOLIDÉS DES VARIATIONS DES CAPITAUX PROPRES Pour les exercices terminés le 31 mars (en milliers de dollars canadiens)	Capital-actions privilégié $	Capital-actions ordinaire $	Résultats non distribués $	Cumul des gains/pertes latents sur placements $	Total $
Solde au 31 mars 2015	128	5 577	8 500	677	14 882
Variation des capitaux propres du 1er avril 2015 au 31 mars 2016					
Résultat net			3 274		3 274
Variation de la juste valeur des placements				(47)	(47)
Dividendes sur actions ordinaires			(326)		(326)
Solde au 31 mars 2016	128	5 577	11 448	630	17 783
Variation des capitaux propres du 1er avril 2016 au 31 mars 2017					
Émission d'actions ordinaires		108			108
Résultat net			3 155		3 155
Variation de la juste valeur des placements				275	275
Dividendes sur actions ordinaires			(426)		(426)
Solde au 31 mars 2017	128	5 685	14 177	905	20 895

AUX QUATRE VENTS INC. – ÉTATS CONSOLIDÉS DU RÉSULTAT NET

Pour les exercices terminés le 31 mars (en milliers de dollars canadiens)

	Réf. ratio	2017 $	2016 $
Ventes	R1	256 167	201 457
Coût des ventes	R2	219 108	168 048
Marge brute	R3	37 059	33 409
Coûts commerciaux et charges administratives	R4	28 982	25 207
Amortissement des immobilisations*	R5	2 875	2 230
	R6	31 857	27 437
Résultat d'exploitation	R7	5 202	5 972
Frais financiers	R8	910	800
Résultat avant impôts	R9	4 292	5 172
Impôts sur le résultat			
Impôts exigibles	R10	659	1 820
Impôts différés	R11	478	78
Résultat net	R12	3 155	3 274

* L'état du résultat net est présenté selon la méthode des charges par fonction. Pour aider à la communication des composantes de la performance financière (IAS 1), et pour notre analyse, l'entité inclut l'amortissement en tant que poste supplémentaire.

AUX QUATRE VENTS INC. – ÉTATS CONSOLIDÉS DU RÉSULTAT GLOBAL

Pour les exercices terminés le 31 mars (en milliers de dollars canadiens)

	2017 $	2016 $
Résultat net	3 155	3 274
Autres éléments du résultat global		
Variation de la juste valeur des placements	275	(47)
Résultat global	3 430	3 227

AUX QUATRE VENTS INC. – TABLEAUX DES FLUX DE TRÉSORERIE CONSOLIDÉS

Pour les exercices terminés le 31 mars (en milliers de dollars canadiens)

	2017 $	2016 $
Activités opérationnelles		
Résultat net	3 155	3 274
Éléments sans effet sur la trésorerie		
Amortissement	2 875	2 230
Impôts différés	478	78
Marge d'autofinancement	6 508	5 582
Variation nette des éléments du fonds de roulement hors trésorerie liés aux activités opérationnelles	(591)	(725)
	5 917	4 857
Activités d'investissement		
Acquisition d'immobilisations	(4 153)	(7 230)
Placements	(25)	162
Variation nette des autres actifs	55	140
	(4 123)	(6 928)
Activités de financement		
Produit de l'émission d'actions	108	–
Variation de la dette non courante	(463)	(1 016)
Dividendes versés	(426)	(326)
Variation nette des autres passifs	225	250
	(556)	(1 092)
Variation nette de la trésorerie et des équivalents de trésorerie	1 238	(3 163)
Trésorerie et équivalents de trésorerie au début de l'exercice	2 362	5 525
Trésorerie et équivalents de trésorerie à la fin de l'exercice	3 600	2 362

9.4 L'ANALYSE VERTICALE ET L'ANALYSE HORIZONTALE

L'analyse verticale consiste à exprimer les postes figurant dans les états financiers sous forme de pourcentages: pourcentage de l'actif total pour les éléments de l'état de la situation financière et pourcentage du chiffre d'affaires (ventes) pour ceux de l'état du résultat net. L'analyse horizontale, également appelée «analyse des tendances», permet d'observer l'évolution en pourcentage d'un même élément sur plusieurs périodes.

Couramment utilisées lors de la préparation des rapports financiers destinés aux gestionnaires, ces techniques d'analyse, très faciles à appliquer, permettent aussi à l'utilisateur externe d'atteindre les deux objectifs suivants:

1. Situer l'entreprise par rapport à des entreprises comparables;
2. Comparer les résultats avec les résultats antérieurs, tout en dégageant des tendances pour établir des prévisions.

Au-delà des parallèles qu'elle permet d'établir, l'analyse verticale amène l'observateur à prendre conscience des données générales dont il a besoin pour étayer ses conclusions. Elle permet de ventiler la composition du patrimoine de l'entreprise, c'est-à-dire les montants investis dans ses actifs, mais aussi de comprendre sa structure financière. Les pourcentages obtenus dans l'état du résultat net permettent de déterminer l'importance de certaines charges. L'analyse horizontale apporte d'autres renseignements, que nous ne détaillons pas réellement ici dans la mesure où l'étude de l'évolution de certains postes peut exiger le recours à certaines techniques plus complexes qui ne sont pas abordées dans cet ouvrage.

En raison de la globale simplicité des méthodes d'analyse verticale et horizontale, leur application est fortement encouragée. L'analyste qui les applique se fait une première impression, confirmée ou infirmée par la suite, à l'aide des résultats tirés des ratios présentés dans la section suivante. Le **tableau 9.3**, qui comprend les pourcentages comparatifs d'Aux Quatre Vents, illustre en premier lieu l'analyse verticale. Cette étape permet à l'analyste de se familiariser rapidement avec la structure financière de l'entreprise ainsi qu'avec la manière dont elle a utilisé ses ressources. Dans une deuxième étape, on calcule les variations, tant en montants qu'en pourcentages. Quelques commentaires sur ce tableau sont formulés ultérieurement.

TABLEAU **9.3** Illustration : analyse verticale et analyse horizontale

AUX QUATRE VENTS INC. – ÉTATS CONSOLIDÉS DE LA SITUATION FINANCIÈRE

au 31 mars (en milliers de dollars canadiens)

	Réf. ratio	2017		2016		Variations 2017–2016	
		$	% / Actif total %*	$	% / Actif total %*	$	%*
ACTIF							
Courant							
Trésorerie et équivalents de trésorerie	B1	3 600	6,5	2 362	4,7	1 238**	52,4***
Placements	B2	1 500	2,7	1 200	2,4	300	25,0
Clients	B3	4 195	7,6	3 317	6,5	878	26,5
Stocks	B4	7 408	13,4	6 368	12,6	1 040	16,3
Frais payés d'avance	B5	138	0,2	225	0,4	(87)	(38,7)
	B6	16 841	30,4	13 472	26,6	3 369	25,0
Immobilisations corporelles	B7	29 138	52,6	27 860	54,9	1 278	4,6
Goodwill	B8	6 710	12,1	6 710	13,2	0	0,0
Autres actifs non courants	B9	2 228	4,0	2 283	4,5	(55)	(2,4)
Impôts différés	B10	427	0,8	393	0,8	34	8,7
	B11	55 344	100,0	50 718	100,0	4 626	9,1

* Les chiffres étant arrondis, certains totaux peuvent différer du montant indiqué.

** 3 600 - 2 362 = 1 238

*** (3 600/2 362) – 1

AUX QUATRE VENTS INC. – ÉTATS CONSOLIDÉS DE LA SITUATION FINANCIÈRE

au 31 mars (en milliers de dollars canadiens)

		2017		2016		Variations 2017-2016	
	Réf. ratio	$	% / Actif total %*	$	% / Actif total %*	$	%*
PASSIF							
Courant							
Fournisseurs et charges à payer	B12	14 045	25,4	12 338	24,3	1 707	13,8
Impôts sur le résultat à payer	B13	310	0,6	777	1,5	(467)	(60,1)
Tranche de la dette non courante échéant à court terme	B14	20	0,0	8	0,0	12	150,0
	B15	14 375	26,0	13 123	25,9	1 252	9,5
Dette non courante	B16	14 017	25,3	14 492	28,6	(475)	(3,3)
Autres passifs non courants	B17	4 230	7,6	4 005	7,9	225	5,6
Impôts différés	B18	1 827	3,3	1 315	2,6	512	38,9
	B19	34 449	62,2	32 935	64,9	1 514	4,6
CAPITAUX PROPRES							
Capital-actions	B20	5 813	10,5	5 705	11,2	108	1,9
Résultats non distribués	B21	14 177	25,6	11 448	22,6	2 729	23,8
Cumul des autres éléments du résultat global	B22	905	1,6	630	1,2	275	43,7
	B23	20 895	37,8	17 783	35,1	3 112	17,5
	B24	55 344	100,0	50 718	100,0	4 626	9,1

* Les chiffres étant arrondis, certains totaux peuvent différer du montant indiqué.

AUX QUATRE VENTS INC. – ÉTATS CONSOLIDES DU RESULTAT NET

Pour les exercices terminés le 31 mars (en milliers de dollars canadiens)

	Réf. ratio	2017 $	2017 % / Ventes %*	2016 $	2016 % / Ventes %*	Variations 2017-2016 $	Variations 2017-2016 %*
Ventes	R1	256 167	100,0	201 457	100,0	54 710	27,2
Coût des ventes	R2	219 108	85,5	168 048	83,4	51 060	30,4
Marge brute	R3	37 059	14,5	33 409	16,6	3 650	10,9
Coûts commerciaux et charges administratives	R4	28 982	11,3	25 207	12,5	3 775	15,0
Amortissement des immobilisations	R5	2 875	1,1	2 230	1,1	645	28,9
	R6	31 857	12,4	27 437	13,6	4 420	16,1
Résultat d'exploitation	R7	5 202	2,1	5 972	3,0	(770)	(12,9)
Frais financiers	R8	910	0,4	800	0,4	110	13,8
Résultat avant impôts	R9	4 292	1,7	5 172	2,6	(880)	(17,0)
Impôts sur le résultat							
Impôts exigibles	R10	659	0,3	1 820	0,9	(1 161)	(63,8)
Impôts différés	R11	478	0,2	78	0,0	400	512,8
Résultat net	R12	3 155	1,2	3 274	1,6	(119)	(3,6)

* Les chiffres étant arrondis, certains totaux peuvent différer du montant indiqué.

9.5 LES RATIOS : ANALYSE APPROFONDIE

Selon le *Dictionnaire de la comptabilité et de la gestion financière*, un ratio est un « rapport entre deux grandeurs significatives de la gestion, de l'exploitation ou du fonctionnement d'une entreprise ou d'un organisme, ayant pour objet de faire ressortir leur évolution relative[2] ».

Pour beaucoup, l'analyse des états financiers signifie principalement l'utilisation des ratios. Les nombreuses données chiffrées dont dispose l'analyste, notamment celles figurant dans les états financiers, le forcent à considérer prioritairement celles qui, selon lui, permettent de dégager des conclusions et à les comparer. Il doit effectuer ces regroupements de données en gardant constamment à l'esprit les objectifs de l'analyse, c'est-à-dire en résistant à la tentation de calculer une multitude de ratios inutiles à la prise de décision.

De plus, les résultats obtenus par l'analyse au moyen de ratios ne doivent en aucun cas être considérés comme absolus. Il est particulièrement important de souligner que le calcul d'un ratio soulève plus souvent des questions qu'il n'apporte de réponses. Il peut également s'avérer hasardeux de poser un diagnostic précis sur la performance d'une entreprise en recourant seulement aux ratios, d'autant plus que leur signification réelle n'apparaît que lorsqu'ils sont mis en parallèle avec les résultats d'exercices antérieurs ou avec ceux d'entreprises comparables. On ne doit en aucun cas formuler un jugement catégorique à partir d'un ratio, car les normes varient considérablement selon les secteurs d'activité.

Cependant, il ne faut pas sous-estimer l'importance que certains milieux attachent aux ratios. En effet, à l'occasion, la survie d'une entreprise peut être évaluée à l'aide de certains ratios particuliers. Ainsi, une société prêteuse peut exiger comme condition pour le prêt le maintien de certains ratios qu'elle juge importants. Dans d'autres cas, une institution financière peut limiter la marge de crédit d'un client si certains ratios atteignent un seuil jugé critique.

L'analyse des états financiers à l'aide des ratios est illustrée à la **figure 9.2** en fonction de leur relation à l'exploitation, à l'actif ou au financement (passif et capitaux propres). Cette classification des ratios en trois catégories repose sur le modèle développé à l'origine (dans les années 1960) par la compagnie américaine DuPont de Nemours (que nous avons adapté). Il est important de préciser que ce modèle a comme point de départ un ratio central, soit le rendement des capitaux propres, qui intéresse en premier lieu les actionnaires. Bien que le modèle puisse ainsi être considéré comme comportant un biais, il a, selon nous, l'avantage de permettre une présentation structurée des ratios. C'est donc la classification en trois catégories, citées précédemment, que nous adoptons dans les pages qui suivent.

---

2. Louis MÉNARD, *Dictionnaire de la comptabilité et de la gestion financière*, Institut canadien des comptables agréés, 2e édition, Montréal, ERPI, 2004.

FIGURE 9.2 Schéma général des ratios

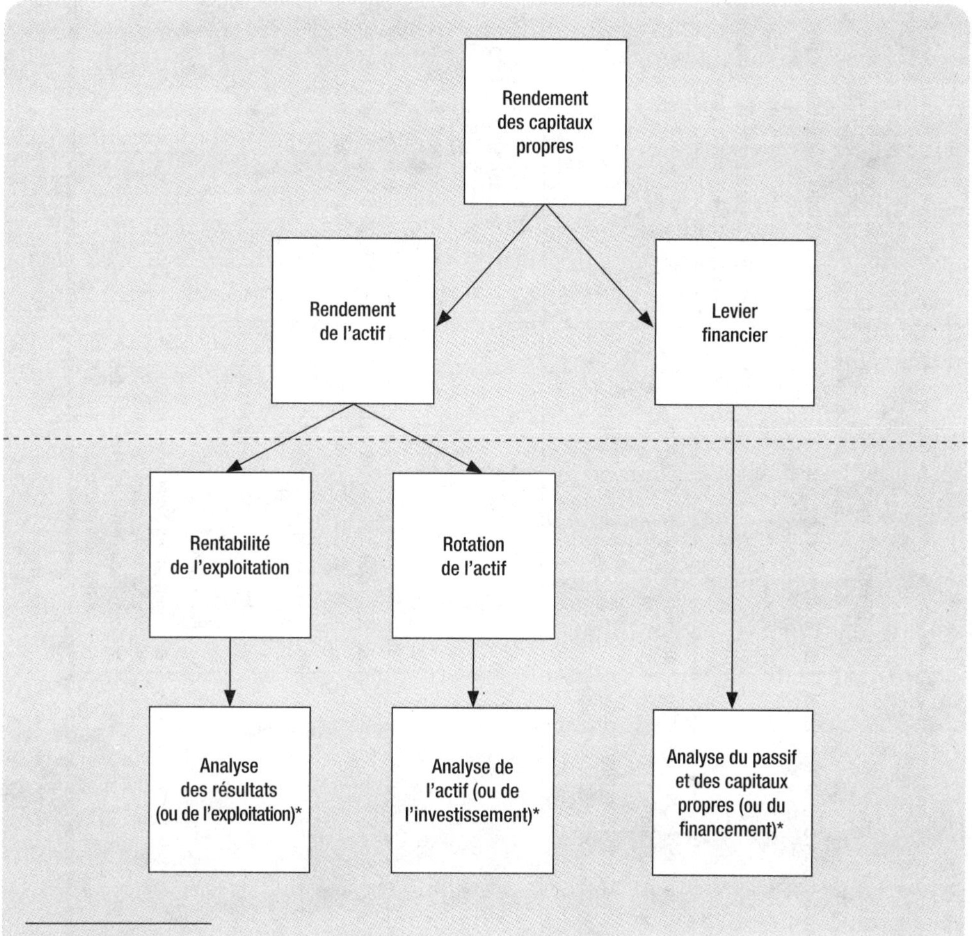

* Voir le tableau 9.4.

Les ratios peuvent être présentés d'autres façons. En effet, ils pourraient être regroupés selon qu'il s'agit d'indicateurs reliés à la performance, à l'exploitation, au financement ou à la liquidité-solvabilité (voir le **tableau 9.4**, colonne 1). Ils pourraient également être inscrits selon qu'ils se rapportent à un état financier ou à un autre (colonnes 2, 3 et 4) – il faut évidemment garder à l'esprit qu'un ratio fait intervenir deux valeurs pouvant se rapporter à plus d'un état financier.

TABLEAU **9.4** Modèle d'analyse par les ratios

Indicateurs	Résultats (ou exploitation)	Actif (ou investissement)	Passif et capitaux propres (ou financement)
1) **Performance :** Quelle est la performance de l'entité par rapport au chiffre d'affaires, à l'investissement dans l'actif et aux capitaux propres ?	■ Ratio de la marge bénéficiaire nette	■ Rendement de l'actif (ou rendement du capital investi)	■ Rendement des capitaux propres ■ Résultat par action ■ Ratio cours-bénéfice et cours-valeur comptable d'une action
2) **Activité – exploitation :** Quelle est la « qualité » de la gestion de l'exploitation ?	■ Ratios de marge bénéficiaire (nette, brute ou d'exploitation) ■ Ratios des charges par rapport aux produits (et par rapport aux charges entre elles)	■ Ratio de rotation de l'actif	
3) **Financement :** Quelle est la structure financière (proportion de capitaux propres par rapport aux capitaux externes) de l'entité ?			■ Ratios d'endettement (par rapport à l'actif, aux actifs immobilisés, aux capitaux propres) ■ Taux de rendement brut de l'actif total et effet de levier
4) **Liquidité-solvabilité :** Quelle est la situation financière en matière de liquidité-solvabilité ?		■ Ratio du fonds de roulement, ou de liquidité générale ■ Ratios de liquidité relative et de liquidité immédiate ■ Ratios de rotation des stocks, des comptes clients et des comptes fournisseurs ■ Délais moyens d'écoulement des stocks, de recouvrement des comptes clients, de paiement des comptes fournisseurs	■ Ratio de couverture des intérêts et de remboursement du capital

9.5.1 L'analyse des résultats (ou de l'exploitation)

Intéressons-nous tout d'abord à l'aptitude de la direction à rentabiliser son exploitation. La rentabilité de l'exploitation d'une entreprise est liée à sa capacité non seulement de générer des produits, mais aussi de maîtriser ses coûts. Ainsi, une entreprise qui veut améliorer sa rentabilité peut augmenter ses ventes en maintenant ses coûts au même niveau, diminuer ses coûts sans pour autant modifier ses ventes, ou encore combiner les deux stratégies.

A La marge bénéficiaire nette

Pour se faire une idée de la rentabilité de l'exploitation d'une entreprise, il faut connaître la rentabilité de ses activités commerciales. Pour cela, il est possible d'utiliser le ratio de marge bénéficiaire nette calculé de la façon suivante :

$$\textbf{Ratio de la marge bénéficiaire nette} = \frac{\textbf{Résultat net}}{\textbf{Ventes}}$$

En appliquant cette formule aux montants d'Aux Quatre Vents, nous constatons que l'entreprise affiche une baisse sur ce ratio pour l'exercice 2017, avec un ratio de rentabilité de l'exploitation de 1,23 %, contre 1,63 % pour l'exercice 2016, comme en témoigne le tableau suivant.

	Réf.	2017	2016
Ratio de la marge bénéficiaire nette d'Aux Quatre Vents	$\frac{\text{R12}}{\text{R1}}$	$\frac{3\,155}{256\,167}$	$\frac{3\,274}{201\,457}$
	=	1,23 %	1,63 %

Le ratio de la marge bénéficiaire nette est un ratio général, très facile à calculer (l'analyste n'a, en particulier, aucune difficulté à trouver les données dont il a besoin pour le calcul). Reflet de la santé de l'exploitation, il représente le résultat net généré au cours d'une période par dollar de ventes réalisées. Idéalement, toute société désire qu'il soit le plus élevé possible, puisque cela signifie qu'elle optimise ses efforts de vente. Ce ratio exige toutefois une analyse minutieuse tenant compte du contexte et du secteur d'activité. Dans certains secteurs d'activité (comme le secteur pétrolier), le ratio est élevé, tandis que, dans d'autres (comme le secteur du commerce de détail), il est relativement bas.

Étant donné la nature globale du ratio de la marge bénéficiaire nette, il est nécessaire de faire ressortir les éléments qui influent sur lui pour avoir une idée plus précise de l'efficacité de la direction en matière d'exploitation de l'entreprise et de gestion des coûts. Tous les éléments qui composent le résultat net jouent un rôle, autant les ventes que les diverses charges engagées pour les réaliser (parmi lesquelles nous pouvons relever le coût des ventes, l'amortissement, les frais financiers et les impôts).

La rentabilité de l'exploitation dépendant de plusieurs variables, il est nécessaire d'en analyser les diverses composantes, en particulier la marge bénéficiaire brute et la marge bénéficiaire d'exploitation.

B La marge bénéficiaire brute

Le ratio de la marge bénéficiaire brute permet d'analyser la capacité de l'entreprise à gérer, d'une part, le coût des marchandises vendues et, d'autre part, les ajustements au prix de vente en fonction des variations de celui-ci. Le ratio de la marge bénéficiaire brute[3] se calcule de la façon suivante :

$$\textbf{Ratio de la marge bénéficiaire brute} = \frac{\textbf{Marge brute*}}{\textbf{Ventes}}$$

* Marge brute = Ventes - Coût des ventes

Pour les exercices 2017 et 2016, Aux Quatre Vents dégage une marge bénéficiaire brute de 14,47 % et 16,58 %, respectivement.

	Réf.	2017	2016
Ratio de la marge bénéficiaire brute d'Aux Quatre Vents	$\frac{R3}{R1}$	$\frac{37\ 059}{256\ 167}$	$\frac{33\ 409}{201\ 457}$
	=	14,47 %	16,58 %

3. Précisons qu' il n'est pas toujours possible de calculer ce ratio à partir des états financiers publiés.

C La marge bénéficiaire d'exploitation

La marge bénéficiaire d'exploitation met en relation le résultat d'exploitation (ou tout autre niveau de résultat pertinent présenté par l'entreprise, comme le résultat avant intérêts et impôts) et les ventes. Elle constitue un indicateur plus global, en ce sens qu'elle tient compte de toutes les charges directement liées aux activités principales de l'entreprise. Elle vise donc à indiquer au lecteur les résultats obtenus par les gestionnaires, abstraction faite des autres facteurs qui influent sur la mesure du résultat net (en particulier, la structure de financement reflétée dans les frais financiers). La comparaison est donc plus significative, même s'il est toujours hasardeux de comparer des marges d'exploitation émanant de secteurs différents. Le ratio de la marge bénéficiaire d'exploitation se calcule de la façon suivante :

$$\text{Ratio de la marge bénéficiaire d'exploitation} = \frac{\text{Résultat d'exploitation}}{\text{Ventes}}$$

Dans le cas d'Aux Quatre Vents, nous constatons que la marge bénéficiaire d'exploitation s'est détériorée, passant de 2,96 % à 2,03 % au cours des deux derniers exercices :

	Réf.	2017	2016
Ratio de la marge bénéficiaire d'exploitation d'Aux Quatre Vents	$\frac{R7}{R1}$	$\frac{5\,202}{256\,167}$	$\frac{5\,972}{201\,457}$
	=	2,03 %	2,96 %

D La structure des postes de l'état du résultat

Pour faire une meilleure analyse, on peut décomposer le ratio de la marge bénéficiaire d'exploitation en ses composantes. Il suffit de calculer des rapports entre certains frais d'exploitation particuliers et les ventes. Ainsi, le ratio des coûts commerciaux par rapport aux ventes donne une indication des efforts commerciaux ayant permis d'atteindre un chiffre d'affaires donné. Il s'agit de repérer et de calculer les ratios pertinents qui fournissent des indices sur la rentabilité, puis d'analyser leur évolution, ce qui donne une idée de l'efficacité avec laquelle ces différentes charges sont gérées. Lorsqu'on interprète ces données, il importe de se souvenir que les dirigeants d'entreprise ne disposent pas de la même marge de manœuvre à l'égard de toutes les charges.

E Les éléments inhabituels : effets sur les ratios

Lorsqu'on procède à une analyse de l'exploitation, il faut surveiller toutes les opérations inhabituelles. Les éléments exceptionnels ou les activités abandonnées dans les postes de l'état du résultat net exigent une attention particulière de la part du lecteur, puisqu'ils sont susceptibles d'avoir une influence significative sur l'analyse. On trouve parfois de tels éléments sous des rubriques distinctes et c'est pourquoi il faut lire attentivement les états financiers pour les déceler.

9.5.2 L'analyse de l'actif (ou de l'investissement)

Après avoir analysé l'exploitation, nous pouvons examiner la gestion de l'actif, en commençant par le ratio de rendement de l'actif.

A Le rendement de l'actif

Pour mesurer le rendement de l'actif, il faut mettre en relation le résultat net réalisé par la société au cours d'un exercice et les ressources dont elle disposait pour y parvenir. Ce ratio exprime la rentabilité générale de l'entreprise pour une période donnée. Il se calcule de la façon suivante[4] :

$$\textbf{Ratio de rendement de l'actif} = \frac{\textbf{Résultat net}}{\textbf{Actif total}}$$

Le ratio de rendement de l'actif est un indicateur qui concerne l'ensemble des bailleurs de fonds, puisque le dénominateur utilisé pour le calculer équivaut aussi à la somme des passifs et des capitaux propres. En utilisant les montants d'Aux Quatre Vents, nous obtenons les résultats suivants :

	Réf.	2017	2016
Ratio de rendement de l'actif d'Aux Quatre Vents	$\frac{R12}{B11}$	$\frac{3\,155}{55\,344}$	$\frac{3\,274}{50\,718}$
	=	5,70 %	6,46 %

4. Il convient de souligner que tous les ratios mettant en relation un élément provenant de l'état du résultat net et un élément provenant de l'état de la situation financière peuvent être calculés en utilisant une valeur moyenne pour l'élément provenant de l'état de la situation financière. Par exemple, le ratio de rendement de l'actif pourrait être calculé de la façon suivante : résultat net/moyenne de l'actif total (entre le début et la fin de la période).

De 2016 à 2017, le rendement de l'actif d'Aux Quatre Vents a diminué, passant de 6,46 % à 5,70 %. Cela témoigne de la baisse de rentabilité de l'entreprise, qui voit simultanément son résultat net diminuer de 3,6 % et son actif total augmenter de 9,1 %. Il est possible de raffiner l'analyse de ce ratio en introduisant le ratio de rotation de l'actif.

B La rotation de l'actif

Le ratio de rotation de l'actif (parfois appelé « ratio de rotation du capital ») donne une idée de l'« intensité » de l'utilisation de l'actif en mettant en relation les ventes générées par l'entreprise et l'actif total qu'elle possède. Autrement dit, ce ratio indique le montant du chiffre d'affaires dégagé par dollar investi. Plus ce ratio est élevé, plus l'entreprise mobilise l'ensemble de ses ressources. L'utilisation qu'une entreprise fait de ses actifs peut modifier sa rentabilité globale. Le ratio de rotation de l'actif est calculé de la manière suivante :

$$\textbf{Ratio de rotation de l'actif (ou ratio de rotation du capital)} = \frac{\textbf{Ventes}}{\textbf{Actif total}}$$

Pour Aux Quatre Vents, les montants sont les suivants :

	Réf.	2017	2016
Ratio de rotation de l'actif d'Aux Quatre Vents	$\frac{\text{R1}}{\text{B11}}$	$\frac{256\ 167}{55\ 344}$	$\frac{201\ 457}{50\ 718}$
	=	4,63	3,97

Comme nous le constatons, les ressources d'Aux Quatre Vents ont généré proportionnellement plus de ventes en 2017 qu'en 2016, puisque le ratio est passé de 3,97 en 2016 à 4,63 en 2017.

Lorsque l'analyste observe une variation du ratio de rotation de l'actif au fil des années, il doit en rechercher la cause dans les variations non proportionnelles du numérateur et du dénominateur. Dans le cas d'Aux Quatre Vents, l'évolution du ratio entre 2016 et 2017 s'explique par une augmentation des ventes de 27,2 %, alors que l'actif a progressé de 9,1 %.

Il est alors opportun de lier les ratios de rendement de l'actif, de la marge bénéficiaire nette et de rotation de l'actif. Cette relation se traduit de la façon suivante :

	Ratio de rendement de l'actif	=	Ratio de la marge bénéficiaire nette	×	Ratio de rotation de l'actif
	$\frac{\text{Résultat net}}{\text{Actif total}}$	=	$\frac{\text{Résultat net}}{\text{Ventes}}$	×	$\frac{\text{Ventes}}{\text{Actif total}}$
2017 :	5,70 %	=	1,23 %	×	4,63
2016 :	6,46 %	=	1,63 %	×	3,97

Nous constatons que le rendement de l'actif peut s'expliquer par la rentabilité de l'exploitation ainsi que par l'intensité de l'utilisation de l'actif. Ces ratios permettent à l'analyste de mieux comprendre la stratégie de l'entreprise et d'orienter ses questions vers l'exploitation et l'actif. En effet, ici, même si la rotation de l'actif augmente, passant de 3,97 à 4,63, la diminution de la rentabilité (marge bénéficiaire nette passant de 1,63 % à 1,23 %) entraîne une baisse du rendement de l'actif (de 6,46 % à 5,70 %). Les questions de l'analyste doivent alors viser à cerner les aspects expliquant une telle variation. Pour ce faire, il peut utiliser d'autres ratios, que nous allons maintenant aborder.

C La structure de l'actif

Pour déterminer la structure de l'actif, il faut étudier l'importance relative de chacun des postes de l'actif et déceler des tendances. Ainsi, on est en mesure d'évaluer la proportion que représente chaque poste d'actif par rapport à l'actif total. Le nombre de ratios dépend des actifs considérés (cependant, ces ratios sont potentiellement tous calculés si l'on procède à l'analyse verticale). Parmi les ratios fréquemment utilisés, on trouve la relation entre l'actif immobilisé net et l'actif total. Celle-ci est évidemment influencée par l'âge moyen des immobilisations, qui peut être évalué en divisant la valeur nette (coût moins amortissement cumulé) des actifs immobilisés par le coût de ces actifs. Soulignons que l'importance relative de chaque poste est susceptible de varier significativement en fonction du secteur d'activité.

D Le fonds de roulement

Parmi les postes de l'actif, il importe d'examiner les postes de l'actif courant, directement liés aux activités de l'entreprise. Pour apprécier la structure à court terme d'une entreprise, il est pertinent de mettre en relation les éléments de l'actif courant et ceux du passif courant. Pour cela, on peut, dans un premier temps, considérer le fonds de roulement, calculé de la façon suivante :

Fonds de roulement = Actif courant − Passif courant

Le fonds de roulement permet d'évaluer le risque de liquidité à court terme d'une entreprise, qui tient en partie à une gestion efficace des actifs et des passifs courants. Un fonds de roulement positif indique que l'entreprise possède suffisamment de ressources courantes pour honorer ses dettes courantes.

Le fonds de roulement d'Aux Quatre Vents est positif pour 2016 et 2017, avec les montants suivants :

	Réf.		2017	2016
Fonds de roulement d'Aux Quatre Vents	B6	Actif courant	16 841	13 472
	– B15	– Passif courant	– 14 375	– 13 123
	=		2 466	349

Cette mesure de l'excédent des ressources courantes sur les dettes exigibles à moins d'un an est peu utile pour comparer des entreprises ou analyser des tendances, d'où le recours, dans un deuxième temps, au ratio du fonds de roulement, qui se calcule de la façon suivante :

$$\textbf{Ratio du fonds de roulement (ou ratio de liquidité générale)} = \frac{\textbf{Actif courant}}{\textbf{Passif courant}}$$

Pour Aux Quatre Vents, ce ratio augmente, passant de 1,03 en 2016 à 1,17 en 2017 :

	Réf.	2017	2016
Ratio du fonds de roulement d'Aux Quatre Vents	$\frac{B6}{B15}$	$\frac{16\,841}{14\,375}$	$\frac{13\,472}{13\,123}$
	=	1,17	1,03

Interprétés de façon absolue, ces résultats démontrent que, en 2016 et en 2017, les ressources à court terme détenues par l'entreprise permettent, si on présume de leur conversion en liquidités, de couvrir les dettes exigibles à moins d'un an. Cette affirmation repose sur le fait qu'on suppose à priori que les actifs courants, une fois transformés en liquidités, sont utilisés uniquement pour régler les dettes courantes, ce qui n'est pas toujours le cas.

L'analyse du fonds de roulement exige aussi de procéder à une analyse détaillée des actifs courants, en particulier des clients et des stocks. Ces deux postes revêtent une importance particulière, car leur montant, lié à la rapidité avec laquelle ils se transforment en liquidités, varie selon la gestion qu'on en fait. En effet, une gestion efficace des stocks permet bien souvent de réduire le montant des stocks, mais aussi les coûts d'entreposage, tout en limitant les coûts associés à l'obsolescence. Ces stocks sont censés permettre à l'entreprise de réaliser des ventes, qui génèrent généralement des créances clients et, finalement, de la trésorerie. Cette trésorerie est notamment utilisée pour régler les dettes fournisseurs liées à l'approvisionnement en stocks de marchandises et en services, indispensable à la poursuite des activités de l'entreprise. Le lien entre les différents postes de l'actif et du passif courants, qui repose sur le cycle d'exploitation, montre l'importance de gérer correctement ces éléments. Les ratios qui suivent visent à mettre en lumière cet aspect.

E Les liquidités

Le fonds de roulement n'indique pas nécessairement l'état des liquidités, puisqu'il inclut des éléments qui ne peuvent pas servir immédiatement à régler des dettes (par exemple, les stocks). Or, dans certaines circonstances, l'analyste peut vouloir évaluer la capacité de l'entreprise à honorer rapidement ses dettes. Dans ces circonstances, il peut considérer deux ratios, plus restrictifs que le ratio du fonds de roulement (ou ratio de liquidité générale) : le ratio de liquidité relative et le ratio de liquidité immédiate.

Le ratio de liquidité relative permet de comparer au passif courant les liquidités ou ce qui devrait être converti en liquidités rapidement, à savoir les créances clients. Il est calculé de la manière suivante :

$$\text{Ratio de liquidité relative} = \frac{\text{Trésorerie + Placements courants + Clients}}{\text{Passif courant}}$$

Plus restrictif encore, le ratio de liquidité immédiate (ou ratio de trésorerie) vise à évaluer ce que l'entreprise pourrait régler de son passif courant avec les liquidités dont elle dispose immédiatement. Il est calculé de la façon suivante :

$$\text{Ratio de liquidité immédiate} = \frac{\text{Trésorerie + Placements courants}}{\text{Passif courant}}$$

Pour nuancer nos analyses précédentes relatives au fonds de roulement d'Aux Quatre Vents, calculons les ratios de liquidité relative et de liquidité immédiate.

	Réf.	2017	2016
Ratio de liquidité relative d'Aux Quatre Vents	$\frac{B1 + B2 + B3}{B15}$	$\frac{3\,600 + 1\,500 + 4\,195}{14\,375}$	$\frac{2\,362 + 1\,200 + 3\,317}{13\,123}$
	=	0,65	0,52

	Réf.	2017	2016
Ratio de liquidité immédiate d'Aux Quatre Vents	$\frac{B1 + B2}{B15}$	$\frac{3\,600 + 1\,500}{14\,375}$	$\frac{2\,362 + 1\,200}{13\,123}$
	=	0,35	0,27

Aux Quatre Vents a donc 0,65 $ de liquidité relative et 0,35 $ de liquidité immédiate pour chaque dollar de dette courante en 2017. Les ratios du fonds de roulement, de liquidité relative et de liquidité immédiate permettent d'évaluer la situation financière courante à un moment donné. En aucun cas, ils ne servent à évaluer le risque financier, qui exige une analyse plus poussée.

Ces ratios doivent être complétés par une analyse des clients, des stocks et des fournisseurs, postes qui font tous partie du fonds de roulement.

F La rotation des stocks

Le coefficient de rotation des stocks joue un rôle prépondérant dans l'analyse de la gestion du fonds de roulement et de la trésorerie. Il représente la fréquence de vente du stock au cours de l'année, autrement dit, le nombre de fois où les stocks doivent être réapprovisionnés au cours de l'année pour qu'il soit possible de réaliser les ventes.

$$\textbf{Coefficient de rotation des stocks} = \frac{\textbf{Coût des ventes}}{\textbf{Stocks}}$$

	Réf.	2017	2016
Coefficient de rotation des stocks d'Aux Quatre Vents	$\frac{R2}{B4}$	$\frac{219\,108}{7\,408}$	$\frac{168\,048}{6\,368}$
	=	30 fois	26 fois

On peut également procéder à l'examen des stocks d'une autre façon, qui permet les mêmes commentaires, en exprimant le rapport entre les stocks et le coût des ventes en nombre de jours. On obtient alors le délai moyen d'écoulement des stocks, qui se calcule de la façon suivante :

$$\textbf{Délai d'écoulement des stocks} = \frac{\textbf{Stocks}}{\textbf{Coût des ventes}} \times \textbf{365 jours}$$

	Réf.	2017	2016
Délai d'écoulement des stocks d'Aux Quatre Vents inc.	$\frac{B4}{R2}$	$\frac{7\,408}{219\,108} \times 365$	$\frac{6\,368}{168\,048} \times 365$
	=	12 jours	14 jours

Un ratio de rotation des stocks de 30 signifie qu'Aux Quatre Vents remplace 30 fois ses stocks en 2017, soit en moyenne tous les 12 jours, alors qu'en 2016 l'entreprise les a remplacés 26 fois, donc environ tous les 14 jours.

Comment interpréter ce ratio ? Sans une connaissance approfondie du secteur d'activité et des pratiques de l'entreprise, il est difficile de répondre à cette question.

En général, un coefficient de rotation des stocks faible (ou un délai d'écoulement long) révèle un niveau de stocks ordinairement élevé, ce qui peut laisser supposer des frais d'entreposage et de manutention importants et entraîner un risque d'obsolescence. Cependant, l'entreprise peut très bien avoir pris la décision de constituer des réserves dans la perspective d'une hausse de prix ou de prochaines difficultés d'approvisionnement.

Un coefficient de rotation des stocks élevé (ou un délai d'écoulement court) n'est pas nécessairement synonyme d'une gestion parfaite s'il laisse présager des ruptures de stocks susceptibles d'engendrer une certaine insatisfaction de la clientèle. Là encore, on doit examiner les faits sous tous les angles afin de tirer les bonnes conclusions.

Pris isolément, le coefficient de rotation des stocks ne présente aucun intérêt pour l'analyste. Pour le rendre significatif, il faut le comparer aux normes du secteur et aux coefficients des exercices antérieurs, et tenir compte de facteurs comme la conjoncture économique, la politique de stockage ou encore l'acquisition d'une autre entreprise. Par exemple, il y a peu de chances qu'un revendeur de machinerie lourde atteigne un coefficient très élevé (ou un délai d'écoulement très faible). En revanche, dans notre exemple ou dans le secteur de la distribution alimentaire, le délai est relativement court.

G Le délai de recouvrement des clients

Le délai de recouvrement des clients (ou débiteurs) permet d'estimer le temps qui s'écoule entre le moment où s'effectuent les ventes et la date de l'encaissement des créances clients, information essentielle pour évaluer la qualité de la politique de crédit et, surtout, son application.

On calcule ce délai en mettant en relation le montant apparaissant dans le poste Clients et dans le poste de Ventes. La relation peut être exprimée en nombre de jours de ventes que représente le solde des comptes clients grâce à la formule de calcul suivante :

$$\text{Délai de recouvrement des clients} = \frac{\text{Clients}}{\text{Ventes}} \times 365 \text{ jours}$$

Dans le cas d'Aux Quatre Vents, nous obtenons le ratio suivant :

	Réf.	2017	2016
Délai de recouvrement des clients d'Aux Quatre Vents inc.	$\frac{B3}{R1}$	$\frac{4\ 195}{256\ 167} \times 365$	$\frac{3\ 317}{201\ 457} \times 365$
	=	6 jours	6 jours

Le délai de recouvrement est de six jours en 2017 et 2016. Cela veut dire que, même si la valeur totale des comptes clients (en dollars) a augmenté entre 2016 et 2017, cette augmentation est proportionnelle à l'augmentation des ventes au cours de la même période. Même s'il est difficile de se faire une opinion sur la qualité de la gestion des clients ou sur la politique de crédit à partir de ces données uniquement, il n'est pas faux de souligner que ce délai est relativement court. Cependant, pour une analyse plus pertinente, il faudrait le comparer au délai de recouvrement en vigueur dans l'industrie.

En général, un allongement de la période de recouvrement signifie que l'entreprise a dû ou devra recourir à du financement supplémentaire, ce qui implique des frais de financement, et que la qualité de ses créances se dégrade. Les entreprises qui assouplissent leur politique de crédit pour stimuler leurs ventes font parfois face à cette réalité.

À l'inverse, un délai plus court révèle généralement un durcissement de la politique de crédit. Une telle initiative n'est pas sans risques. En effet, certains clients pourraient ne pas accepter cette nouvelle politique et décider de se tourner vers des fournisseurs un peu moins impatients. De plus, des efforts accrus de recouvrement peuvent s'accompagner d'escomptes sur les ventes. Les clients apprécient généralement de tels escomptes, mais il ne faut pas oublier qu'ils ont un effet négatif direct sur le résultat (et donc la rentabilité), ainsi que sur la trésorerie.

Finalement, après avoir calculé le délai de recouvrement, il convient de se poser notamment les questions suivantes :

- A-t-on cherché à faire augmenter les ventes au risque de diminuer la qualité des clients ?
- La proportion des ventes au comptant par rapport à celle des ventes à crédit a-t-elle varié ?
- A-t-on modifié la politique de crédit et de recouvrement ?
- La clientèle est-elle passée d'un nombre important de petits clients à un nombre restreint de gros clients, ou inversement ?

La connaissance du contexte de l'entreprise demeure donc primordiale dans l'interprétation des ratios calculés.

H Le délai de règlement des fournisseurs

Il est possible de calculer un ratio analogue à celui des clients pour les fournisseurs (ou créditeurs) : le délai de règlement des fournisseurs. Il se calcule de la manière suivante :

$$\text{Délai de règlement des fournisseurs} = \frac{\text{Fournisseurs}}{\text{Achats (ou coût des ventes)}} \times 365 \text{ jours}$$

Pour obtenir ce ratio, en théorie, il faut dans un premier temps calculer le montant des achats en utilisant le montant reporté dans le poste Coût des ventes et d'autres informations qui ne sont pas toujours disponibles dans les états financiers. Toutefois, en cas d'indisponibilité des informations, le montant des achats peut être remplacé par le montant apparaissant dans le poste Coût des ventes, qui peut être considéré comme une approximation :

	Réf.	2017	2016
Délai de règlement des fournisseurs d'Aux Quatre Vents	$\frac{B12}{R2}$	$\frac{14\,045}{219\,108} \times 365$	$\frac{12\,338}{168\,048} \times 365$
	=	23 jours	27 jours

Une diminution du délai signifie que les fournisseurs sont payés plus rapidement. Une fois encore, il est important de considérer plusieurs facteurs, notamment les usages du secteur, pour porter un jugement sur cette évolution.

L'analyse des délais d'écoulement des stocks, de recouvrement des clients et de règlement des fournisseurs est évidemment intéressante pour chacun des délais pris séparément. Cependant, il est très pertinent également de mettre ces délais en relation et d'analyser plus globalement la gestion du besoin en fonds de roulement d'exploitation.

Le besoin en fonds de roulement d'exploitation (ou calcul du cycle d'exploitation du fonds de roulement)

L'interprétation conjointe des trois délais que nous venons de présenter permet de mesurer la gestion du fonds de roulement d'exploitation avec ses trois principales composantes, soit les stocks, les clients et les fournisseurs. En effet, le délai de règlement des fournisseurs moins la somme du délai d'écoulement des stocks et du délai de recouvrement des clients renseigne sur le temps qui s'écoule entre les encaissements et les décaissements relatifs à l'exploitation courante de la société, ce qui permet de déterminer le besoin en fonds de roulement relié à l'exploitation. Ce calcul est parfois appelé « cycle d'exploitation du fonds de roulement ».

Dans le cas d'Aux Quatre Vents, nous obtenons les données suivantes :

		2017	2016
Délai d'écoulement des stocks	(1)	12 jours	14 jours
Délai de recouvrement des clients	(2)	6 jours	6 jours
	(1) + (2)	18 jours	20 jours
Délai de règlement des fournisseurs	(3)	23 jours	27 jours
Besoin en fonds de roulement d'exploitation* (si négatif)	**(3) – [(1) + (2)]**	5 jours	7 jours
Ou			
Contribution au fonds de roulement d'exploitation* (si positif)			

* Aussi appelé «cycle d'exploitation du fonds de roulement».

En considérant uniquement les postes du fonds de roulement reliés à l'exploitation (stocks, clients, fournisseurs), nous constatons, pour 2017, que les stocks demeurent en réserve durant 12 jours et que les ventes sont encaissées dans un délai de 6 jours. Il s'ensuit une période de 18 jours entre la réception des stocks et l'encaissement, au terme de laquelle les liquidités sont donc disponibles pour qu'il soit possible d'effectuer les paiements aux fournisseurs. Ces paiements interviennent dans un délai moyen de 23 jours. Dans le cas d'Aux Quatre Vents, la gestion des stocks, des clients et des fournisseurs permet de dégager une contribution au fonds de roulement d'exploitation. Dans le cas inverse, il y aurait un besoin en fonds de roulement d'exploitation.

9.5.3 L'analyse du passif et des capitaux propres (ou du financement)

Abordons maintenant l'analyse du financement de l'entité, qui comprend à la fois le passif et les capitaux propres. Commençons notre analyse par le point de vue de l'actionnaire, avant de nous intéresser à celui des autres apporteurs de financement.

LES CAPITAUX PROPRES

A Le rendement des capitaux propres

Le tout premier moyen de financement dont dispose l'entreprise est l'apport en capitaux des actionnaires. Cette contribution traduit l'attente que l'entreprise génère une plus-value et une rémunération sous forme de dividendes. Certains ratios comptables peuvent aider l'actionnaire à évaluer la situation. Parmi ceux-ci, le ratio de rendement des capitaux propres est essentiel. Il met en relation le résultat net produit au cours d'un exercice et les fonds investis (ou réinvestis) par les actionnaires, c'est-à-dire les capitaux propres, pour dégager ce résultat. Il mesure ainsi le rendement global de l'investissement des actionnaires (autrement dit, la création de richesse pour les actionnaires) au cours d'une période donnée. C'est pourquoi, du point de vue de l'actionnaire, ce ratio est parfois appelé « rendement du capital investi ».

$$\textbf{Ratio de rendement des capitaux propres} = \frac{\textbf{Résultat net}}{\textbf{Capitaux propres}}$$

Dans le cas d'Aux Quatre Vents, nous pouvons calculer le rendement des capitaux propres de la façon suivante :

	Réf.	2017	2016
Ratio de rendement des capitaux propres d'Aux Quatre Vents	$\frac{R12}{B23}$	$\frac{3\,155}{20\,895}$	$\frac{3\,274}{17\,783}$
	=	15,10 %	18,41 %

Nous pouvons maintenant mettre en relation le rendement des capitaux propres et le rendement de l'actif, ainsi que la part de l'actif financé par l'investissement des propriétaires, qui peut être évaluée par le ratio du levier financier :

Ratio de rendement des capitaux propres	=	Ratio de rendement de l'actif	×	Ratio du levier financier
$\frac{\text{Résultat net}}{\text{Capitaux propres}}$	=	$\frac{\text{Résultat net}}{\text{Actif total}}$	×	$\frac{\text{Actif total}}{\text{Capitaux propres}}$
2017 : 15,10 %	=	5,70 %	×	2,65
2016 : 18,41 %	=	6,46 %	×	2,85

Dans cette relation, le ratio du levier financier sert à exprimer la proportion de l'actif total par rapport aux capitaux propres. Un ratio de levier financier de 2 signifie qu'on a 1 dollar de capitaux propres pour 2 dollars d'actif. Dans le cas d'Aux Quatre Vents, le ratio du levier financier (B11/B23) est de 2,65 (55 344/20 895) pour 2017, et de 2,85 (50 718/17 783) pour 2016. Plus ce ratio est élevé, moins la part des actionnaires dans le financement des ressources est élevée. En d'autres mots, plus ce ratio est élevé, plus l'entreprise est endettée. Ainsi, environ 38 % (1/2,65) de l'actif est financé par les capitaux propres en 2017, contre 35 % (1/2,85) en 2016. Cette information apparaît aussi dans le tableau 9.3. Précisons que ce ratio doit être mis en perspective avec d'autres ratios introduits plus loin.

Pour le moment, nous complétons cette information à l'aide du calcul du résultat par action, du ratio cours/bénéfice et de la valeur comptable d'une action.

B Le résultat par action

Le résultat par action (ou bénéfice par action) constitue une mesure complémentaire du rendement du point de vue de l'actionnaire. Ce ratio est le seul dont le calcul fasse l'objet de normes précises. Il est par ailleurs obligatoire de le présenter dans les états financiers de sociétés ouvertes.

Le résultat par action s'exprime par le rapport suivant :

$$\textbf{Résultat par action} = \frac{\textbf{Résultat net disponible aux actionnaires ordinaires}^{*}}{\textbf{Nombre d'actions ordinaires en circulation}}$$

* Résultat net – Dividendes sur les actions autres qu'ordinaires.

Ce calcul ne s'applique qu'aux actions auxquelles est rattaché le droit de participer sans restriction au résultat de la société. Il correspond à ce que nous pouvons appeler le « résultat par action de base ». Soulignons que d'autres résultats par action peuvent être calculés, tels que le résultat par action dilué (qui tient compte des instruments de dilution, comme les options d'achat d'actions) ou le résultat par action ne tenant pas compte des activités abandonnées.

C Le ratio cours/bénéfice

Le ratio cours/bénéfice sert surtout aux personnes qui s'intéressent au comportement du marché boursier. Il s'exprime par le rapport suivant :

$$\text{Ratio cours/bénéfice} = \frac{\text{Cours des actions ordinaires}}{\text{Résultat par action}}$$

Le ratio cours/bénéfice donne une idée de l'évaluation boursière d'une entreprise par rapport au résultat généré par cette entreprise. Par exemple, un ratio de 12 signifie que l'investisseur est prêt à payer 12 fois le résultat annuel par action pour acquérir une action. Si l'on fait abstraction de l'aspect spéculatif, cela sous-entend également que l'investisseur consent à attendre 12 ans pour récupérer son capital. Le ratio ne tient pas compte du rendement annuel que l'investisseur exige de son placement.

D La valeur comptable d'une action

La valeur comptable d'une action permet d'établir la valeur *comptable* de chaque action. On l'obtient en divisant la valeur comptable des capitaux propres par le nombre d'actions.

$$\text{Valeur comptable d'une action} = \frac{\text{Capitaux propres}}{\text{Nombre d'actions}}$$

C'est un ratio qui donne une idée d'une valeur précise de l'entreprise, à savoir sa valeur comptable, reflétée par ses capitaux propres (qui, rappelons-le, correspondent à la différence entre ce que l'entreprise possède – ses actifs – et ce que l'entreprise doit – ses passifs). Dans le cas des sociétés ouvertes, il peut être associé à une autre valeur de l'entreprise : sa valeur boursière. Pour comparer ces deux valeurs, il faut calculer le ratio cours/valeur comptable, au moyen de la formule suivante :

$$\text{Ratio cours/valeur comptable} = \frac{\text{Cours d'une action}}{\text{Valeur comptable d'une action}}$$

Un ratio élevé correspond à une situation dans laquelle la valeur de marché de l'entreprise est fortement éloignée de sa valeur comptable. Cette situation peut s'expliquer d'au moins deux manières.

- Il arrive que certains éléments intangibles, comme la réputation, le savoir-faire ou la compétence de l'équipe dirigeante, ne puissent être comptabilisés, alors qu'ils sont valorisés par les marchés.
- La valeur boursière d'une entreprise peut comporter des anticipations quant aux bénéfices futurs qui n'apparaissent pas dans les données historiques sur lesquelles repose la valeur comptable.

L'ENDETTEMENT

En étudiant les diverses sources de capitaux d'une entreprise, l'analyste peut découvrir, d'une part, comment elle se finance (structure du capital) et, d'autre part, comment elle peut tirer parti de sa situation d'endettement.

Un faible niveau d'endettement est souvent synonyme de bonne santé financière. Il ne faut toutefois pas en tirer de conclusions arrêtées. Il est tentant d'interpréter positivement le fait qu'une entreprise s'autofinance, ce qui n'est pas erroné en soi. Cependant, une entreprise souhaitant atteindre une certaine croissance doit composer avec les risques et mettre à profit sa capacité d'endettement: l'existence de dettes est donc inévitable et même positive pour les actionnaires.

Le recours au financement externe assure la croissance de l'entreprise, sans nécessiter un nouvel apport en capitaux propres. Cependant, l'entreprise doit savoir gérer efficacement cet endettement pour préserver sa solvabilité à long terme.

E Le ratio d'endettement

Pour évaluer la capacité de financement à long terme, il faut déterminer dans quelle mesure l'actif total d'une société est déjà grevé de dettes. À cette fin, on recourt au ratio d'endettement. La valeur obtenue demeure tout au plus un indice de l'importance des capitaux empruntés (et donc, par déduction, des capitaux propres) dans le financement total et ne permet pas d'évaluer directement la santé financière de l'entreprise. Le calcul du ratio d'endettement peut s'effectuer de deux façons:

$$\text{Ratio d'endettement par rapport aux actifs} = \frac{\text{Passif courant + Passif non courant}}{\text{Actif total}}$$

ou

$$\text{Ratio d'endettement par rapport aux actifs} = \frac{\text{Dette non courante}^{*}}{\text{Actif non courant}}$$

* Il est possible d'inclure la partie courante de la dette non courante dans le calcul.

Dans le cas d'Aux Quatre Vents, les calculs sont les suivants :

	Réf.	2017	2016
Ratio d'endettement par rapport aux actifs d'Aux Quatre Vents	$\frac{B19}{B11}$	$\frac{34\,449}{55\,344}$	$\frac{32\,935}{50\,718}$
	=	0,62	0,65
	ou		
	$\frac{B16}{(B7 + B8 + B9 + B10)}$	$\frac{14\,017}{(29\,138 + 6\,710 + 2\,228 + 427)}$	$\frac{14\,492}{(27\,860 + 6\,710 + 2\,283 + 393)}$
	=	0,36	0,39

Le premier des deux ratios ci-dessus présente l'avantage de pouvoir être calculé très facilement. Cependant, les éléments composant le passif courant sont généralement exigibles dans les 12 mois suivant la date de l'état de la situation financière et sont réglés grâce aux flux de trésorerie provenant de l'exploitation et, au besoin, au moyen de financements à court terme. Les dettes exigibles à moins d'un an s'inscrivent donc dans un processus continu et l'investisseur ne devrait pas en tenir compte lorsqu'il analyse la structure financière à long terme afin d'évaluer notamment le risque financier qu'il encourt. C'est pourquoi il est préférable de restreindre l'analyse aux formes de financement à long terme. Même si, en théorie, la dette non courante n'est pas permanente, on sait qu'en pratique une entreprise qui acquiert des immobilisations au moyen d'emprunts à long terme les renouvelle à l'échéance ou contracte de nouveaux emprunts au fil d'un processus récurrent.

Pour les apporteurs de financement externe à long terme (qui doivent notamment décider d'accorder ou de renouveler un emprunt à long terme), il est particulièrement important de connaître la proportion du financement qu'ils apportent par rapport aux actionnaires. En effet, les créanciers à long terme n'ont aucun intérêt à priori à prendre un risque supérieur à celui des actionnaires.

Ainsi, il est possible d'utiliser le ratio d'endettement à long terme pour connaître l'importance relative de la dette non courante par rapport aux capitaux propres. Ce calcul permet de déterminer dans quelle mesure le financement à long terme de l'entreprise provient de sources externes.

$$\textbf{Ratio d'endettement à long terme par rapport aux capitaux propres} = \frac{\textbf{Dette non courante}^{*}}{\textbf{Capitaux propres}}$$

* Il est possible d'inclure la partie courante de la dette non courante dans le calcul.

Calculons ce ratio pour Aux Quatre Vents :

	Réf.	2017	2016
Ratio d'endettement à long terme d'Aux Quatre Vents	$\frac{B16}{B23}$	$\frac{14\,017}{20\,895}$	$\frac{14\,492}{17\,783}$
	=	0,67	0,81

Comme nous pouvons le constater, la dette non courante représente 67 % des capitaux propres d'Aux Quatre Vents en 2017, contre 81 % en 2016, alors que les montants sont presque identiques pour les deux années.

F La couverture du remboursement du capital et des intérêts

Il est également primordial, en particulier pour les créanciers, de savoir si une entreprise est en mesure de couvrir ses intérêts et ses remboursements de capital.

Pour ce faire, il est possible d'utiliser, dans un premier temps, le ratio de couverture des intérêts, qui mesure dans quelle proportion les résultats d'exploitation excèdent les intérêts. Ce ratio se calcule de la manière suivante :

$$\text{Ratio de couverture des intérêts} = \frac{\text{Résultat avant intérêts et impôts}}{\text{Intérêts}}$$

Ce ratio montre la capacité des activités courantes de couvrir les frais de financement fixes lorsqu'ils deviennent exigibles. Dès lors, on connaît l'effet de ces frais sur la rentabilité de l'exploitation.

Nous obtenons les résultats suivants pour Aux Quatre Vents :

	Réf.	2017	2016
Ratio de couverture des intérêts d'Aux Quatre Vents	$\frac{R7}{R8}$	$\frac{5\,202}{910}$	$\frac{5\,972}{800}$
	=	5,72	7,47

Dans le cas d'Aux Quatre Vents, une augmentation des frais financiers combinée à une baisse de rentabilité entraîne une baisse du ratio de couverture des intérêts.

Le ratio de couverture des intérêts ne tenant pas compte des remboursements de capital exigés par les prêteurs, l'analyste doit calculer, dans un deuxième temps, le ratio de couverture du remboursement du capital et des intérêts. L'ajout des remboursements de capital aux intérêts exige alors d'exprimer la valeur des remboursements dans une unité de mesure commune, en l'occurrence le dollar avant impôts. Or, les remboursements de dettes, non admissibles à une déduction du revenu imposable, s'effectuent à même le résultat net (résultat après impôts), disponible une fois la facture fiscale acquittée. En conséquence, chaque dollar versé aux créanciers au titre des remboursements du capital oblige l'exploitation à produire un résultat suffisamment élevé pour que l'entreprise puisse auparavant s'acquitter de ses obligations envers les autorités fiscales. La formule pour calculer le ratio de couverture du remboursement du capital et des intérêts est donc la suivante :

$$\text{Ratio de couverture du remboursement du capital et des intérêts} = \frac{\text{Résultat avant intérêts et impôts}}{\text{Intérêts} + [\text{Remboursement de capital } (1 / 1 - \text{Taux d'imposition})]}$$

G Le rendement brut de l'actif total et l'effet de levier

Le fait que l'entreprise se finance en partie à l'aide de capitaux provenant de tiers permet de mesurer ce que l'on appelle « l'effet de levier ». Dans son *Dictionnaire de la comptabilité et de la gestion financière*, Louis Ménard le définit comme un « effet, sur le bénéfice et le rendement des actions, d'un financement par emprunt plutôt que par instruments de capitaux propres ou tout autre instrument dont le rendement est lié aux résultats[5] ».

L'effet de levier permet donc de connaître l'incidence des dettes sur le résultat net ou, autrement dit, sur la rentabilité de l'entreprise. Pour évaluer cet effet, il est nécessaire de comparer la rentabilité *réelle* de l'entreprise (mesurée par le ratio de rendement des capitaux propres) avec la rentabilité de l'entreprise dans la situation *fictive*, où elle n'aurait contracté aucune dette (mesurée par le ratio de rendement brut de l'actif total).

Le rendement brut de l'actif total repose sur une hypothèse quasi impossible à concrétiser, à savoir l'absence totale de financement externe. À quoi ressembleraient les états financiers dans cette situation fictive ? Dans l'état de la situation financière, l'absence de financement externe signifie que l'actif n'est financé que par les capitaux propres (autrement dit, l'équation fondamentale se réduit à Actif = Capitaux propres).

---

5. Louis MÉNARD, *Dictionnaire de la comptabilité et de la gestion financière*, Institut canadien des comptables agréés, 2e édition, Montréal, ERPI, 2004.

Dans l'état du résultat net, l'absence de financement externe implique l'absence d'intérêts (puisqu'ils sont liés aux dettes).

Le rendement brut de l'actif total se calcule donc de la façon suivante:

$$\text{Ratio de rendement brut de l'actif total} = \frac{(\text{Résultat avant intérêts et impôts}) \times (1 - \text{taux d'imposition})}{\text{Actif total}}$$

Dans cette formule, on utilise le résultat avant intérêts et impôts (soit l'équivalent du résultat net, auquel on ajoute les intérêts, inexistants selon l'hypothèse d'un endettement nul, et les impôts). Pour prendre en compte l'aspect fiscal, on ajuste le résultat avant intérêts et impôts en le multipliant par (1 – taux d'imposition). Le résultat, correspondant au montant du résultat net qui aurait été obtenu sans financement externe, est finalement comparé à l'actif total (selon l'hypothèse où il n'y a pas de dette, les capitaux propres égalent l'actif total).

Pour évaluer l'effet de levier, il faut comparer le rendement brut de l'actif total avec le rendement réel des capitaux propres. L'entreprise bénéficie d'un effet de levier positif lorsque le ratio de rendement des capitaux propres (qui tient compte d'un endettement) excède le ratio de rendement brut de l'actif total (qui repose sur l'absence d'endettement). Le financement actuel a donc un effet favorable sur la rentabilité, ce qui équivaut à « faire de l'argent avec l'argent des autres ». À l'inverse, une entreprise pour laquelle l'effet de levier est négatif doit s'interroger sur l'opportunité d'avoir recours à l'endettement et sur les conséquences en matière de solvabilité.

Pour Aux Quatre Vents, le calcul du ratio de rendement brut de l'actif total donne les résultats suivants:

		2017	2016
Ratio de rendement brut de l'actif total d'Aux Quatre Vents		$\frac{3\,823^*}{55\,344}$	$\frac{3\,780^*}{50\,718}$
	=	6,91 %	7,45 %

* Pour obtenir ces montants, il faut d'abord estimer le taux d'imposition. Pour ce faire, on divise le montant de la charge totale d'impôt (impôts exigibles + impôts différés, soit R10 + R11) par le résultat avant impôts (R9), puis on multiplie le résultat avant intérêts et impôts, soit ici le résultat d'exploitation (R7), par 1 – le taux d'imposition estimé précédemment.

Le ratio de rendement des capitaux propres (15,10 %) excédant le ratio de rendement brut de l'actif total (6,91 %), nous pouvons donc affirmer qu'Aux Quatre Vents bénéficie d'un effet de levier positif.

9.5.4 L'analyse complétée par les flux de trésorerie

L'analyse financière intègre de plus en plus souvent des ratios obtenus à partir de l'information apparaissant dans le tableau des flux de trésorerie. En effet, même si la notion de résultat net est capitale, il n'en demeure pas moins qu'il n'est pas suffisant, pour une entité, de réaliser un profit – encore faut-il que ce profit génère une entrée nette de fonds – et il ne faut pas perdre de vue que le résultat net est une donnée qui dépend des choix comptables (par exemple, les choix de méthodes ou des hypothèses nécessaires pour établir des estimations). Ainsi, de plus en plus d'analystes calculent certains des ratios présentés précédemment en y intégrant les flux de trésorerie provenant de l'exploitation. Nous en introduisons deux ci-dessous.

A Les flux de trésorerie et l'actif

Il se peut que l'analyste souhaite connaître non seulement le niveau de résultat généré par les actifs (rendement de l'actif), mais aussi l'ampleur des flux de trésorerie dégagés par cet investissement. Il s'agit alors d'une variante du ratio de rendement de l'actif exprimé en flux monétaires :

Flux de trésorerie provenant des activités opérationnelles / Actif total

Dans le cas d'Aux Quatre Vents, le calcul est le suivant :

	2017	2016
Ratio Flux de trésorerie provenant des activités opérationnelles / Actif total d'Aux Quatre Vents	$\frac{5\,917}{55\,344}$	$\frac{4\,857}{50\,718}$
=	0,11	0,10

B Les flux de trésorerie et les ventes

La relation suggérée ici consiste à établir un rapport entre le niveau d'activité, représenté par les ventes, et les flux de trésorerie qui en résultent (rapport comparable à la relation entre le résultat net et les ventes). Autrement dit, l'augmentation (ou la réduction) du niveau d'activité génère-t-elle un effet positif (ou négatif) sur les flux de trésorerie ? Le ratio se calcule de la façon suivante :

Flux de trésorerie provenant des activités opérationnelles / Ventes

Dans le cas d'Aux Quatre Vents, nous obtenons les montants suivants :

	2017	2016
Ratio Flux de trésorerie provenant des activités opérationnelles / Ventes d'Aux Quatre Vents	$\frac{5\,917}{256\,167}$	$\frac{4\,857}{201\,457}$
	0,02	0,02

Chaque dollar de ventes génère 0,02 $ de flux de trésorerie.

9.5.5 La synthèse des ratios

Maintenant que nous avons présenté les différents ratios, voyons quels constats se dégagent du regroupement de certains d'entre eux en ce qui a trait aux dimensions suivantes :

- La performance générale ;
- L'exploitation ;
- Le financement ;
- La liquidité-solvabilité.

Pour ce faire, nous utilisons certains éléments de la démarche apparaissant au tableau 9.4, en en faisant une lecture horizontale, complémentaire de l'approche verticale utilisée dans la présentation des ratios proposée précédemment dans ce chapitre[6].

AUX QUATRE VENTS[7]

En comparant les données d'Aux Quatre Vents pour 2017 et 2016, nous constatons une augmentation globale des activités de l'entreprise sur la période, avec une hausse des ventes de 27,2 % (de 201 457 $ à 256 167 $) et de l'actif de 9,1 % (de 50 718 $ à 55 344 $), qui ne se traduit pas par une augmentation du résultat net, puisqu'il diminue dans le même temps de 3,6 % (de 3 274 $ à 3 155 $).

6. Une analyse plus exhaustive inclurait des données de concurrents. L'utilisation d'une base de données serait aussi appropriée. Les informations publiées par l'entreprise ainsi que l'information financière publique pourraient compléter cette analyse.

7. Dans cette section, nous introduisons des éléments comparatifs pour le secteur ainsi que des informations par activité, pour illustrer la manière dont ils devraient être utilisés dans un processus d'analyse financière. Les éléments comparatifs sont donnés à des fins d'illustration et relèvent de la fiction. Dans le cadre d'une analyse financière réelle, il est possible d'obtenir ce type d'éléments dans des bases de données.

A La performance générale

La performance générale d'Aux Quatre Vents, en ce qui a trait aux indicateurs de marge bénéficiaire, de rendement de l'actif et des capitaux propres, se présente ainsi :

	2017	2016
Marge bénéficiaire nette	1,23 %	1,63 %
Rendement de l'actif	5,70 %	6,46 %
Rendement des capitaux propres	15,10 %	18,41 %

Ces indicateurs généraux font ressortir les points suivants :

- La marge bénéficiaire nette (qui mesure la rentabilité des opérations en fonction du résultat net réalisé pour chaque dollar de ventes) affiche une baisse pour l'exercice 2017, avec un ratio de 1,23 %, contre 1,63 % pour l'exercice 2016. Si nous considérons que le ratio de la marge bénéficiaire nette pour ce secteur d'activité est de 1,5 %, cela signifie que la performance d'Aux Quatre Vents est inférieure à celle du marché en 2017 ;
- Le rendement de l'actif (qui met en relation le résultat net réalisé par la société et les ressources dont elle dispose) a diminué de 2016 à 2017, passant de 6,46 % à 5,70 %. La diminution du ratio est attribuable en partie à la diminution du résultat net (3,6 %) et à l'augmentation de l'actif total (9,1 %). Toutefois, selon les informations sectorielles, le rendement d'Aux Quatre Vents serait comparable à celui de ses concurrents ;
- Le ratio de rendement des capitaux propres (qui met en relation le résultat net et les capitaux propres) a lui aussi diminué, passant de 18,41 % en 2016 à 15,10 % en 2017. Toutefois, le rendement d'Aux Quatre Vents est supérieur à celui de l'industrie (13,4 %).

Pour mieux comprendre la signification de ces indicateurs, examinons les ratios reliés à la gestion de l'exploitation.

B L'exploitation

Nous constatons ce qui suit :

- Les ventes ont augmenté de 27,2 %, alors que le résultat net a diminué de 3,6 % ;
- Comparés à l'augmentation des ventes, les coûts commerciaux et les charges administratives ont connu une hausse de seulement 15,0 %. Quoique cela ait contribué à maintenir la rentabilité, une hausse marquée du coût des ventes (30,4 %) a toutefois influé sur la marge brute, cette dernière étant passée de 16,6 % à 14,5 %.

L'analyse des secteurs opérationnels permet de mieux cerner des éléments explicatifs.

	2017	% / Ventes	2016	% / Ventes
Ventes				
Marchandises	81 973	32,0 %	76 950	38,2 %
Carburant	174 194	68,0 %	124 507	61,8 %
	256 167	**100,0 %**	**201 457**	**100,0 %**

	2017	% / Marge	2016	% / Marge
Marge brute				
Marchandises	29 647	80,0 %	26 059	78,0 %
Carburant	7 412	20,0 %	7 350	22,0 %
	37 059	**100,0 %**	**33 409**	**100,0 %**

Ce tableau nous donne les informations suivantes:

- Les ventes de carburant ont connu une augmentation relative, passant de 61,8 % à 68,0 % des ventes;
- La marge brute sur ce produit a baissé, passant de 5,9 % (7 350/124 507) à 4,3 % (7 412/174 194);
- Les ventes de marchandises constituent 38,2 % du chiffre d'affaires en 2016 et 32,0 % en 2017, mais contribuent à 78,0 % de la marge brute en 2016 et à 80,0 % en 2017, avec un pourcentage de marge brute passant de 33,9 % (26 059/76 950) en 2016 à 36,2 % en 2017 (29 647/81 973).

Soulignons également que le ratio de rotation de l'actif (ventes par rapport aux actifs) a augmenté, passant de 3,97 à 4,63 (augmentation reliée à celle de l'actif de 9,1 %, et à celle des ventes, de 27,2 %). La hausse de l'actif (4 626 $) s'explique par l'augmentation des immobilisations corporelles (1 278 $), mais surtout par l'augmentation de l'actif courant (3 369 $ et 25,0 % par rapport à l'exercice précédent). Par conséquent, la gestion du fonds de roulement mérite d'être examinée de plus près. Avant cela, étudions ce qui concerne le financement.

C Le financement

L'analyse des passifs et des capitaux propres fait ressortir ce qui suit:

- L'augmentation des passifs s'explique principalement par la hausse de 9,5 % des passifs courants (voir, ci-dessous, la section sur la liquidité);
- La structure des dettes à long terme et des capitaux propres comporte les caractéristiques suivantes:

	2017	2016
Ratio d'endettement par rapport aux capitaux propres	0,67	0,81
Taux de rendement brut de l'actif total	6,90 %	7,45 %
Taux de rendement des capitaux propres	15,10 %	18,41 %

- Le ratio d'endettement par rapport aux capitaux propres est passé de 0,81 en 2016 à 0,67 en 2017, ce qui indique une proportion moins grande de dettes par rapport aux capitaux propres. Notons toutefois que la dette non courante est demeurée sensiblement la même, la diminution de ce ratio provenant de l'augmentation des capitaux propres ;
- Le calcul de l'effet de levier donne un résultat positif, le rendement des capitaux propres étant supérieur au taux de rendement brut de l'actif total.

D La liquidité-solvabilité

À ces constats, ajoutons quelques éléments sur la gestion des liquidités à l'aide des ratios suivants :

	2017	2016
Ratio de fonds de roulement (liquidité générale)	1,17	1,03
Ratio de liquidité relative	0,65	0,52
Ratio de liquidité immédiate	0,35	0,27
Délai d'écoulement des stocks	12 jours	14 jours
Délai de recouvrement des clients	6 jours	6 jours
Délai de paiement des fournisseurs	23 jours	27 jours

Il ressort qu'Aux Quatre Vents se trouve dans la situation suivante :

- L'entreprise affiche un fonds de roulement positif, en augmentation par rapport à 2016 (passant de 349 $ à 2 466 $ en 2017), avec un ratio de fonds de roulement de 1,03 en 2016 et de 1,17 en 2017 ;
- Elle maintient ainsi un niveau de liquidité à court terme comparable à la moyenne de l'industrie ;
- Lorsque nous examinons l'état de la situation financière et le tableau des flux de trésorerie, nous constatons que les postes du fonds de roulement montrent une augmentation des clients de 26,5 %, des stocks de 16,3 % et des fournisseurs de 13,8 %. Toutefois, entre 2016 et 2017, nous remarquons que le délai d'écoulement des stocks baisse de deux jours et le délai de paiement des fournisseurs, de quatre jours. De façon générale, les délais de recouvrement

des clients, d'écoulement des stocks et de paiement des fournisseurs contribuent positivement au fonds de roulement d'exploitation (de 7 jours en 2016 et de 5 jours en 2017);

- De même, en nous reportant au tableau des flux de trésorerie, nous constatons que la trésorerie et les équivalents de trésorerie ont augmenté de 1 238 $ de 2016 à 2017, passant de 2 362 $ à 3 600 $. Les opérations d'exploitation de 2017 génèrent 5 917 $ de liquidités, ce qui permet de couvrir l'augmentation des éléments du fonds de roulement hors trésorerie liés à l'exploitation, les dépenses en immobilisations et les activités de financement.

E Les faits marquants de l'analyse

Les faits marquants de notre analyse du cas d'Aux Quatre Vents se résument ainsi:

- Baisse de la performance de l'entité;
- Augmentation des ventes associée à une baisse de rentabilité (marge brute) du carburant, mais également à une augmentation de la marge brute sur les ventes de marchandises se soldant par une marge totale à la baisse;
- Structure de dettes permettant d'afficher un effet de levier positif;
- Indicateurs de liquidité positifs.

9.6 L'INCERTITUDE LIÉE À L'ANALYSE DES ÉTATS FINANCIERS

9.6.1 Les limites de l'analyse

Comme nous l'avons déjà évoqué, la liste des ratios mentionnés dans ce chapitre est loin d'être exhaustive. Il est possible d'en calculer d'autres et de les interpréter en fonction des activités de l'entité et du secteur dans lequel elle est active.

À la lumière des pages qui précèdent, il ne serait pas surprenant que l'étude de l'analyse des états financiers suscite chez le lecteur une certaine appréhension, voire de la déception. Les attentes sont nombreuses et légitimes, sans aucun doute, mais il est impossible de les satisfaire pleinement. En effet, il faut utiliser toutes ces données en tenant compte de l'incertitude qui caractérise plusieurs d'entre elles; de plus, il convient de faire preuve de jugement lorsqu'on les interprète. Il est indispensable de recourir à des aspects qualitatifs complémentaires, ce qui signifie que l'analyse des ratios n'est pas nécessairement une recette infaillible, comme le confirment les limites inhérentes à la nature même des états financiers.

9.6.2 Les limites inhérentes aux états financiers

La démarche d'analyse que nous proposons doit être adaptée aux caractéristiques des entreprises et à leur contexte, tout en tenant compte des objectifs de l'analyste. Les données utilisées par ce modèle provenant dans une large mesure des états financiers, il faut également prendre en considération les limites qui les caractérisent, que celles-ci relèvent de la terminologie, du classement et du regroupement des données, du choix des conventions comptables, des ajustements au résultat, de l'utilisation du coût historique, ou de la nature même des états financiers.

A La terminologie

La latitude laissée en matière de préparation et de présentation des états financiers entraîne inévitablement des différences dans la terminologie employée. Bien qu'on tende à standardiser le vocabulaire, il arrive que des expressions différentes soient utilisées pour désigner une même réalité.

B Le classement et le regroupement

On doit prêter une attention particulière au classement employé pour présenter les données financières. En général, les préparateurs d'états financiers recourent à des pratiques relativement uniformes. Toutefois, les normes comptables sont souvent muettes sur la question: il arrive donc que des entreprises d'un même secteur optent pour un classement «personnalisé».

En conséquence, même si les conventions comptables utilisées sont identiques, la ventilation des postes dans les états financiers risque de nuire aux comparaisons lorsque les divergences portent sur des sommes importantes. Cela vaut surtout pour les postes de l'état du résultat net, notamment son poste Charges administratives, qui comporte un grand nombre de charges. De plus, comme nous l'avons vu au chapitre 6, deux entreprises d'un même secteur peuvent choisir de ventiler leurs charges selon deux modèles différents: la nature des charges ou leur fonction.

Quant au problème de regroupement, il tient à l'usage qui est fait du concept d'importance relative tout au long du processus comptable. Ce concept, fondé sur le jugement, sert à éviter que les états financiers soient surchargés d'éléments secondaires. Ainsi, un poste jugé mineur est parfois regroupé avec d'autres postes de même nature. Le lecteur, tout en étant averti de ce fait, n'est généralement pas en mesure d'en connaître les modalités d'application.

C Les conventions comptables

Avant même de procéder à une analyse approfondie des états financiers d'une entreprise, on doit se pencher sur les conventions comptables en vigueur. Celles-ci sont indiquées par voie de notes et comportent parfois des renvois aux postes auxquels elles se rapportent. Malgré l'uniformité qui est de mise pour des entreprises d'un même secteur d'activité, il est toujours possible qu'une société fasse exception à la règle. Par conséquent, la comparaison avec des entreprises d'un secteur donné n'est valide que si l'on s'assure au préalable de l'homogénéité des pratiques comptables appliquées.

L'interprétation des conventions comptables constitue un autre problème. Une compréhension différente de ces conventions conduit à présenter ou à omettre certains postes, ce qui peut modifier, voire fausser le jugement de l'analyste. Par exemple, dans le cas de contrats de location, on observe parfois ce qu'il convient d'appeler un « financement hors bilan », parce que l'entreprise comptabilise le contrat de location comme une location simple, alors qu'une autre considère ce contrat comme une acquisition, avec un passif relatif à la somme impayée.

D Les ajustements apportés au résultat

Le lecteur des états financiers doit porter une attention particulière à la présence éventuelle d'ajustements concernant les exercices antérieurs, d'éléments inhabituels ou d'activités abandonnées. Si de tels éléments lui échappent, la comparaison avec les résultats d'exercices antérieurs ou avec les résultats d'autres sociétés en sera faussée. Ce problème n'est pas négligeable ; c'est pourquoi on procède parfois à des rajustements permettant d'obtenir une mesure « normalisée » du résultat, c'est-à-dire représentative des activités normales.

E L'inflation et les « valeurs marchandes »

Les fluctuations du pouvoir d'achat jouent un rôle notable. En effet, les éléments évalués au coût historique qui composent les états financiers peuvent faire l'objet d'une caution lorsqu'on les envisage dans la durée. L'utilisateur de rapports comptables en tiendra compte pour établir des prévisions ou des projections, tout comme pour dégager des tendances ou effectuer des comparaisons.

La comptabilité suppose la plupart du temps d'enregistrer certains éléments d'actif, principalement les immobilisations corporelles, à un montant qui diffère généralement de leur valeur marchande. Une connaissance approfondie de l'entreprise observée est alors un atout.

F La nature des états financiers

Bien que les états financiers donnent parfois l'impression d'être complets et précis, ils ne le sont pas toujours autant qu'on le pense. En effet, les montants y figurent en chiffres, mais il appartient au lecteur de faire la part des choses, de faire intervenir sa subjectivité.

De plus, comme nous l'avons indiqué à propos de l'inflation, les postes sont exprimés en dollars de différentes périodes. Il faut également noter que les états financiers n'enregistrent pas certains éléments dont la valeur est difficilement quantifiable, comme le capital humain, la clientèle ou la qualité de la gestion.

Autre caractéristique des états financiers : leur précision n'est pas absolue. Ils comportent une marge d'erreur raisonnable, tant en raison du facteur de l'importance relative, déjà évoqué, que de la combinaison de faits et de jugements à laquelle ils font appel :

- Les faits se rapportent aux postes pouvant être mesurés ;
- Les jugements peuvent faire varier les résultats et la situation de l'entreprise (l'évaluation des stocks, la politique d'amortissement des immobilisations et le calcul de la provision pour créances douteuses, par exemple).

En définitive, est-il sage d'utiliser les états financiers pour porter un jugement éclairé sur une entreprise ? Selon nous, la réponse est affirmative, mais à condition de prendre certaines précautions. Il convient notamment de s'informer du contexte et de connaître les limites de l'information financière ainsi que l'influence d'autres éléments dans la formation du jugement de l'analyste. De plus, on ne doit pas uniquement s'arrêter aux montants absolus : il faut aussi s'intéresser aux taux et aux tendances, et ne comparer que des éléments qui sont en relation. Enfin, le milieu des affaires est en constante évolution et devient de plus en plus complexe. Il est donc indispensable de se tenir informé des grands sujets susceptibles d'influer sur les normes comptables et sur les décisions des préparateurs des états financiers.

CHAPITRE 10

LES NORMES POUR LES ENTREPRISES À CAPITAL FERMÉ

SOMMAIRE

Comme il a été mentionné dans le chapitre 1, le contexte d'affaires et les besoins des utilisateurs diffèrent grandement au sein d'entreprises qui appartiennent à des intérêts privés[1]. Par la nature de ses relations avec ses parties prenantes, l'entreprise à capital fermé n'a pas besoin de l'information exigée par les normes IFRS. En effet, les utilisateurs de l'information financière de cette forme d'entreprise sont essentiellement les propriétaires, qui sont souvent également les dirigeants et les créanciers.

C'est dans cette perspective que CPA Canada (anciennement appelé « ICCA », soit l'Institut canadien des comptables agréés), un organisme responsable de la normalisation comptable, a établi des normes comptables canadiennes appelées « **N**ormes **c**omptables pour les **e**ntreprises à **c**apital **f**ermé » (NCECF).

10.1 LA PERTINENCE DE L'INFORMATION FINANCIÈRE POUR LES ENTREPRISES À CAPITAL FERMÉ

Afin de développer cet ensemble de normes comptables, CPA Canada a d'abord entrepris un examen des besoins des utilisateurs d'états financiers. Le plus important constat a été que les utilisateurs externes étaient en général conscients des problèmes que pose l'établissement d'états financiers, tant du point de vue du coût que de la complexité. Il en est ressorti qu'un compromis coûts-avantages devait prévaloir dans l'élaboration des normes pour les entreprises à capital fermé.

Cet examen a de plus confirmé que les utilisateurs les plus fréquents des états financiers des entreprises à capital fermé ne sont pas les actionnaires minoritaires et les garants, mais les créanciers. Par conséquent, bien que CPA Canada ait tenu compte des besoins de tous les utilisateurs, il a accordé davantage de poids à ceux des créanciers. Finalement, cet examen a montré que les utilisateurs sont en mesure d'obtenir plus d'informations de la part de l'entreprise que ce qui est contenu dans les états financiers, s'ils en ont besoin.

La prise en compte de tous ces éléments a permis d'établir des normes comptables moins complexes et donc moins coûteuses (sur le plan de la mise en œuvre) que les IFRS. Les normes pour les entreprises à capital fermé sont semblables aux IFRS à plusieurs égards, et les principales différences résident dans le choix de certaines conventions comptables ainsi que dans l'étendue des informations fournies par voie de notes.

---

1. Selon CPA Canada, les entreprises qui appartiennent à des intérêts privés, appelées « entreprises à capital fermé », sont essentiellement des entreprises à but lucratif n'ayant pas émis d'instruments de créances ou de capitaux propres négociés sur un marché public (*Manuel de CPA Canada*, préface).

Il existe actuellement au Canada deux ensembles de normes comptables, soit les normes internationales d'information financière (IFRS) et les normes comptables pour les entreprises à capital fermé (NCECF). Les sociétés cotées ont l'obligation d'appliquer les IFRS, par contre, les sociétés à capital fermé peuvent choisir l'un ou l'autre de ces deux référentiels comptables pour la préparation de leurs états financiers (voir la **figure 1.10**).

FIGURE 10.1 Contexte comptable canadien

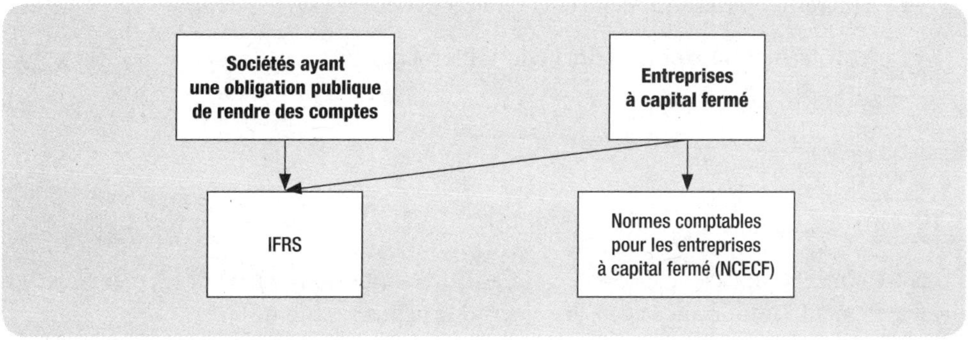

Examinons les arguments en faveur des IFRS et des NCECF pouvant guider le choix des entreprises à capital fermé.

Les IFRS sont à recommander dans les circonstances suivantes :

Accès au marché des capitaux

- L'entreprise envisage d'émettre des titres de capitaux propres par la voie d'un premier appel public à l'épargne.
- Les propriétaires projettent de vendre leur entreprise à une société ouverte.

Activités internationales

- L'entreprise envisage d'étendre ses activités à l'échelle internationale.
- L'entreprise a conclu des partenariats importants avec des partenaires étrangers.
- L'entreprise envisage d'emprunter à l'étranger.

Autres

- L'entreprise fait partie d'un groupe qui applique déjà les IFRS.
- Ses principaux concurrents sont des sociétés cotées.

Toutefois, le choix des NCECF semble s'imposer dans les circonstances suivantes :

- L'entreprise présente une information financière relativement simple ;
- Elle a peu recours à des analyses comparatives ;
- Elle souhaite limiter les ressources consacrées à la préparation des états financiers ;
- Elle prépare principalement son information financière pour les propriétaires, les prêteurs et les autorités fiscales ;
- Elle recherche la simplicité et la réduction des coûts.

Voyons maintenant les principales différences entre les NCECF et les IFRS.

10.2 LE CADRE CONCEPTUEL

Le cadre conceptuel des NCECF et celui des IFRS sont essentiellement les mêmes. C'est principalement l'importance accordée à certains principes qui diffère.

Ainsi, dans les NCECF, la pertinence et la contrainte de l'équilibre coûts-avantages justifient toutes deux de laisser le choix à l'entreprise en matière de conventions comptables. Bien que la substance de plusieurs normes soit semblable dans les deux référentiels, les NCECF offrent aux entreprises des options qui leur permettent de présenter des informations financières répondant aux besoins des investisseurs et des créanciers tout en minimisant les coûts. De la même façon, elles sont moins exigeantes concernant la quantité d'informations à fournir par voie de notes aux états financiers. Enfin, leur cadre conceptuel privilégie l'établissement des états financiers selon le coût historique au lieu de la juste valeur, compte tenu des coûts qu'implique généralement l'utilisation de la juste valeur comme base de mesure.

10.3 LES ÉTATS FINANCIERS

Quoique les deux cadres conceptuels ne montrent pas de différences majeures, il importe d'en faire ressortir quelques-unes qui concernent les composantes des états financiers. Les états financiers des entreprises à capital fermé se composent du bilan (état de la situation financière), de l'état des résultats (état du résultat net et des autres éléments du résultat global), de l'état des bénéfices non répartis, de l'état des flux de trésorerie (tableau des flux de trésorerie) et des notes aux états financiers.

Selon que l'entreprise a adopté les IFRS ou les NCECF, des différences existent dans la nature, la présentation et l'information contenue dans les états financiers, principalement dans les états indiquant le résultat et les capitaux propres.

10.3.1 L'état des résultats

Selon les IFRS, l'état du résultat net et des autres éléments du résultat global fait apparaître deux catégories d'événements : la première présente le résultat de l'exploitation de l'entreprise (résultat net), et la deuxième, l'effet de certaines opérations « non matérialisées[2] » au cours de la période. Dans le cas des NCECF, puisqu'on privilégie le coût historique comme base de mesure des transactions, les gains ou les pertes non matérialisés, qui reflètent des variations de juste valeur, n'apparaissent plus dans les états financiers. Par ailleurs, dans les cas où la juste valeur serait retenue (voir plus loin), ses variations sont toutes enregistrées au résultat net. C'est pourquoi les entreprises à capital fermé présenteront uniquement un état des résultats.

10.3.2 Les capitaux propres

Dans le cas des entreprises à capital fermé, parce que les transactions sur les capitaux propres sont moins fréquentes, l'état des variations des capitaux propres perd de son importance, ce qui explique pourquoi les NCECF requièrent le recours à un état des variations des bénéfices non répartis seulement (dans les IFRS, on les appelle « résultats non distribués »). Toutefois, lorsque d'autres transactions ont un effet sur les capitaux propres, les NCECF imposent leur présentation, soit par voie de notes, soit sous forme d'un état séparé, qui est alors le même qu'avec les IFRS, c'est-à-dire un état des variations des capitaux propres.

Le **tableau 10.1** résume les différences entre les IFRS et les NCECF.

TABLEAU 10.1 Comparaison des états financiers selon les IFRS et selon les NCECF

IFRS	NCECF
État de la situation financière	Bilan*
État du résultat net et des autres éléments du résultat global	État des résultats (aucun résultat global)
État des variations des capitaux propres	État des bénéfices non répartis (la variation des autres éléments des capitaux propres doit être expliquée par voie de notes)
Tableau des flux de trésorerie	État des flux de trésorerie
Notes aux états financiers	Notes aux états financiers

* L'état de la situation financière et le bilan sont identiques, sauf pour la terminologie.

2. Comme les variations de juste valeur sur certaines catégories de placements (voir le chapitre 4).

Le **tableau 10.2** illustre ces différences à partir des états financiers de la société Aux Quatre Vents, qui ont été présentés au chapitre 9. Nous supposons maintenant que cette société est une entreprise à capital fermé qui a opté pour les NCECF.

TABLEAU 10.2 Illustration

AUX QUATRE VENTS INC. – BILAN CONSOLIDÉ
au 31 mars (en milliers de dollars canadiens)

	2017	2016
ACTIF		
À court terme		
Trésorerie et équivalents de trésorerie	3 600 $	2 362 $
Placements	595 $	570 $
Clients	4 195 $	3 317 $
Stocks	7 408 $	6 368 $
Frais payés d'avance	138 $	225 $
Total de l'actif à court terme	15 936 $	12 842 $
Immobilisations corporelles	29 138 $	27 860 $
Écart d'acquisition	6 710 $	6 710 $
Autres actifs à long terme	2 228 $	2 283 $
Impôts futurs	427 $	393 $
	54 439 $	50 088 $
PASSIF		
À court terme		
Fournisseurs et charges à payer	14 045 $	12 338 $
Impôts sur les bénéfices à payer	310 $	777 $
Tranche de la dette à long terme échéant à court terme	20 $	8 $
Total du passif à court terme	14 375 $	13 123 $
Dette à long terme	14 017 $	14 492 $
Autres passifs à long terme	4 230 $	4 005 $
Impôts futurs	1 827 $	1 315 $
	34 449 $	32 935 $
CAPITAUX PROPRES		
Capital-actions	5 813 $	5 705 $
Bénéfices non répartis	14 177 $	11 448 $
Total des capitaux propres	19 990 $	17 153 $
	54 439 $	50 088 $

AUX QUATRE VENTS INC. – ÉTATS CONSOLIDÉS DES BÉNÉFICES NON RÉPARTIS

Pour les exercices terminés le 31 mars (en milliers de dollars canadiens)

Solde au 31 mars 2009	8 500 $
Bénéfice net	3 274 $
Dividendes sur actions ordinaires	(326 $)
Solde au 31 mars 2010	11 448 $
Bénéfice net	3 155 $
Dividendes sur actions ordinaires	(426 $)
Solde au 31 mars 2011	14 177 $

AUX QUATRE VENTS INC. – ÉTATS DES RÉSULTATS CONSOLIDÉS

Pour les exercices terminés le 31 mars (en milliers de dollars canadiens)

	2017	2016
Chiffres d'affaires	256 167 $	201 457 $
Coût des ventes	219 108 $	168 048 $
Bénéfice brut	37 059 $	33 409 $
Coûts commerciaux et charges administratives	28 982 $	25 207 $
Amortissement des immobilisations	2 875 $	2 230 $
	31 857 $	27 437 $
Bénéfice d'exploitation	5 202 $	5 972 $
Frais financiers	910 $	800 $
Bénéfice net avant impôts	4 292 $	5 172 $
Impôts sur les bénéfices		
Impôts exigibles	659 $	1 820 $
Impôts futurs	478 $	78 $
Bénéfice net	3 155 $	3 274 $

AUX QUATRE VENTS INC. – ÉTAT DES FLUX DE TRÉSORERIE CONSOLIDÉS

Pour les exercices terminés le 31 mars (en milliers de dollars canadiens)

	2017	2016
Activités opérationnelles		
Bénéfice net	3 155 $	3 274 $
Éléments sans effet sur la trésorerie		
Amortissement	2 875 $	2 230 $
Impôts futurs	478 $	78 $
	6 508 $	5 582 $
Variation nette des éléments hors caisse du fonds de roulement liés à l'exploitation	(591 $)	(725 $)
Rentrées de fonds nettes liées aux activités opérationnelles	5 917 $	4 857 $
Activités d'investissement		
Acquisition d'immobilisations	(4 153 $)	(7 230 $)
Placements	(25 $)	162 $
Variation nette des autres actifs à long terme	55 $	140 $
Sorties de fonds nettes liées aux activités d'investissement	(4 123 $)	(6 928 $)
Activités de financement		
Produit de l'émission d'actions	108 $	–
Variation de la dette à long terme	(463 $)	(1 016 $)
Dividendes versés	(426 $)	(326 $)
Variation nette des autres passifs à long terme	225 $	250 $
Sorties de fonds nettes liées aux activités d'investissement	(556 $)	(1 092 $)
Variation nette de la trésorerie et des équivalents de trésorerie	1 238 $	(3 163 $)
Trésorerie et équivalents de trésorerie au début de l'exercice	2 362 $	5 525 $
Trésorerie et équivalents de trésorerie à la fin de l'exercice	3 600 $	2 362 $

On constate que certaines différences sont d'ordre terminologique. Par exemple, l'expression « Bilan » est utilisée au lieu d'« État de la situation financière », « Actif et passif à court terme » au lieu d' « Actif et passif courants », « Écart d'acquisition » au lieu de « Goodwill », et « Impôts futurs » au lieu d'« Impôts différés ». Soulignons l'absence de l'état des variations des capitaux propres, qui s'explique par le fait que les informations habituellement fournies dans cet état peuvent l'être par voie de notes, puisqu'elles sont jugées moins pertinentes dans le contexte d'entreprises à capital fermé (bien qu'un tel état puisse tout de même être produit). On constate également que l'état des flux de trésorerie est identique, qu'il soit présenté selon les IFRS ou les NCECF.

Finalement, il est important de noter que les IFRS permettent aux entreprises de choisir le format de présentation de l'état du résultat net et des autres éléments du résultat global. Elles peuvent alors indiquer les charges selon leur nature ou encore selon leur fonction au sein de l'entreprise (voir le chapitre 6). Les NCECF ne préconisent quant à elles aucun format de présentation. Elles précisent[3] cependant les informations *minimales* que doit contenir un état des résultats ainsi que les notes complémentaires, notamment :

- Les produits (produits des activités ordinaires) ;
- Le montant des stocks comptabilisé en charges dans la période (coût des ventes) ;
- Les revenus de placements par types de placements et les modes de comptabilisation ;
- L'amortissement des immobilisations corporelles et des actifs incorporels amortissables ;
- Le montant des pertes de valeur des actifs à long terme, des écarts d'acquisition et des actifs incorporels ;
- Le coût de rémunération total passé en charges pour les attributions de rémunérations à base d'actions aux salariés ;
- Le montant du gain ou de la perte de change pris en compte dans la détermination du résultat net ;
- La charge d'intérêts – les intérêts sur les dettes contractées pour une période de plus d'un an étant séparés des autres intérêts – ainsi que les intérêts relatifs aux obligations découlant de contrats de location-acquisition ;
- Les produits, les charges, les gains ou les pertes découlant d'opérations ou de faits qui ne sont pas susceptibles de se répéter fréquemment au cours des prochains exercices, ou qui ne sont pas typiques des activités normales de l'entité ;
- Les impôts sur les bénéfices ;
- Le bénéfice (ou la perte) avant activités abandonnées ;
- Les résultats afférents aux activités abandonnées ;
- Le bénéfice net (ou la perte nette) de la période[4].

Qu'une entreprise s'appuie sur les IFRS ou les NCECF, dans les deux cas, elle accompagne ses états financiers de notes complémentaires afin de renseigner le lecteur sur un certain nombre de points. Il peut s'agir des principales conventions comptables adoptées par l'entreprise, de précisions sur certains postes, ou de renseignements favorisant la prise de décisions. La nature des informations fournies par voie de notes est globalement semblable dans les deux cadres conceptuels, et c'est plutôt sur le plan de leur quantité qu'on

---

3. *Manuel de CPA Canada*, chapitre 1520.03 et 1520.04.
4. Le cas échéant, en indiquant également le résultat net attribué à la société mère et aux participations ne donnant pas le contrôle.

remarque une différence. En effet, les NCECF sont moins contraignantes en ce qui concerne la quantité d'informations et les détails à fournir aux utilisateurs d'états financiers, ce qui évite aux entreprises à capital fermé la divulgation d'informations non requises et leur coûts afférents.

Dans les pages qui suivent, nous examinons les postes pour lesquels il existe des différences notables entre les IFRS et les NCECF.

10.4 LES POSTES PARTICULIERS

10.4.1 Les placements

Plusieurs catégories de placements ainsi que leur mode de comptabilisation ont été décrits au chapitre 4. Les règles de comptabilisation applicables aux entreprises à capital fermé diffèrent pour plusieurs catégories de placements.

A Les placements détenus dans le but de dégager un revenu d'intérêts ou de dividendes et des gains en capital

La comptabilité des placements détenus dans le but de dégager un revenu d'intérêts ou de dividendes et des gains en capital est plus simple avec les NCECF. Les préparateurs d'états financiers selon les NCECF ont le choix de présenter ce type de placements en utilisant l'une ou l'autre des méthodes[5] suivantes :

- À la valeur d'acquisition ;
- À la juste valeur.

Ainsi, tous les instruments financiers peuvent être évalués au coût[6] (valeur d'acquisition), à l'exception notable des placements en actions de sociétés cotées en Bourse, qui doivent être évalués à la juste valeur. Toute variation de la juste valeur se reflète directement dans l'état des résultats.

Si on reprend le bilan de l'entreprise Aux Quatre Vents en posant l'hypothèse qu'il s'agit d'une entreprise à capital fermé ayant opté pour la méthode du coût, on remarque que le montant inscrit au poste Placements de l'actif à court terme est de 595 $ en 2017 (voir la page 270) plutôt que de 1 500 $ (voir la page 224). Cette différence vient du fait que, dans ce cas, selon les NCECF, ces placements détenus dans le but de dégager un

5. La valeur d'acquisition ne peut être retenue ni pour les placements dans des sociétés cotées ni pour les instruments financiers dérivés, qui doivent nécessairement être évalués à la juste valeur.

6. Ou au coût amorti.

revenu d'intérêts ou de dividendes et des gains en capital sont évalués au coût et qu'aucune variation de juste valeur n'est constatée avant le moment de la vente d'un tel placement.

Si ce poste avait été constitué d'actions de sociétés cotées, l'entreprise Aux Quatre Vents l'aurait alors évalué à la juste valeur, soit à 1 500 $ en mars 2017 et à 1 200 $ en 2016, la variation de 300 $ entre 2016 et 2017 étant composée d'une variation à la hausse de juste valeur de 275 $[7] et de l'acquisition de 25 $ de titres. Selon les NCECF, cette variation de juste valeur de 275 $ serait présentée à titre d'élément de l'état des résultats, augmentant par le fait même le bénéfice net de l'entreprise, qui passerait de 3 155 $ à 3 430 $.

B Les placements détenus pour établir une relation d'affaires

Différents traitements sont permis pour comptabiliser divers types de placements détenus pour établir une relation d'affaires, selon qu'il s'agisse de filiales, d'entreprises satellites ou de partenariats.

B.1 Les filiales

Dans le cas de filiales (voir le chapitre 7), l'entreprise doit opter pour l'un ou l'autre des traitements suivants :

- La consolidation ;
- La valeur de consolidation[8] ;
- La valeur d'acquisition[9].

B.2 Les entités sous influence notable, ou « entités satellites »

Les placements dans des entités sous influence notable (voir le chapitre 7) sont pour leur part comptabilisés au choix selon :

- La valeur de consolidation ;
- La valeur d'acquisition.

B.3 Les partenariats

Un partenariat est une activité économique sur laquelle des investisseurs exercent un contrôle conjoint (l'équivalent dans les IFRS se nomme « entreprise commune » ou « coentreprise » – voir le chapitre 7). Lorsqu'une entreprise a des intérêts dans une entreprise sous contrôle conjoint, il est possible d'utiliser :

---

7. Ce montant est présenté à l'état consolidé des variations des capitaux propres au chapitre 9, p. 225.
8. Appelée « méthode de la mise en équivalence », selon les IFRS.
9. Si les titres sont cotés, le choix devrait se porter plutôt sur la juste valeur.

- La valeur de consolidation ;
- La valeur d'acquisition[10] ;
- La comptabilisation[11] d'une part des éléments d'actif et du passif, des produits et des charges.

Commentaires

Le choix de l'une ou l'autre des méthodes exposées ci-dessus a de grandes incidences sur la préparation et l'analyse des états financiers. Prenons l'exemple d'une filiale.

- Si l'entreprise opte pour la consolidation, toutes les activités du groupe se reflètent dans l'ensemble des états financiers, puisque tous les postes de tous les états financiers sont intégrés.
- Par ailleurs, si elle choisit la comptabilisation selon la méthode de la valeur de consolidation, l'état des résultats intègre alors séparément et sur une seule ligne la quote-part du résultat net de la filiale. Le résultat net ainsi obtenu est identique au résultat net obtenu avec la consolidation. Toutefois, on ne peut alors repérer les activités totales du groupe, puisque seule la quote-part du résultat net de la filiale paraît à l'état du résultat et seul le poste Participations (Placements) dans la filiale se trouve au bilan.
- Finalement, si la valeur d'acquisition est retenue, aucun des éléments des états financiers de la filiale n'est intégré. Pour cerner les activités de la filiale, il faut alors utiliser des états financiers séparés.

B.4 Les immeubles de placement

Aucune norme particulière n'existe dans les NCECF pour les investissements dans des immeubles de placement. Considérés comme détenus dans le but de dégager un gain en capital, ces placements doivent alors être mesurés à leur valeur d'acquisition. En conséquence, les NCECF interdisent la comptabilisation à la juste valeur des immeubles de placement.

Il convient enfin de préciser que les NCECF indiquent que tous les placements d'une même catégorie doivent être comptabilisés selon la même méthode.

10. Si les titres sont cotés, le choix portera plutôt sur la juste valeur.

11. Les normes comptables permettent de comptabiliser les participations dans une entreprise sous contrôle conjoint soit à la valeur de consolidation, soit à la valeur d'acquisition. Toutefois, « lorsque l'investisseur procède à une analyse facultative [visant à déterminer que] sa participation dans une entreprise sous contrôle conjoint représente une part dans des éléments d'actif et de passif, il est tenu de comptabiliser sa part de chacun de ces actifs ou de ces passifs ». http ://www.nifccanada.ca/normes-pour-les-entreprises-a-capital-ferme/ressources/documents-de-reference/item80498.aspx (4 mars 2015)

10.4.2 Les immobilisations

A Les immobilisations corporelles

Comme nous l'avons expliqué au chapitre 4, les IFRS permettent à une société d'évaluer ses immobilisations selon le modèle du coût ou selon le modèle de la réévaluation. Conformément à ce dernier, les sociétés peuvent présenter à l'état de la situation financière un montant qui s'approche de la juste valeur des immobilisations corporelles à toute date. Avec les NCECF, l'utilisation du modèle de la réévaluation n'est pas possible.

B Les immobilisations incorporelles

Tout comme pour les immobilisations corporelles, les NCECF ne permettent pas l'utilisation du modèle de réévaluation pour mesurer les immobilisations incorporelles.

C La dépréciation d'actifs à long terme

Tant les IFRS que les NCECF exigent que les actifs à long terme fassent l'objet de tests de dépréciation.

Selon les deux référentiels, les immobilisations corporelles ainsi que les immobilisations incorporelles à durée d'utilité limitée doivent faire l'objet d'un test de dépréciation lorsqu'il existe des indices de dépréciation, c'est-à-dire lorsque des événements ou des changements de situation indiquent qu'il est possible qu'un actif ait perdu de sa valeur.

Pour les immobilisations incorporelles à durée d'utilité indéterminée et le goodwill, les IFRS exigent un test de dépréciation annuel, alors que les NCECF limitent le test aux situations dans lesquelles il existe des indices de dépréciation, comme pour les immobilisations corporelles et les immobilisations incorporelles à durée d'utilité limitée.

10.4.3 L'impôt sur le résultat

Comme nous l'avons vu au chapitre 7, selon les IFRS, la comptabilisation de la charge d'impôt ne se résume pas à l'inscription du montant à payer, appelé « impôt exigible ». Parce que les normes comptables diffèrent des règles fiscales, la comptabilisation de l'impôt sur le résultat se fait selon la méthode de l'impôt différé.

Pour des raisons de coûts et parce que certains utilisateurs de l'information financière d'entreprises à capital fermé sont d'avis que l'information relative à l'impôt différé leur est peu utile, les NCECF permettent aux entreprises à capital fermé de choisir une autre façon de présenter l'impôt sur le résultat en optant pour la méthode de l'impôt exigible. Dans ce cas, le montant comptabilisé à titre d'impôt sur le résultat qu'on trouve à l'état des résultats est identique à l'impôt que l'entreprise doit payer pour un exercice donné.

Cependant, parce qu'une partie non négligeable des utilisateurs de l'information financière d'entreprises à capital fermé jugent, au contraire, que l'information donnée par les impôts différés permet de savoir si les paiements d'impôts connaîtront des changements significatifs dans l'avenir, les NCECF permettent également à une entreprise à capital fermé d'utiliser la méthode de l'impôt différé pour comptabiliser son impôt sur le résultat. Il faut ajouter que les NCECF appellent « impôts futurs » les impôts différés.

10.4.4 Les contrats de location

Au chapitre 7, nous mentionnons que, en vertu du principe de la prééminence de la substance économique sur la forme juridique, une location d'actif à long terme est, dans certaines circonstances, comptabilisée de la même façon qu'un achat d'actif à crédit. Une telle opération est appelée « contrat de location-financement ». Selon les NCECF, ce type d'opération se comptabilise de la même façon. Toutefois, on utilise alors le terme « contrat de location-acquisition » pour le preneur et « contrat de location-financement » pour le bailleur[12]. Mais la différence majeure entre les IFRS et les NCECF sur ce type d'opération tient au fait que les NCECF encadrent l'application de la norme en ajoutant des balises quantitatives pour l'identification du type de contrat. L'ajout de balises quantitatives implique que certains contrats pourraient être comptabilisés de façon différente selon le référentiel retenu.

À compter de janvier 2019, de nouvelles normes internationales entreront en vigueur, en vertu desquelles tous[13] les contrats de location seront capitalisés (c'est-à-dire comptabilisés de la même façon qu'un achat d'actif à crédit, voir le chapitre 7). Ainsi, des contrats de location pourront être considérés comme des contrats de location-exploitation (non capitalisés) en vertu des NCECF, alors qu'ils seront capitalisés en vertu des IFRS.

10.4.5 Les avantages du personnel

La majorité des entreprises à capital fermé n'offrent pas à l'ensemble de leurs salariés un régime de retraite à prestations définies. Cependant, dans les entreprises à capital fermé, on trouve de plus en plus de régimes de retraite individuels (RRI) dont les bénéficiaires sont les propriétaires-dirigeants de l'entreprise. De plus, il n'est pas rare que d'autres parties, comme le personnel clé, en soient également bénéficiaires. La plupart des RRI sont en fait semblables à des régimes de retraite à prestations définies.

Étant donné leurs objectifs, les NCECF permettent plusieurs méthodes d'évaluation actuarielle pour la comptabilisation des régimes de retraite à prestations définies (voir également le chapitre 7). Mais il faut surtout souligner que, contrairement aux IFRS, tous

---

12. Lorsqu'un contrat de location n'a pas les caractéristiques requises d'un contrat de location-financement selon les IFRS, on parle alors de contrat de location « simple ». Dans le référentiel des NCECF, ce type de contrat est appelé « contrat de location-exploitation ».

13. Sauf quelques exceptions, voir le chapitre 7.

les éléments du régime de retraite apparaissent au résultat net (en l'absence de résultat global, il n'est évidemment pas possible de comptabiliser quoi que ce soit dans les autres éléments du résultat global).

10.4.6 Les frais de développement (actifs incorporels générés à l'interne)

Selon les normes IFRS, lorsqu'une entreprise remplit toutes les conditions lui permettant de « capitaliser » ses frais de développement, elle présente ces frais à titre d'actifs incorporels. Selon les NCECF, l'entreprise a le choix de les considérer comme un actif ou comme une charge, et ce, même si toutes les conditions de « capitalisation » requises sont respectées.

10.4.7 Les produits

Avec l'introduction de l'IFRS 15, d'abord prévue pour 2017, puis reportée au 1er janvier 2018, la façon d'aborder la comptabilisation des produits pourra varier selon que l'entreprise utilise le référentiel IFRS ou NCECF. Alors que le référentiel IFRS met l'accent sur la notion de contrôle exercé par le client pour déterminer le moment de comptabilisation des produits (voir le chapitre 7), les NCECF mettent plutôt l'accent sur le transfert des avantages et des risques pour fixer ce moment. Toutefois, pour une grande partie des entreprises effectuant des opérations simples en ce qui concerne les produits, cette différence ne devrait pas avoir de conséquences importantes.

... CONCLUSION

L'existence d'un référentiel propre aux entreprises à capital fermé provient d'une analyse de la pertinence de la divulgation de certains éléments ainsi que du rapport coûts-avantages. Lorsqu'une entreprise choisit un tel référentiel, généralement pour réduire les coûts liés à la production de ses états financiers, elle doit s'assurer que l'information produite sied bien à ses utilisateurs. L'analyse des états financiers selon les NCECF requiert de porter une attention toute particulière aux choix de conventions comptables effectués par l'entreprise, car l'image donnée par les états financiers pourrait être substantiellement modifiée en fonction du choix de l'approche. Il se pourrait que l'analyste ait alors besoin d'informations additionnelles fournies directement par l'entreprise. Il faut également considérer la flexibilité d'un tel modèle, qui permet à l'entreprise de produire des états financiers répondant à ses besoins.

INDEX

Note : Une référence en italique correspond à un exemple. Une référence suivie d'un *f* indique une figure. Une référence suivie d'un *t* indique un tableau.

A

D

E

F

G

H

I

J

L

M

N

O

P